De la 5e à la 4e

Passeport

N°1 des cahiers de vacances

Toutes les matières

Français
Isabelle de LISLE

Maths
Philippe ROUSSEAU

Anglais
Marie-Françoise DRÉANO
Sylvie LE BOUR

Histoire
Pierre REYNAUD

Géographie
Catherine REYNAUD

SVT
Malorie GORILLOT

Physique-Chimie
Sébastien DESSAINT

hachette
ÉDUCATION

Bienvenue dans ton Passeport Toutes les matières de la 5e à la 4e !

Afin de rendre tes révisions de vacances aussi efficaces qu'agréables, nous avons conçu pour toi un programme de révision complet de ton année, en **dix séquences** où alternent des pages de révision dans les différentes matières. Tu trouveras **la description d'une séquence type en page 4 et le menu de chaque séquence** en te reportant aux pages indiquées ici :

Mais si tu désires revoir des **thèmes particuliers du programme,** sans suivre l'ordre des séquences, tu auras besoin du sommaire ci-dessous, classé par matières.

Sommaire des notions révisées

Coche les cases au fur et à mesure de tes révisions.

Avec tous les corrigés détaillés, dans le livret DÉTACHABLE

FRANÇAIS

MATHS

ANGLAIS

HISTOIRE

GÉOGRAPHIE

SVT

PHYSIQUE-CHIMIE

COUVERTURE
Conception graphique : Mélissa Chalot
Réalisation : Stéphanie Benoit
Photographie de couverture : © Brocreative / Shutterstock.com

INTÉRIEUR
Réalisation PAO : Médiamax et Graphatom
Illustrations : Étienne Jung (français), Dominique Fages (maths), Johanna Crainmark (anglais), Pierre Botherel (bilans, histoire/géographie/SVT/Physique-Chimie, sauf pages 22 et 110 : Giovanni Jouzeau)
Édition : Morgane Boubault, Marie Trémoureux

www.parascolaire.hachette-education.com
ISBN 978-2-01-722630-7

Mode d'emploi

Avec tous les corrigés détaillés, dans le livret **DÉTACHABLE**

Chaque séquence de ton Passeport comprend :

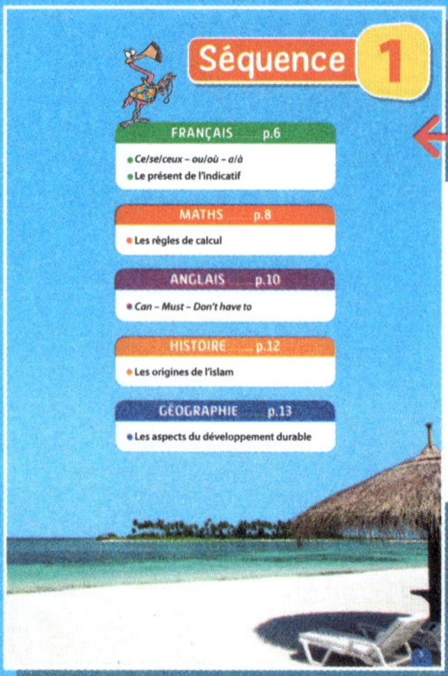

UNE PAGE D'OUVERTURE

qui présente :

- **un sommaire** de la séquence ;
- **les notions révisées** dans la séquence.

LES PAGES DE RÉVISION

avec, **pour chaque matière** :

- **un rappel de cours structuré**, illustré par de nombreux exemples ;
- **des exercices progressifs**, pour bien s'entraîner.

UN BILAN

proposant 10 QCM pour vérifier que tu as bien retenu l'essentiel de la séquence.

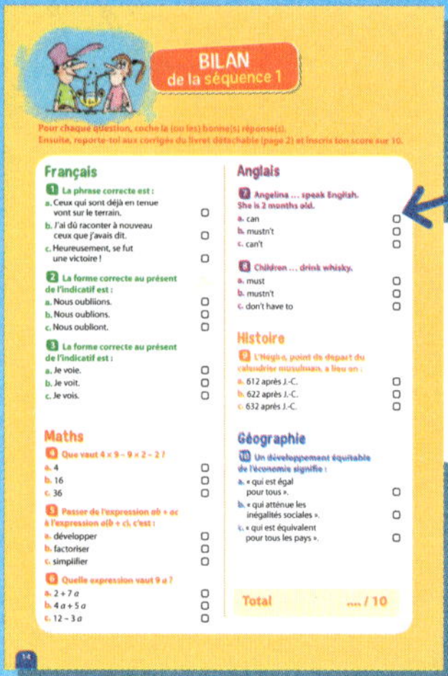

Crédits iconographiques :
p. 10 : © Getty/Howard Grey ; **p. 11 : a. :** © Shutterstock/bokicbo ; **b. :** © Shutterstock/Kevin R. Williams ; **c. :** © Shutterstock/okicoki ; **d. :** © Shutterstock/Arcady ; **p. 30 :** © Biosphoto/Andy Murch/visual and Written ; **p. 32 :** © Bridgeman Images ; **p. 40 :** © PT images/Tetra Images/Corbis ; **p. 52 :** © Bridgeman-Giraudon ; **p. 56 :** traces ovni : © Cosmos – Parker David/S.P.L. ; soucoupes : © Secret Side – Fotolia.com ; **p. 60 :** © Pierre Balzeaux/Rapho ; **p. 61 :** © Gustavo Tomsich/Corbis ; **p. 72 :** © Neil Rabinowitz/Corbis ; **p. 78 : hg :** © gb27photo – Fotolia.com ; **hd :** © Stock.xchng ; **bg :** © Hachette ; **bd :** © Richard Villalon – Fotolia.com ; **p. 86 :** © M. Stasy / Shutterstock ; **p. 99 :** © ADEME ; **p. 102 : haut et bas :** © Warner Bros Pictures France/Collection Christophel ; **p. 108 :** © Kamaga – Fotolia.com ; **p. 110 :** © Louis Girard.
Pages d'ouverture : pp. 5, 55 : dessin © Shutterstock/Ron Leishman, photo : © Shutterstock/Pakhnyushchy ; **pp. 15, 65 :** dessin © Shutterstock/Ron Leishman, photo © Shutterstock/Anton Gvozdikov ; **pp. 25, 77 :** dessin © Shutterstock/Ron Leishman, photo © Shutterstock/Kuznetcov_Konstantin ; **pp. 35, 89 :** dessin © Shutterstock/Ron Leishman, photo © Shutterstock/Pichugin Dmitry ; **pp. 45, 101 :** dessin © Shutterstock/Ron Leishman, photo © Shutterstock/Leon T.
Bandeaux en haut de page : © Stock.xchng ; sauf mention spéciale : **pp. 10-11 :** © Alexander Wallnöfer – Stock.xchng ; **p. 12 :** © Jennifer Stone/shutterstock ; **pp. 16-17 :** © Leslie Watts – Stock.xchng ; **pp. 20-21 :** © Diana Myrndorff – Stock.xchng ; **p. 22 :** © Igor Kovalchuk/Shutterstock ; **pp. 26-27 :** © morgueFile ; **pp. 30-31 :** © Mark Lewis – Stock.xchng ; **pp. 40-41 :** © Georgejmclittle/Shutterstock, Lenscap Photography/Shutterstock, cobalt88/Shutterstock, saginbay/Shutterstock ; **p. 43 :** © Wutthichai/Shutterstock ; **pp. 50-51 :** © John Boyer – Stock.xchng ; **p. 52 :** © Sebastiann Duda/Shutterstock ; **pp. 60-61 :** © B S K – Stock.xchng ; **p. 63 :** © Vudhikrai/Shutterstock ; **pp. 66-67 :** © gladcov/Shutterstock ; **pp. 72-73 :** © Sasha Davas – Stock.xchng ; **p. 74 :** © Triff/Shutterstock ; **p. 75 :** © Jim Lopes/Shutterstock ; **pp. 80-81 :** © Penny Matthews – Stock.xchng ; **pp. 84-85 :** © Hady Onaissi – Stock.xchng ; **p. 87 :** © Stock.xchng – Stefan Wogrin ; **pp. 96-97 :** © magicmarie – Stock.xchng ; **p. 98 :** © Tom Payne/Shutterstock ; **p. 99 :** © Konkolas/Shutterstock ; **pp. 108-109 :** © Martine Lemmens – Stock.xchng.

Séquence 1

Agence

Matt, qui cherche un travail pour l'été, est reçu par le directeur d'une agence de détectives privés.

– Évidemment, redoublant, ce n'est pas brillant. Mais je ne vous engage pas pour votre Q.I. Ce dont j'ai besoin, c'est d'un garçon travailleur et débrouillard. Vous êtes débrouillard, Matt ?

– Je crois, m'sieur.

– À la bonne heure. Mon assistante vous expliquera en quoi consiste votre travail. Esprit d'initiative, ponctualité, assiduité, voilà ce que j'attends de vous. Quand pouvez-vous commencer ?

– Quand vous voulez, m'sieur.

– Dans ce cas, demain matin, neuf heures trente précises. Ah, jeune homme, encore une chose…

M. Pertinax se renverse dans son fauteuil, croisant les doigts à hauteur de son nœud papillon.

– N'allez surtout pas vous faire des idées erronées. La vie d'un détective n'a rien à voir avec un feuilleton américain. Le mystère, l'aventure, le danger… J'y ai cru, moi aussi, lorsque j'avais seize ans. Regardez-moi, Matt : est-ce que j'ai l'air d'avoir une existence exaltante et dangereuse ?

– Non, m'sieur.

[…]

Par chance, l'entretien a l'air d'être terminé.

[…]

– À propos, Matt, il me lance à l'instant où je quitte son bureau. Changez donc de veste. Celle-là n'est pas du tout votre genre.

La blonde du secrétariat glisse un coin de lunettes par-dessus son écran.

– Alors, engagé ?

– Ben oui, ça y est.

À vrai dire, je n'ose pas encore y croire. J'ai un boulot pour l'été, et dans une agence de détectives… La tête me tourne un peu. Quand mes copains vont apprendre ça !

– Félicitations, dit la blonde avec un sourire qui me renverse. Bienvenue à l'agence Pertinax !

Et, se dressant sur la pointe des pieds, elle me colle sur la joue un de ces baisers sonores qui tuent leur homme à dix pas. Je me sens vaciller : trouver un boulot et tomber amoureux le même jour, c'est vraiment trop pour moi.

Jean-Philippe Arrou-Vignod,

Agence Pertinax, © Éditions Gallimard Jeunesse.

Lecture et compréhension

1 Vrai ou faux ? Coche la bonne case.

	Vrai	Faux
a. Matt est un élève brillant.	☐	☐
b. Matt doit commencer tout de suite sa première mission.	☐	☐
c. La secrétaire est plus petite que Matt.	☐	☐
d. Matt n'apprécie pas la secrétaire.	☐	☐
e. Matt ne doit pas porter de veste.	☐	☐

2 Quels sont les deux événements qui marquent la journée de Matt ?

Deux événements marquent la journée de Matt : d'abord ……………………………………………………………

……………………………………………………, *ensuite* ……………………………………………………………

Pertinax

Vocabulaire

3 Relève dans le texte les synonymes des mots ou expressions suivants.

a. le fait d'être à l'heure : ....

b. le fait d'être régulièrement présent : ....

c. fausses : ....

d. enthousiasmante : ....

e. embauché : ....

4 Parmi ces mots ou expressions, lesquels sont susceptibles de « *vaciller* » (l. 43) ?

a. le soleil ☐
b. la mer ☐
c. un drapeau ☐
d. un château de cartes ☐
e. les étoiles ☐
f. la flamme d'une bougie ☐

5 Quels adjectifs correspondent aux mots *ponctualité* et *assiduité* ?

....

RAPPEL DE COURS

Les homophones grammaticaux

Il ne faut pas confondre **a**/**à**, **ou**/**où**, **ce**/**se**/**ceux** :
Ce : déterminant démonstratif devant un nom, pronom démonstratif devant « qui », « que »… ou le verbe « être ».
Se : pronom personnel devant un verbe.
Ceux : pronom démonstratif (pluriel de « celui »).

Ex. Il **a** *(avait)* appris **à** (*préposition*) enquêter.
Où est mon dossier ? Dans le tiroir **ou** (*ou bien*) sur le bureau ?
Ce livre **se** lit facilement ; **ce** sera toi le détective ; que **ceux** qui ne sont pas d'accord le disent.

Le présent de l'indicatif

Verbes du 1er groupe (*-er*) et *offrir, cueillir*…	Les verbes du 2e groupe (*-ir*/*-issons*) et du 3e groupe	Verbes en *-dre* (sauf exceptions**)
je cri**e***	je fini**s**/tien**s**/veu**x**	je pren**ds**
tu cri**es**	tu fini**s**/tien**s**/veu**x**	tu pren**ds**
il cri**e**	il fini**t**/tien**t**/veu**t**	il pren**d**
nous cri**ons**	nous ten**ons**	nous pren**ons**
vous cri**ez**	vous ten**ez**	vous pren**ez**
ils cri**ent**	ils tienn**ent**	ils prenn**ent**

* Pour certains verbes, le **-e** est muet ! Ne l'oublie pas !
** Les verbes en **-indre** (craindre, peindre…) et **-soudre** (résoudre) suivent le modèle de « tenir ».

Orthographe

6 Complète le texte par *a, à, ou, où, ce, se, ceux*.

.... qui ont choisi .... métier de détective .... sont lancés dans un travail dangereux ; mais .... n'est pas .... Matt d'entreprendre les filatures .... de relever les empreintes. M. Pertinax lui .... seulement demandé de trier les dossiers .... sont notées les enquêtes.

Conjugaison

7 Écris les verbes suivants au présent de l'indicatif sans changer la personne.

a. je distribuais : ....

b. il répondra : ....

c. tu as trié : ....

d. ils vinrent : ....

e. je voudrai : ....

Au cinéma

C'est combien ?

1 Quel dommage ! C'est le premier jour des vacances et il pleut… Pour occuper leur après-midi, Manon et Lucas ont invité trois amis à une séance au cinéma.
Le prix normal d'une place est 6,90 euros.

a Pour calculer le prix total des entrées, Manon se dit que 6,90 = 6 + 0,90.

Complète le calcul de Manon.

$6{,}90 \times 5 = (6 + 0{,}90) \times 5 =$ ....

....

b Lucas, lui, préfère considérer que 6,90 = 7 – 0,10.

Complète le calcul de Lucas et vérifie qu'il obtient le même résultat que Manon.

$6{,}90 \times 5 =$ (.......... – ....) $\times 5 =$ ....

....

2 **Respecte les priorités et effectue les calculs suivants.**

- $7 + 2 \times 5 =$ ....
- $45 - 6 - 2 =$ ....
- $4 \times 5 + 3 =$ ....
- $42 - 6 \times 3 + 8 =$ ....

3 **Effectue les calculs suivants.**

- $(7 + 2) \times 5 =$ ....
- $45 - (6 - 2) =$ ....
- $4 \times (5 + 3) =$ ....
- $(42 - 6) \times 3 + 8 =$ ....

4 **Effectue les calculs et donne le résultat sous forme d'une fraction simplifiée.**

Une barre de fraction, c'est comme si le numérateur et le dénominateur étaient entre parenthèses !

a $\dfrac{12}{17 + 3} =$ ....

b $\dfrac{7 + 8}{7 + 23} =$ ....

RAPPEL DE COURS

Priorités des opérations

Pour calculer une expression comportant plusieurs opérations, il faut respecter les **priorités** dans l'ordre suivant :
① calculs dans les parenthèses,
② puis les multiplications et les divisions dans l'ordre d'écriture,
③ et, enfin, les additions et les soustractions dans l'ordre d'écriture.

Ex. Pour calculer $7 \times 5 - 3 \times 4$, on commence par effectuer les deux produits avant de calculer la différence.
On a : $7 \times 5 - 3 \times 4 = 35 - 12 = 23$.

Distributivité

Soit *a*, *b* et *c* trois nombres ; on a :
$ac + bc = (a + b)c$ et $ac - bc = (a - b)c$.

- Passer de l'expression de gauche à celle de droite, c'est **factoriser**.

Cela peut servir à réduire les sommes ou les différences en calcul littéral (avec des lettres).

Ex. Pour calculer $52{,}3 \times 11 - 2{,}3 \times 11$, on peut factoriser en faisant :
$52{,}3 \times 11 - 2{,}3 \times 11 = (52{,}3 - 2{,}3) \times 11$
$= 50 \times 11 = 550$.

- Passer de l'expression de droite à celle de gauche, c'est **développer**.

Ex. Pour calculer 34×7, on peut développer en faisant :
$34 \times 7 = (30 + 4) \times 7 = 30 \times 7 + 4 \times 7$
$= 210 + 28 = 238$.

Bonne surprise !

5 Manon, Lucas et leurs trois amis sont arrivés au cinéma avec le compte juste pour les cinq places à 6,90 euros. Ils ont de la chance : aujourd'hui, c'est tarif réduit et l'entrée est à 5 euros !

Complète les calculs de Manon et de Lucas et trouve le montant économisé.

a Calcul de Manon :

$6{,}90 \times 5 -$ .... $\times 5 =$ .... $-$ .... $=$ ....

b Calcul de Lucas :

(.......... $-$ ....) $\times$ .... $=$ .... $\times 5 =$ ....

6 **Factorise, puis effectue les calculs.**

Un exemple :
$97 \times 73 + 3 \times 73$
$= (97 + 3) \times 73$
$= 100 \times 73$
$= 7\,300.$

- $105{,}1 \times 7 - 5{,}1 \times 7 =$ ....

....

....

- $9{,}93 \times 52 + 0{,}07 \times 52 =$ ....

....

- $13 \times 47 + 13 \times 53 =$ ....

....

7 **Développe, puis effectue les calculs.**

Un exemple :
$(100 + 3) \times 25$
$= 100 \times 25 + 3 \times 25$
$= 2\,500 + 75$
$= 2\,575.$

- $(100 + 3) \times 22 =$ ....

....

....

- $(1\,000 - 10) \times 17 =$ ....

....

8 **Calcule en utilisant la distributivité.**

Un exemple :
99×23
$= (100 - 1) \times 23$
$= 100 \times 23 - 1 \times 23$
$= 2\,300 - 23$
$= 2\,277.$

- $98 \times 5 =$ ....

....

....

- $103 \times 12 =$ ....

....

....

L'EXO RIGOLO

9 **a** Une ficelle bleue fait le tour d'un ballon de plage de 0,4 m de rayon. Lucas agrandit la ficelle bleue à l'aide d'une ficelle verte et il fait un cercle à 1 m autour du ballon.

Périmètre d'un cercle de rayon r : $2 \times \pi \times r$.

- **Calcule la longueur de la ficelle bleue en fonction de π.**

....

....

- **Calcule la longueur de la ficelle rallongée.**

....

....

- **Déduis-en la longueur de la ficelle verte en fonction de π.**

....

....

b Une ficelle rouge fait le tour de la Terre de rayon r. Lucas agrandit la ficelle rouge à l'aide d'une ficelle noire en faisant un cercle à 1 m autour de la Terre.

Montre que la ficelle noire a la même longueur que la verte.

....

....

....

....

L'EXO COSTAUD

10 **Ajoute des parenthèses pour obtenir des égalités justes.**

- $9 + 8 \times 10 - 4 \div 2 = 33.$
- $9 + 8 \times 10 - 4 \div 2 = 136.$
- $9 + 8 \times 10 - 4 \div 2 = 47.$
- $9 + 8 \times 10 - 4 \div 2 = 51.$

Before

Amy – Look at the sign, Rob! Before taking off[1], you must fasten[2] your seatbelt[3] now!

Air hostess – Quite right! And you can't keep this bag, Miss. It's much too big. You must put it in the locker[4] overhead[5].

Rob – Can I keep my video games?

Air hostess – Of course, you can! You don't have to put them away. But don't forget, you two! You mustn't use your mobile phone during the flight[6]!

Rob – Ha, ha! She can't phone her boyfriend!

---

1. **take off :** *décoller.* 2. **fasten :** *attacher.*
3. **a seatbelt :** *une ceinture de sécurité.*
4. **a locker :** *un compartiment à bagages.*
5. **overhead :** *au-dessus de sa tête.*
6. **a flight :** *un vol.*

Comprendre

1 Lis le texte et entoure la bonne réponse.

a. Amy and Rob are on a bus.	Vrai	Faux
b. Amy's bag is in the locker.	Vrai	Faux
c. Rob can play his video games.	Vrai	Faux
d. Rob can phone his friends.	Vrai	Faux

2 Barre le mot qui ne convient pas pour terminer la phrase.

a. Amy is with her	brother.	boyfriend.
b. Rob wants to play	cards.	video games.
c. Amy has got a big	hat.	bag.

3 Complète les phrases avec l'un des verbes des « Mots et expressions », pour indiquer le moyen de transport utilisé. (Plusieurs verbes sont possibles.)

a. You can't .... from London to the USA!

b. You must .... on a plane or .... on a liner if you have plenty of time.

c. In Louisiana, there are lots of little roads you can .... on! But you must hire a bike!

Mots et expressions

Les verbes du déplacement

travel *voyager*
walk *aller à pied*
drive *aller en voiture, conduire*
ride *aller à vélo/moto/cheval*
sail *aller en bateau*
fly *aller en avion*
take a coach *prendre un car*
hire *louer*

taking off

S'entraîner

4 Observe les panneaux et écris ce qu'il est possible ou interdit de faire sur cette plage, en utilisant les verbes de la liste ci-dessous.

have your picnic – go swimming – dive – litter

a.

b.

c.

d.

a. ....

b. ....

c. ....

d. ....

5 Complète les phrases en employant *must* ou *mustn't*.

a. Don't go out without your hat! You .... put it on!

b. Trees are fragile; you .... break branches.

c. You .... make a fire in the forest. It is dangerous!

d. Don't play your MP3 player too loud! You .... respect the other people on the beach.

RAPPEL DE COURS

Can

• ***Can*** est utilisé pour exprimer ce que l'on sait faire ou ce que l'on peut faire.

Ex. I **can swim** very well and I **can surf** a little.
My brother **can't surf** at all.
Je sais très bien nager et je sais un peu surfer.
Mon frère ne sait pas surfer du tout.

• ***Can*** est aussi utilisé pour demander une permission.

Ex. **Can** I **go** with you? Of course, you **can**!
Puis-je aller avec toi ? Bien sûr, tu peux !

Must

• ***Must*** exprime une obligation.

Ex. You **must** always **be** polite. *Tu dois toujours être poli(e). Il faut que tu sois toujours poli(e).*

• À la forme négative ***mustn't (must not)*** exprime une interdiction.

Ex. Grown-ups **mustn't smoke** in restaurants.
Les adultes ne doivent pas fumer dans les restaurants.

Don't have to / doesn't have to

On emploie ***don't have to*** / ***doesn't have to*** pour parler de ce qui est permis mais pas nécessaire.

Ex. Carol **doesn't have to read** all the plays by Shakespeare to go to 7th grade **(but she can read them if she wants to)**. *Carol n'a pas besoin de lire toutes les pièces de Shakespeare pour passer en 4e (mais elle peut les lire si elle le veut).*

6 Relie par des traits ce qui est nécessaire, inutile ou conseillé pour préparer ton départ en vacances.

I must •	• put my sunglasses in my bag.
	• pack shorts and T-shirts.
I mustn't •	• take my calculator.
	• forget my toothbrush.
I don't have to •	• leave my camera at home.
	• get organized for my dog (or my cat).

L'islam du VIe au XIIIe siècle

RAPPEL DE COURS

La naissance de l'islam

Mahomet naît vers 570 ap. J.-C., à **La Mecque**, au cœur de la péninsule arabique. En 612, à la suite d'une vision, il commence à prêcher l'**islam**, l'obéissance à un dieu unique : **Allah**. En **622**, il doit fuir La Mecque pour se réfugier à Médine : c'est l'**Hégire** (« émigration »). Cette date est le point de départ du calendrier musulman. À sa mort, en 632, toute l'Arabie est convertie à la nouvelle religion. Mahomet affirme qu'Allah parle par sa bouche. Ses paroles sont recueillies dans le **Coran**.

Des conquêtes au déclin

Grâce au djihad, la guerre sainte, les Arabes conquièrent un immense empire. Ils sont stoppés en 717 devant Byzance et en 732 à Poitiers. Après les Omeyyades (Damas), les Abbassides (Bagdad) prennent le pouvoir en 750. L'apogée du monde musulman a lieu sous Haroun al Rachid au IXe siècle. Mais à partir de 910, trois califes sont en concurrence à Bagdad, à Cordoue et au Caire : c'est l'éclatement du monde musulman. En 1258, les Mongols, venus des steppes, prennent Bagdad et mettent à mort le dernier calife abbasside.

La civilisation musulmane

La civilisation musulmane s'épanouit dans les villes et notamment les grandes capitales politiques, commerciales et culturelles : **Damas**, **Bagdad**, **Cordoue**, **Le Caire**. Les princes favorisent le développement de l'art et de la culture autour des mosquées et de leurs palais. Ils créent de grandes bibliothèques et des écoles où les savants enseignent la religion, le droit, les mathématiques, l'algèbre, la médecine, et aussi la philosophie grecque, la poésie, la géographie et l'histoire.

1 Trace le trajet d'al-Idrissi et complète les légendes après avoir lu le texte.

Après l'appel à la prière du muezzin en haut du **minaret**, al-Idrissi entre dans la cour (porte A). Il va se purifier à la **fontaine** puis va saluer des amis dans le **péristyle**, la colonnade qui entoure la cour. Il enlève ses souliers et entre dans la salle de prière. Il se place en face du **mihrab**, la niche qui indique la direction de La Mecque, et écoute l'imam lire le Coran du haut de sa chaire, le **minbar**.

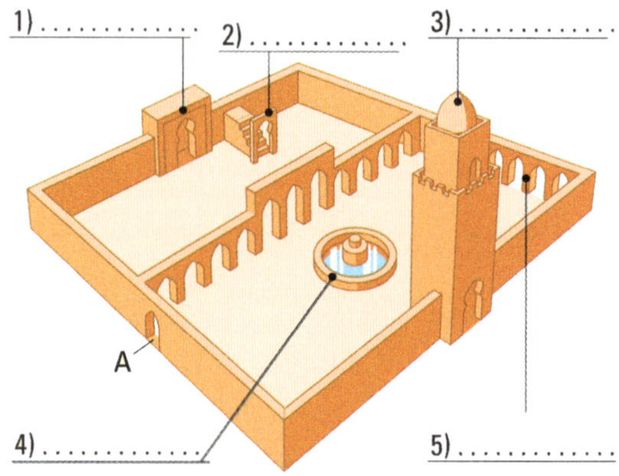

2 Lis la carte ci-dessous.

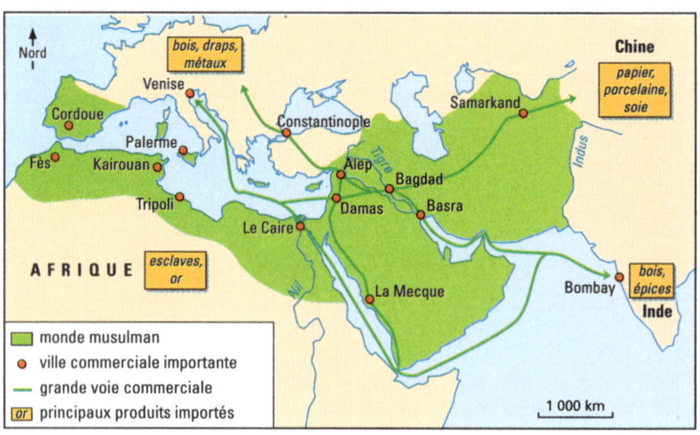

a. Quels produits les Occidentaux achètent-ils aux commerçants arabes ?

....

b. Quels produits leur vendent-ils ?

....

c. Avec quels empires les musulmans ont-ils été en contact ?

....

Le développement durable

1 **Inscris chaque mot dans la case correspondante du schéma :**
viable – équitable – vivable

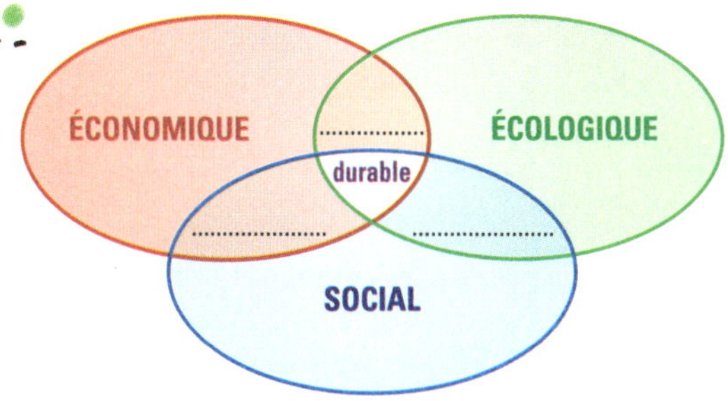

2 **Réponds aux questions sur les déchets.**

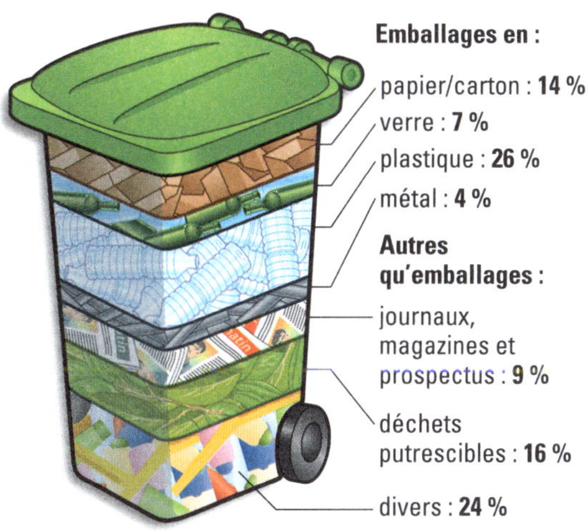

Chaque Français produit 350 kg de déchets ménagers par an.

a. De quoi est formée la plus grande partie de ces déchets ?

....

....

b. Quels sont les déchets recyclables ?

....

c. Pourquoi les plastiques sont-ils nuisibles à l'environnement ?

....

d. Que faire pour diminuer l'usage des sacs en plastique ?

....

RAPPEL DE COURS

Qu'est-ce que le développement durable ?

Le développement durable est défini par l'ONU comme la capacité des sociétés à **répondre à leurs besoins sans compromettre l'avenir** des générations futures. Cette conception du développement insiste sur la nécessité de prévoir les conséquences des actions humaines à moyenne et longue échéances.

Les trois dimensions du développement durable

- Le développement durable comprend trois dimensions :
  – **économique** : la production et la circulation des biens et des savoirs ;
  – **écologique** : le respect des ressources naturelles et de la biodiversité ;
  – **sociale** : la répartition juste des richesses produites, l'accès de tous à l'eau, à la santé et à l'alimentation.
- La croissance économique ne doit pas entraîner l'épuisement des ressources naturelles et la diminution de la biodiversité. Le développement doit être **viable** et aussi **équitable** en évitant les écarts de richesse excessifs. Enfin, l'amélioration des conditions de vie doit s'accompagner de la préservation des équilibres naturels : le développement doit être **vivable**.

L'indice de développement humain (IDH)

L'IDH est un indicateur international combinant trois indices : le **niveau de vie** (revenu moyen par habitant), l'**accès à la santé** (mesuré par l'espérance de vie) et le **niveau de l'enseignement** (taux d'alphabétisation). Il sert à comparer les situations de développement des populations entre les pays.

BILAN de la séquence 1

**Pour chaque question, coche la (ou les) bonne(s) réponse(s).
Ensuite, reporte-toi aux corrigés du livret détachable (page 2) et inscris ton score sur 10.**

Français

1 La phrase correcte est :

a. Ceux qui sont déjà en tenue vont sur le terrain. ☐
b. J'ai dû raconter à nouveau ceux que j'avais dit. ☐
c. Heureusement, se fut une victoire ! ☐

2 La forme correcte au présent de l'indicatif est :

a. Nous oubliions. ☐
b. Nous oublions. ☐
c. Nous oubliont. ☐

3 La forme correcte au présent de l'indicatif est :

a. Je voie. ☐
b. Je voit. ☐
c. Je vois. ☐

Maths

4 Que vaut $4 \times 9 - 9 \times 2 - 2$?

a. 4 ☐
b. 16 ☐
c. 36 ☐

5 Passer de l'expression $ab + ac$ à l'expression $a(b + c)$, c'est :

a. développer ☐
b. factoriser ☐
c. simplifier ☐

6 Quelle expression vaut $9a$?

a. $2 + 7a$ ☐
b. $4a + 5a$ ☐
c. $12 - 3a$ ☐

Anglais

7 Angelina … speak English. She is 2 months old.

a. can ☐
b. mustn't ☐
c. can't ☐

8 Children … drink whisky.

a. must ☐
b. mustn't ☐
c. don't have to ☐

Histoire

9 L'Hégire, point de départ du calendrier musulman, a lieu en :

a. 612 après J.-C. ☐
b. 622 après J.-C. ☐
c. 632 après J.-C. ☐

Géographie

10 Un développement équitable de l'économie signifie :

a. « qui est égal pour tous ». ☐
b. « qui atténue les inégalités sociales ». ☐
c. « qui est équivalent pour tous les pays ». ☐

Total …. / 10

Séquence 2

Peurs et

Camille et Alex ont pénétré dans la Librairie du Styx, « spécialiste des peurs et des mystères ». Alex, à qui le libraire a offert un livre, donne le signal du départ.

– On vous remercie, monsieur, mais il faut vraiment qu'on parte.

[…]

Le regard d'Alex est alors attiré par l'éclat argenté d'une série de quatre livres d'un aspect moderne. Il s'arrête, incline la tête pour lire les titres, tous identiques : *Le livre dont vous êtes la victime*.

[…]

– C'est quoi ? demande-t-il au libraire.

– Quelque chose de très particulier qui n'est sûrement pas dans vos moyens.

– C'est-à-dire ?

L'étrange personnage les rejoint, saisit un exemplaire qu'il contemple longuement. Camille laisse échapper un soupir d'agacement et se retient avec peine d'intervenir.

– Celui-ci vaut les yeux de la tête, répond enfin l'homme sans paraître plaisanter.

Alex grimace un bref sourire.

– Celui-là est un peu moins cher, nous dirons qu'il ne coûte que la peau des fesses.

Cette fois, le garçon éclate de rire. Camille se contente de sourire.

– Sérieusement, ils valent combien ? interroge Alex.

Le libraire plante son regard ténébreux dans celui de l'adolescent. Ses sourcils se rapprochent insensiblement. Et d'un coup, il lâche :

– Revenez me voir quand vous aurez lu celui que je vous ai offert. Au revoir, jeune homme. Au revoir, mademoiselle. Merci de votre visite.

Il se détourne, regagne d'une démarche lente et régulière le fond de la salle, contourne le comptoir et disparaît derrière le rideau, plantant là ses deux clients décontenancés.

– Trop bizarre, ce type, murmure Alex.

– Un peu trop, renchérit Camille. Si on n'a pas quitté cette cave dans la seconde, je hurle.

Arthur Ténor,

Le livre dont vous êtes la victime © Pocket Jeunesse, un département d'Univers Poche, 2004.

Lecture et compréhension

1 **Souligne dans le texte trois passages qui montrent que Camille n'apprécie pas la librairie.**

2 **Comment s'appellent les livres qui attirent le regard d'Alex ?**

Les livres qui ....

....

Vocabulaire

3 **Relève dans le texte deux expressions familières qui veulent dire *très cher*.**

....

4 **Réécris l'expression avec le verbe *planter* l. 35 en le remplaçant par un synonyme.**

....

mystères

Orthographe

5 Réécris la phrase en mettant au pluriel le mot souligné et en faisant les accords nécessaires.

L'étrange personnage les rejoint, saisit un exemplaire qu'il contemple longuement.

....

....

....

Conjugaison

6 Complète le tableau en écrivant les verbes au présent de l'indicatif.

Infinitif	1re pers. du sing.	3e pers. du sing.	1re pers. du plur.
craindre			
entendre			
éteindre			
dissoudre			

7 Écris les verbes au présent de l'indicatif, puis du subjonctif, à la personne demandée.

a. donner *nous* .... *que nous* ....
b. faire *vous* .... *que vous* ....
c. venir *tu* .... *que tu* ....
d. avoir *il* .... *qu'il* ....
e. croire *je* .... *que je* ....
f. plier *nous* .... *que nous* ....

8 Complète en écrivant le verbe au présent de l'indicatif ou du subjonctif.

a. Tu connais la vérité et j'aimerais que tu me la (dire) ....
b. Je ne pense pas qu'il (savoir) .... mon secret et je ne veux pas qu'il l'(apprendre) ....
c. Je voudrais que tu (voir) .... ce libraire.

RAPPEL DE COURS

Les verbes en « -indre » et en « -soudre » au présent de l'indicatif

Les verbes en **-indre** et en **-soudre** n'ont pas les mêmes terminaisons que les autres verbes en **-dre** :

Ex. Il les **rejoint** et il leur **répond**.

rejoindre : je rejoin**s**, tu rejoin**s**, il rejoin**t**, nous rejoi**gnons**, vous rejoi**gnez**, ils rejoi**gnent**.
dissoudre : je diss**ous**, tu diss**ous**, il disso**ut**, nous dis**solvons**, vous dis**solvez**, ils dis**solvent**.

Le présent du subjonctif

• Le **présent du subjonctif** s'utilise principalement après des verbes de volonté ou d'obligation.

Ex. Il faut qu'on **parte**.

avoir : que j'ai**e**, que tu ai**es**, qu'il ai**t**, que nous a**yons**, que vous a**yez**, qu'ils ai**ent**.
être : que je soi**s**, que tu soi**s**, qu'il soi**t**, que nous so**yons**, que vous so**yez**, qu'ils soi**ent**.

• Les autres verbes ont tous les mêmes terminaisons au présent du subjonctif.
parler : que je parl**e**, que tu parl**es**, qu'il parl**e**, que nous parl**ions**, que vous parl**iez**, qu'ils parl**ent**.

• Attention aux verbes **crier** (que je cri**e**... que nous cri**ions**) et **voir** (que je voi**e**... que nous voy**ions**).

• Quand on n'entend pas la différence, pour savoir si un verbe se met au présent de l'indicatif ou au présent du subjonctif, on le remplace par le verbe « savoir ».

Ex. Je pense que tu le voi... → Je pense que tu le **sais** (indicatif) → vois
Je veux que tu le voi... → Je veux que tu le **saches** (subjonctif) → voi**es**

Destination :

Où partir ?

1 L'été dernier, toute la famille était partie au bord de la mer Méditerranée. Manon et Lucas se demandent bien où ils vont aller cette année ! Leur père leur a confié les deux indices suivants :

- le lieu de vacances *V* est en France et il est plus au sud que la ville de Paris ;
- le triangle *TVN*, où *T* désigne la ville de Toulouse et *N* celle de Nîmes, possède en *V* et en *N* deux angles complémentaires.

a Que signifie « les deux angles en *V* et en *N* sont complémentaires » ?

....

....

b Que peux-tu en déduire pour l'angle $\widehat{NTV}$ du triangle *TVN* ?

....

....

....

....

....

c En dessinant en rouge sur la carte les destinations possibles, vérifie que ce n'est pas au bord de la mer.

RAPPEL DE COURS

Angles complémentaires

Deux **angles** sont **complémentaires** si la somme de leurs mesures vaut 90°.

Ex. Un angle de 35° et un angle de 55° sont complémentaires, car 35° + 55° = 90°.

Angles supplémentaires

Deux **angles** sont **supplémentaires** si la somme de leurs mesures vaut 180°.

Ex. Si un angle mesure 60°, un angle supplémentaire à cet angle mesure 120°, car 60° + 120° = 180°.

Propriété d'un triangle

Dans un triangle, la somme des mesures des trois angles vaut 180°.

Triangle rectangle

Un **triangle rectangle** possède un angle droit et deux angles aigus complémentaires.

Ex.

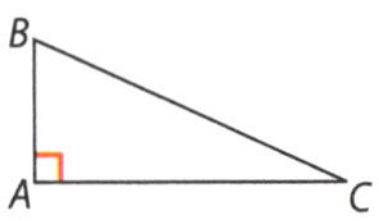

Dans le triangle *ABC* rectangle en *A*, les angles aigus $\widehat{ABC}$ et $\widehat{ACB}$ sont complémentaires.

Triangle isocèle

Un **triangle isocèle** possède deux angles aigus de même mesure et un troisième angle dit principal.

Triangle équilatéral

Un **triangle équilatéral** possède trois angles aigus qui mesurent chacun 60°.

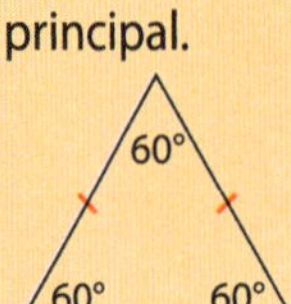

vacances !

Arrondir les angles...

2 **Complète le tableau.**

numéro de l'angle	mesure de cet angle	mesure d'un angle complémentaire à cet angle
①	47°	90° – 47° = ...
②	38°	....
③	....	42°
④	....	80°
⑤	....	la même que celle de ⑤

3 Les points *R*, *M* et *S* sont alignés.

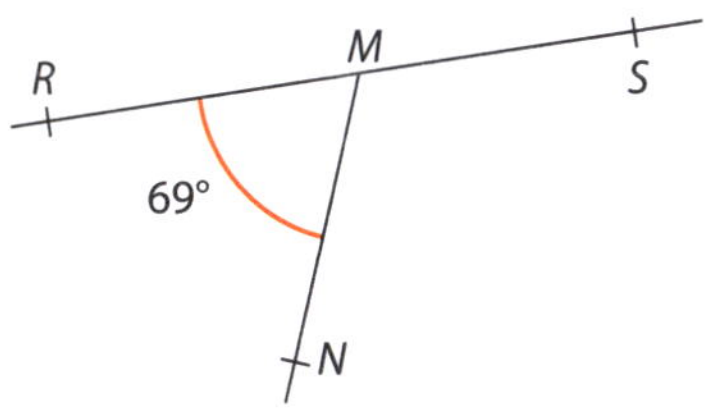

a **Comment sont les angles $\widehat{RMN}$ et $\widehat{NMS}$?**

....

....

b **Déduis-en une mesure de $\widehat{NMS}$.**

....

....

4 Manon et Lucas ont fini par obtenir l'information complémentaire suivante :
P désignant la ville de Paris et *L* désignant la ville de Lyon, l'angle $\widehat{PLV}$ a pour angle supplémentaire un angle de 100°.

a **Combien mesure l'angle $\widehat{PLV}$?**

....

b **Détermine l'emplacement du lieu des vacances sur la carte de l'exercice 1.**

5 Un triangle possède un angle de 21° et un autre de 118°.

Que vaut la somme des trois angles ?

Combien mesure le troisième angle ?

....

....

....

L'EXO MÉMO

6 On considère le schéma ci-dessous.

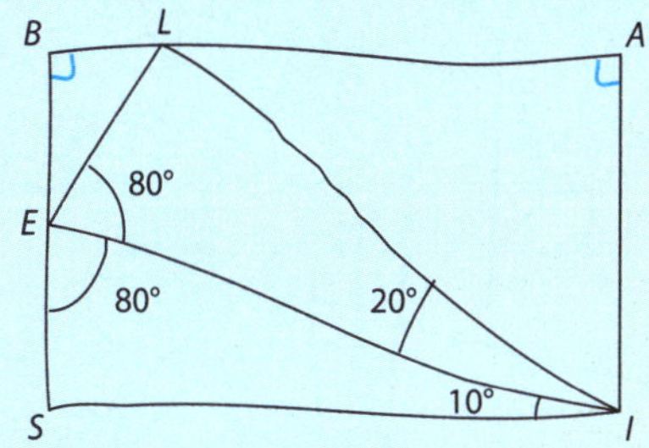

a **Calcule les mesures de $\widehat{ESI}$ et de $\widehat{ELI}$.**

....

....

b **Quelle est la nature du triangle *ELI* ?**

....

....

c **Quelle est la nature du quadrilatère *BAIS* ?**

Compte les angles droits.

....

....

L'EXO COSTAUD

7 **Montre que la somme des angles de *EFGHI* vaut 540°.**

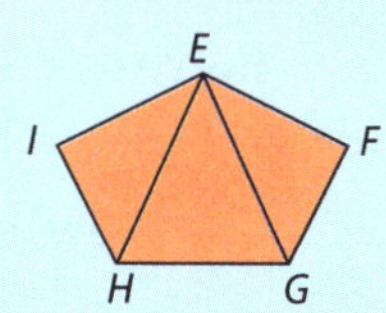

....

....

....

....

....

Let's bake

It's very easy! You need:

- 2.5 cups[1] of crushed pineapple[2], drained[3]
- 1.5 cup of sugar
- 2.5 cups of flour[4]
- 2 eggs
- 2 teaspoons of baking soda[5]
- ½ teaspoon of salt

Combine all the ingredients and mix well. Pour[6] into a 20×30 cm baking pan[7] that is well greased. Bake[8] at 200°C for 30 minutes. Cut into squares and serve. Yummy!!!

---

1. **1 cup :** *= 240 mL (environ). Un bol peut convenir comme mesure.* 2. **crushed pineapple :** *ananas écrasé.* 3. **drained :** *égoutté.* 4. **flour :** *farine.* 5. **baking soda :** *bicarbonate de soude.* 6. **pour :** *verser.* 7. **a baking pan :** *un moule.* 8. **bake :** *faire cuire (au four).*

Comprendre

1 Vrai (V) ou faux (F) ? Lis la recette et entoure la bonne réponse.

a. There are some bananas in the cake. V F

b. There are two eggs in the cake. V F

c. You need a frying pan. V F

d. You bake the cake for half an hour. V F

2 Complète les phrases en utilisant les mots de la recette.

a. To make cookies you need 1.5 .... of sugar, 1 .... of baking soda, some flour, butter, salt and chocolate chips.

b. Combine all the .... and mix well.

c. .... at 200°C for 15 minutes.

3 Retrouve 3 noms par ligne (les syllabes sont dans le bon ordre), puis écris-les.

a. pi ba straw ne ber ap na ries ple na (fruit)

....

b. cof cho wa co fee la ter te (drink)

....

c. car to sa rot ma lad to (vegetables)

....

d. vi pep ce ne real per gar

....

Mots et expressions

Breakfast **petit déjeuner**

milk *du lait*, **cereal** *des céréales*, **juice** *du jus*, **toast** *du pain grillé*, **butter** *du beurre*, **jam** *de la confiture*

Meat **viande**

beef *bœuf*, **ham** *jambon*, **a chop** *une côtelette*, **pork** *porc*

Vegetables **légumes**

potatoes *des pommes de terre*, **peas** *des petits pois*, **beans** *des haricots*, **spinach** *des épinards*, **leeks** *des poireaux*, **carrots** *des carottes*

Fruit **fruits**

apples *des pommes*, **pears** *des poires*, **bananas** *des bananes*, **apricots** *des abricots*, **peaches** *des pêches*, **cherries** *des cerises*, **strawberries** *des fraises*

et aussi...

cheese *du fromage*, **an egg** *un œuf*
salt *sel*, **pepper** *poivre*, **vinegar** *vinaigre*, **oil** *huile*

a pineapple cake!

S'entraîner

4 Relis la recette du *pineapple cake* et complète les phrases avec *some*, *any* ou *no*.

a. In the recipe, there is .... sugar and .... flour but there isn't .... chocolate.

b. There are .... apples but there are .... eggs.

c. Is there .... pineapple? Of course, there is ....

d. Would you like ....? It's excellent!

5 Regarde la liste de courses et écris ce qui se trouve ou pas dans le panier.

Shopping list : a. ketchup, b. carton of milk, c. flowers, d. bread, e. bananas.

a. There ....

b. ....

c. ....

d. ....

e. ....

RAPPEL DE COURS

There is / there are

• Pour décrire un seul élément, on emploie ***there is***.

> **Ex.** There's a blackbird on the branch. There isn't any fog this morning. *Il y a un merle sur la branche. Il n'y a pas de brouillard ce matin.*

• S'il y a plusieurs éléments, on emploie ***there are***.

> **Ex.** There are three boys in the boat. There are a lot of people on the beach. *Il y a trois garçons dans le bateau. Il y a beaucoup de gens sur la plage.*

• Dans le cas d'une énumération, il est possible de n'accorder qu'avec le premier élément.

> **Ex.** There's a cat and two dogs on the photo. *Il y a un chat et deux chiens sur la photo.*

Some / any / no

• Si on ne peut indiquer le nombre exact d'éléments ou la quantité, on emploie ***some***.

> **Ex.** There's **some** sun cream in my bag and there are **some** magazines. *Il y a de la crème solaire dans mon sac et il y a des magazines.*

• Dans les phrases négatives, ***some*** est remplacé par ***any*** ou ***no***.

> **Ex.** Are there **any** yogurts in the fridge? No, there aren't **any** (yogurts). *Y a-t-il des yaourts dans le frigo ? Non, il n'y en a pas. / Il n'y a pas de yaourts.*

On peut dire indifféremment : There isn't **any** tea left ou There's **no** tea left. *Il ne reste pas de thé.*

> **Ex.** There are **no** apricots. *Il n'y a pas d'abricots.*

• Dans les phrases interrogatives, ***some*** est remplacé la plupart du temps par ***any***.

> **Ex.** Are there **any** apricots for dessert? No, there aren't **any** (apricots).
> **Particularité :** Can I have **some** tea? *Puis-je avoir du thé ? On sait qu'il y en a.*

6 Fais des phrases complètes en reliant le début de la phrase à la fin qui lui correspond.

a. There are	1. any sugar in my tea, thanks.
b. In the fridge, there is	2. some of this delicious pudding, please?
c. I don't want	3. no fruit juice left. Run to the supermarket!
d. Can you give me	4. four vanilla yogurts and a strawberry one.

Les besoins des végétaux

RAPPEL DE COURS

Les végétaux grandissent

Pour grandir, un végétal fabrique de la **matière organique**. Pour cela, il réalise la **photosynthèse** à partir d'éléments qu'il prélève dans son milieu de vie : il absorbe de l'**eau** et des **sels minéraux** au niveau de ses racines et du **dioxyde de carbone** (CO_2) au niveau de ses feuilles.
Cette synthèse ne peut se faire qu'en présence de **lumière** et entraîne la libération de dioxygène (O_2) dans l'air.

Les végétaux respirent

Dans l'**obscurité**, les végétaux absorbent du dioxygène (O_2) et rejettent du dioxyde de carbone (CO_2) au niveau de leurs feuilles : c'est la **respiration**.

Les organes de synthèse et de stockage

La photosynthèse a lieu dans les **organes de synthèse** des végétaux que sont les feuilles vertes. Cette matière peut ensuite être transportée et stockée dans des **organes de réserves** : graines, fruits…

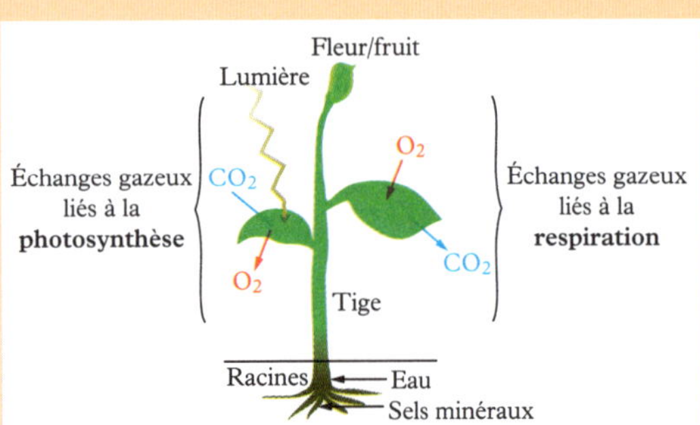

Schéma des surfaces d'échange d'un végétal

1 **a. Pour chaque phrase, précise s'il s'agit d'un échange gazeux lié à la respiration ou à la photosynthèse.**

Le végétal absorbe du dioxygène : ....

Le végétal absorbe du dioxyde de carbone :

....

Le végétal rejette du dioxyde de carbone :

....

Le végétal rejette du dioxygène : ....

b. Surligne les échanges gazeux qui nécessitent la présence de lumière.

2 Zach installe un aquarium chez lui. Il sait que c'est important pour ses poissons d'avoir une eau riche en dioxygène. Il décide donc de placer des plantes aquatiques au fond de l'aquarium pour augmenter la quantité de dioxygène dans l'eau.

Explique comment les végétaux aquatiques enrichissent l'eau en dioxygène.

....

....

....

3 **Place sur le schéma :**

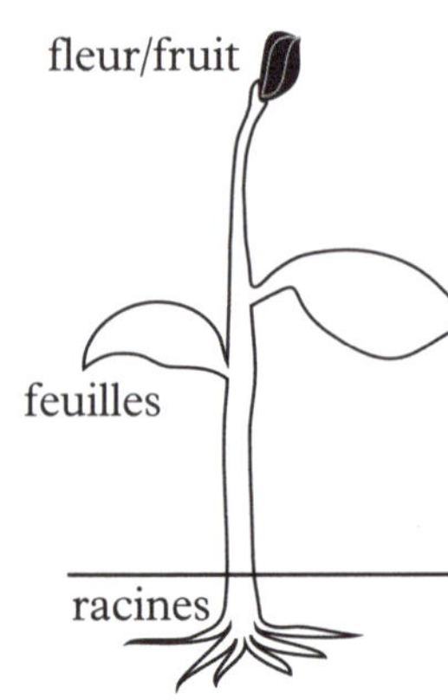

- Une flèche rouge représentant le trajet du dioxygène du milieu de vie à la plante.
- Une flèche orange représentant le trajet du dioxygène de la plante au milieu de vie.
- Une flèche verte représentant le trajet du dioxyde de carbone du milieu de vie à la plante.
- Une flèche bleue représentant le trajet du dioxyde de carbone de la plante au milieu de vie.

Le circuit électrique

1 **Associe le symbole au dipôle correspondant.**

1.  •
2.  •
3. 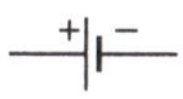 •
4.  •

• a. interrupteur ouvert
• b. interrupteur fermé
• c. lampe
• d. pile

2 **Schématise le circuit électrique suivant et représente le sens conventionnel du courant.**

3 **Observe le schéma électrique suivant :**

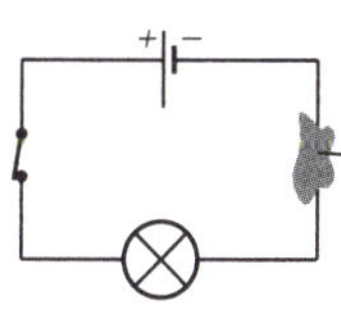

a. Liste le matériel nécessaire à la réalisation du circuit.

....

....

b. Quelle doit être la propriété électrique du matériau contenu dans le circuit afin que la lampe brille ?

....

....

4 Lorsqu'on ferme l'interrupteur, le moteur ne fonctionne pas :
Explique pourquoi ce circuit ne peut pas fonctionner.

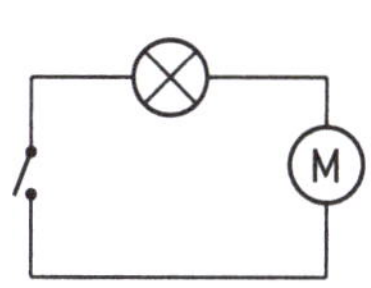

....

....

RAPPEL DE COURS

Le circuit électrique

Un circuit électrique contient un **dipôle générateur** (qui fournit l'énergie électrique) relié à des **dipôles récepteurs** par des fils de connexion.
L'**interrupteur** permet d'ouvrir ou de fermer le circuit.

Les symboles des dipôles

On appelle **symbole électrique** la représentation codée d'un dipôle.

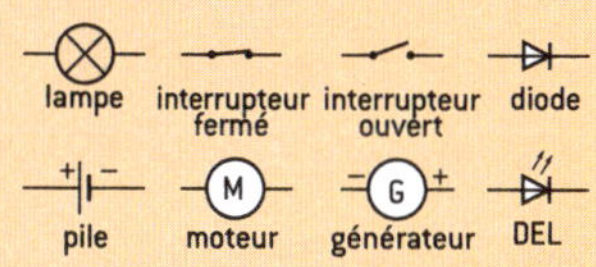

Le schéma électrique

Un circuit électrique est représenté par un **schéma**. Il doit être tracé à la règle et avoir une forme rectangulaire.

circuit électrique

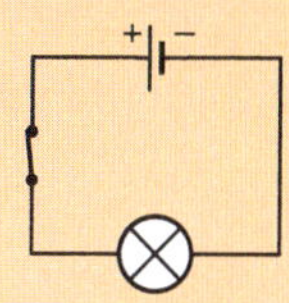

schéma électrique

Le sens du courant

Par convention, on dit que le courant sort par la borne positive du générateur. Sur un schéma électrique, on représente le sens du courant par une flèche rouge.

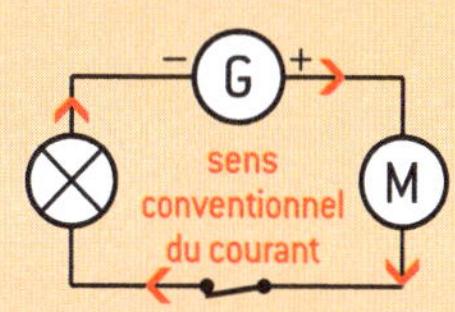

L'interrupteur est fermé, le moteur fonctionne et la lampe brille.

Conducteurs et isolants

Un matériau **conducteur** (métaux) laisse passer le courant électrique. Un matériau **isolant** (verre, plastique, bois) ne le laisse pas passer.
Le corps humain est un conducteur électrique, mais le passage du courant peut provoquer une électrisation, voire une électrocution.

BILAN de la séquence 2

Pour chaque question, coche la (ou les) bonne(s) réponse(s).
Ensuite, reporte-toi aux corrigés du livret détachable (page 5) et inscris ton score sur 10.

Français

1 La liste correcte est :
a. je résous, je recous, j'avous. ☐
b. je résouds, je recouds, j'avoue. ☐
c. je résous, je recouds, j'avoue. ☐

2 La forme correcte au présent du subjonctif pour le verbe « avoir » est :
a. qu'il est. ☐
b. qu'il aie. ☐
c. qu'il ait. ☐

3 Le verbe « je voie » est :
a. sûrement au présent de l'indicatif. ☐
b. sûrement au présent du subjonctif. ☐
c. au présent de l'indicatif ou au présent du subjonctif. ☐

Maths

4 Dans un triangle, un angle mesure 60° et un autre mesure 45°. Le troisième angle mesure :
a. 65° ☐
b. 75° ☐
c. 115° ☐

5 Un triangle possède un angle de 48° et un autre de 42°. Ce triangle est :
a. équilatéral ☐
b. isocèle ☐
c. rectangle ☐

6 Un triangle isocèle peut avoir :
a. un angle de 30° et un angle de 60° ☐
b. un angle de 20° et un angle de 140° ☐
c. un angle de 40° et un angle de 80° ☐

Anglais

7 There…
a. are a cake on the table. ☐
b. is a cake on the table. ☐
c. has a cake on the table. ☐

8 There is…
a. a milk in the fridge. ☐
b. any milk in the fridge. ☐
c. some milk in the fridge. ☐

SVT

9 La photosynthèse :
a. a lieu dans les organes de réserves. ☐
b. nécessite de l'obscurité. ☐
c. permet à la plante de fabriquer sa matière organique. ☐

Physique

10 Une pile :
a. est un dipôle générateur. ☐
b. est un dipôle récepteur. ☐
c. fournit de l'énergie électrique. ☐

Total …. / 10

Séquence 3

Savoureux

Le rébus mérite l'appellation d'ancêtre des jeux de lettres et d'esprit dans la mesure où les hiéroglyphes de l'Égypte ancienne peuvent être considérés comme des rébus codifiés.

[…] Sous l'Ancien Régime, puis sous la Révolution et l'Empire, le rébus connut une grande fortune. Il fleurissait sur les enseignes d'hôtels ou de cabarets :

– Un « lion d'or » signifiait tout simplement « Au lit on dort » et la formule « 0.20.100.0 » devait se traduire « Au vin sans eau ». On décorait de rébus les assiettes à dessert, les fonds de chapeaux et tous les almanachs en proposaient à leurs lecteurs.

• Le plus royal des rébus est celui que Frédéric II, roi de Prusse, adressa à Voltaire qu'il avait invité à venir souper dans son Palais de Sans-Souci à Postdam :

(1) $\frac{p}{6 \text{ heures}}$ A $\frac{6}{100}$

À quoi l'écrivain répondit par retour :

(2) *G.a.*

• Voici, au hasard, d'autres rébus non moins savoureux quoique anonymes :

(3) *mademoselle, je bis à vore*

(4) 

(5) 

(6) 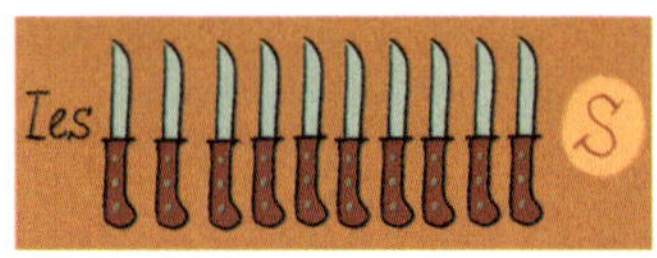

1. 6 heures sous P A 100 sous 6 (Six heures souper à Sans-Souci.) ; 2. G grand, a petit (J'ai grand appétit.) ; 3. Mademoiselle sauf I, je bois sans O à votre sans T (Mademoiselle Sophie, je bois sans eau à votre santé.) ; 4. A long dans C sous les O rangés (Allons danser sous les orangers.) ; 5. Un grand AB plein d'a petits A traversé par I 100 sous P (Un grand abbé plein d'appétit a traversé Paris sans souper.) ; 6. Les 10 manches ont dix lames S (les Dimanches on dit la messe.)

Claude Gagnière,
Pour tout l'or des mots, coll. « Bouquins »,
© Robert Laffont, 1997.

Lecture et compréhension

1 Pourquoi peut-on dire que les rébus datent de l'Antiquité ?

On peut dire que les rébus ....

....

2 Que signifie pour un hôtel « *Au lion d'or* » ?

....

Vocabulaire

3 *Rébus* est un mot latin signifiant *chose*. Quel mot français vient du latin *tripalium* (un instrument de torture à trois pales) ?

a. travail ☐ b. tribunal ☐ c. trimestre ☐ d. trappe ☐

rébus

RAPPEL DE COURS

Le sujet et l'attribut du sujet

- Le sujet d'un verbe est l'élément qui détermine sa terminaison. Le plus souvent le sujet effectue l'action et répond à la question « Qui est-ce qui + verbe ? ».
- Le sujet peut être inversé :

Ex. À qui parles-**tu** ?

- Le sujet peut être un pronom.

Ex. C'est ce rébus-là **qui** me plaît.
« Qui » (mis pour « rébus ») : sujet du verbe « plaire ».

- **L'attribut du sujet** désigne la même personne ou la même chose que le sujet. On ne peut pas le supprimer. Il est introduit par un verbe attributif : être, sembler, devenir, rester, paraître, passer pour, avoir l'air…

Ex. Ce rébus est **facile**.
« Facile » : attribut du sujet « rébus »
Ce jeu est **un rébus**.
« Un rébus » : attribut du sujet « jeu »

Les principales valeurs du présent

- Le présent **d'actualité** (au moment où on parle).

Ex. Il m'écoute.

- Le présent **de narration** (pour raconter).

Ex. Sherlock Holmes s'interroge.

- Le présent **d'habitude**.

Ex. Je me lève à 8 heures du matin.

- Le présent **de vérité générale**.

Ex. L'été est la saison la plus chaude.

Orthographe

4 Réécris la phrase en mettant au pluriel le mot souligné et en faisant les accords nécessaires.

<u>Le</u> plus royal des rébus est celui de Frédéric II, roi de Prusse.

....

....

5 Complète les mots avec un ou deux « *l* » ou « *t* ». Pour *appeler* et *jeter*, on double la consonne quand on entend le son « *è* ».

a. l'appe........ation (l. 1)
b. tu je........es
c. nous appe........ions
d. il appe........era.
e. que vous je........iez
f. ils rappe........èrent

Grammaire

6 Trouve le sujet des verbes soulignés.

– Tout le monde <u>déjeunait</u> quand <u>retentit</u> un bruit.
– Quel extraterrestre <u>pilotait</u> la soucoupe volante qui <u>s'est posée</u> à midi ?

a. .... sujet du verbe « déjeuner »
b. .... sujet du verbe « retentir »
c. .... sujet du verbe « piloter »
d. .... sujet du verbe « s'est posée »

7 Dans chaque phrase, souligne l'attribut du sujet.

a. Ce rébus est celui de Frédéric II.
b. Les rébus semblent très anciens.
c. Voltaire est un écrivain du XVIIIe siècle.
d. Je te montre un rébus ; es-tu assez habile pour le déchiffrer ?

8 Donne la valeur du présent dans ces phrases en t'appuyant sur le cours.

a. Frédéric II invite Voltaire. ....
b. Je révise les valeurs du présent. ....
c. Le rébus mérite l'appellation d'ancêtre des jeux de lettres. ....
d. La diligence s'arrête devant le « Lion d'or ». ....

Chasse

Mystère au jardin...

1 Les parents de Manon et Lucas ont caché un trésor dans le jardin. Ils ont donné à leurs enfants le parchemin ci-dessous.

a **Complète la démonstration suivante.**

- « Le trésor T est à la même distance du rocher R et du sapin S. »
- Si un point est équidistant des extrémités d'un segment, alors

....

....

- Le point T appartient à ....

....

b **Construis l'emplacement du trésor T sur le parchemin, sachant que $TR = TP$.**

2 On donne la figure ci-dessous.
Complète la démonstration.

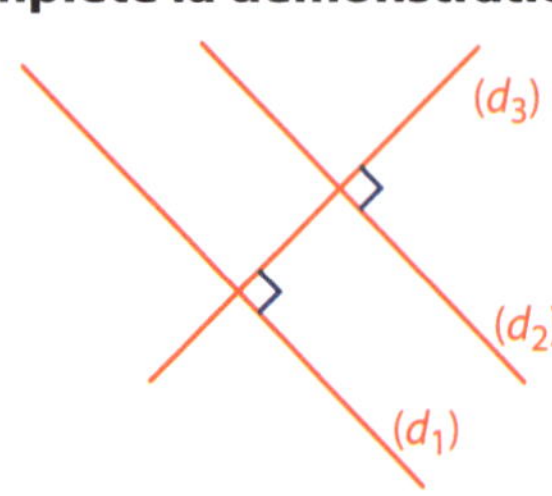

Avant de répondre, observe attentivement la figure.

① On sait que (d_1) et (d_3) sont ....

et que (d_2) et .... sont perpendiculaires.

② Si deux droites sont perpendiculaires

....

....

RAPPEL DE COURS

Principe de démonstration

Une démonstration consiste à expliquer de manière rigoureuse pourquoi un résultat est vrai. Chaque étape d'une démonstration comporte trois parties :
① des connaissances : données de l'énoncé ou résultats des questions précédentes ;
② un outil : théorème ou définition dont la fin correspond à la réponse et dont le début doit être en rapport avec l'énoncé ou avec les questions précédentes ;
③ une conclusion : la réponse à la question.

Théorèmes sur les droites

- Si deux droites sont perpendiculaires à une même troisième droite, alors elles sont **parallèles** entre elles.
- Si deux droites sont parallèles à une même troisième droite, alors elles sont **parallèles** entre elles.
- Si deux droites sont parallèles et si une troisième droite est perpendiculaire à l'une d'elles, alors cette troisième droite est **perpendiculaire** à l'autre.

Médiatrice d'un segment

- Une droite qui passe par le milieu d'un segment de manière perpendiculaire est la **médiatrice de ce segment**.
- Si un point est sur la médiatrice d'un segment, alors il est **équidistant** de ses extrémités.
- Si un point est équidistant des extrémités d'un segment, alors il est **sur la médiatrice** de ce segment.

au trésor

alors elles sont ....

....

③ On a donc .... et .... parallèles.

Trouvé !

3 Manon et Lucas ont déniché le trésor. Il est constitué de deux boîtes contenant des bonbons et des chocolats. Les deux boîtes sont des pavés droits collés, comme le montre la figure.

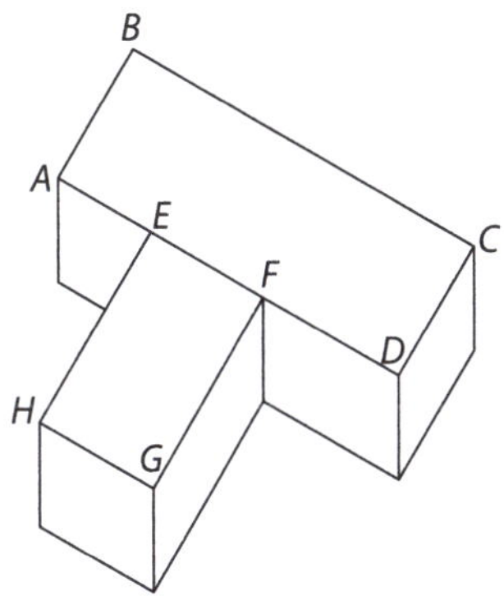

a De quelle nature sont les faces *ABCD* et *EFGH* ?

....

....

b Comment sont les droites (*EF*) et (*GH*) ?

....

c Comment sont les droites (*EF*) et (*BC*) ?

....

d Que peux-tu en conclure concernant les droites (*GH*) et (*BC*) ?

....

4 Observe la figure ci-dessous.

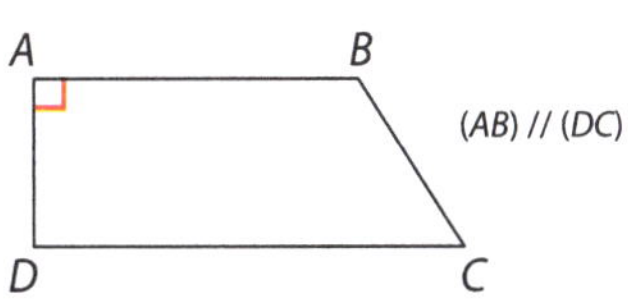

Les informations utiles peuvent être écrites ou dessinées.

a Que sait-on ?

....

....

b Que peut-on en conclure ?

....

c Quel théorème doit-on utiliser ?

....

....

L'EXO MÉMO

5 On donne la figure ci-dessous.

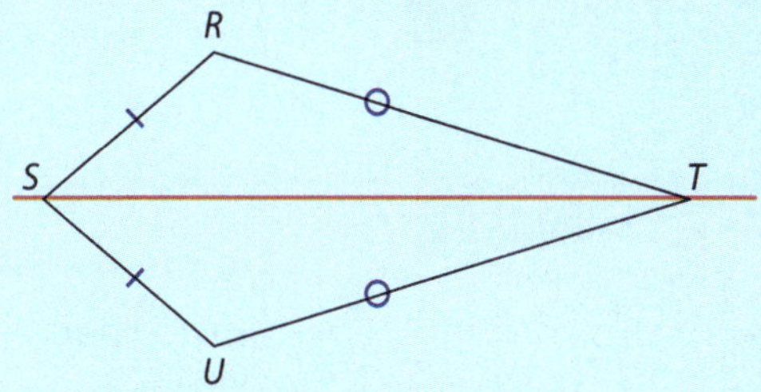

Complète la démonstration.

① On sait que $SR =$ .... et .... $= RT$.

② Si un point est ....

....

alors il est sur la médiatrice de ce segment.

③ .... et .... appartiennent à la médiatrice de [*RU*], donc (........) est la .... de [*RU*].

L'EXO COSTAUD

6 Soit deux droites (d_1) et (d_2) perpendiculaires en un point *A*. *B* et *C* sont deux points de (d_1). Les droites (d_3) et (d_4) sont perpendiculaires à (d_1) en *B* et en *C*.

a Complète la figure.

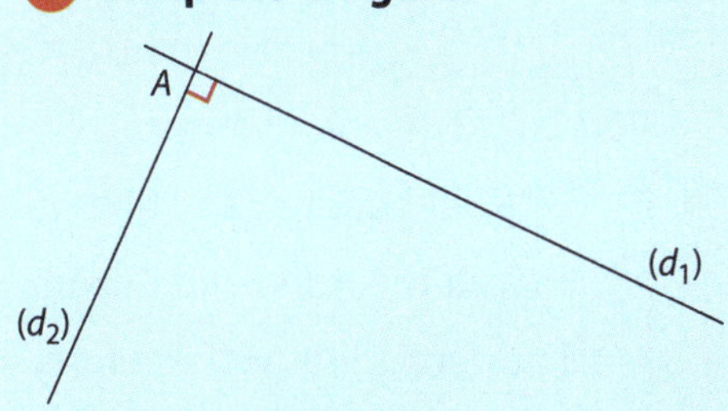

b Prouve que les droites (d_2), (d_3) et (d_4) sont parallèles.

....

....

....

Do you know that sharks are prehistoric animals? They are over 420 million years old (220 million years older than dinosaurs!). There are more than 450 different species[1]; the smallest is 14 cm long, the whale shark[2] can be 13 m long but it eats only plankton. Some species are predators; they kill[3] their preys[4] with their sharp teeth (they have 3 to 5 rows of teeth!). Great white sharks are dangerous but they don't eat every day. Do they attack people? Only if they mistake them for a seal[5] or a turtle[6]. They are usually shy[7] animals and try to avoid[8] human beings. Diving[9] with sharks is an extraordinary experience. What graceful animals they are! Do you want to give it a try?

---

1. **a species :** *une espèce.* **2.** **a whale shark :** *un requin baleine.* **3.** **kill :** *tuer.* **4.** **a prey :** *une proie.* **5.** **a seal :** *un phoque.* **6.** **a turtle :** *une tortue marine.* **7.** **shy :** *timide.* **8.** **avoid :** *éviter.* **9.** **dive :** *plonger.*

Comprendre

1 Lis le texte et barre ce qui est faux.

a. Sharks existed before dinosaurs.
b. All of them are dangerous.
c. Some sharks don't eat meat.
d. They like people.

2 Relie le nombre en lettres au nombre correspondant.

Forty-two thousand •	• 420
Four hundred and twenty million •	• 4,020
Four hundred and twenty •	• 4,204
Four thousand and twenty •	• 14,040
Fourteen thousand and forty •	• 42,000
Four thousand two hundred and four •	• 420,000,000

3 Écris les nombres en toutes lettres.

a. 916 : ....
b. 370,000 : ....
c. 12,000,000 : ....

Mots et expressions

Écrire les nombres

• Les nombres de 13 à 19 se terminent en **-teen**.
Thirteen *13*, **nineteen** *19*

• Les dizaines, sauf **ten** *10*, se terminent en **-ty**.
Twenty *20*, **thirty** *30*, **forty** *40*, **fifty** *50*, **sixty** *60*, **seventy** *70*, **eighty** *80*, **ninety** *90*

• N'oublie pas le trait d'union entre la dizaine et l'unité. **Forty-four** *44*

• Les grands nombres **hundred** *100*, **thousand** *1 000*, **million** *million* sont invariables lorsqu'ils servent à former un nombre exact.
two hundred dollars *deux cents dollars*

Sharks

S'entraîner

4 Toutes ces phrases sont erronées : écris-les à la forme négative pour les corriger.

a. All sharks have the same type of teeth.

....

b. A baby shark needs its mother.

....

c. A shark lives up to be 50 years old.

....

d. The people of Palau Island fish sharks.

....

5 Remets les mots dans l'ordre pour former une question.

a. summer / go / Florida / you / to / every / Do / ?

....

....

b. beach / mother / What / your / does / on / the / do / ?

....

....

c. holiday / Do / a / on/ wear / you / shirt / Hawaiian / ?

....

....

RAPPEL DE COURS

Le présent simple

Le présent simple sert à parler d'**activités régulières**, à exprimer des **habitudes**, des **goûts** et des **opinions**.

• À la **forme affirmative**, aux **1re et 2e personnes du singulier** et à **toutes les personnes du pluriel**, il se forme avec la base verbale seule.

Ex. I **live** in France. *J'habite en France.*
We **like** travelling. *Nous aimons voyager.*

À la **3e personne du singulier**, on ajoute un *-s* à la fin du verbe ou *-es* si le verbe se termine par *-o*, *-s*, *-sh*, *-ch* ou *-x*, et le *-y* devient *-ies* si le verbe se termine par une consonne + *y*.

Ex. Carol **likes** listening to music with Eileen, they **think** it's relaxing.
Carol aime écouter de la musique avec Eileen, elles pensent que c'est reposant.
She go**es** to the market. *Elle va au marché.*
He watch**es** the boats. *Il regarde les bateaux.*
He (to carry) carr**ies** a big box.
Il porte une grosse boîte.

• À la **forme négative**, on utilise l'auxiliaire ***do*** (ou ***does*** à la 3e pers. du sing.) + ***not***.

Ex. We **don't want** to get up very early on holidays but my baby sister **doesn't want** to stay in bed!
Nous ne nous voulons pas nous lever très tôt pendant les vacances mais ma petite sœur ne veut pas rester au lit !

• À la **forme interrogative**, on utilise l'auxiliaire ***do*** (ou ***does*** à la 3e pers. du sing.) et il se place avant le sujet. Le verbe reste à sa forme de base.

Ex. **Do** you **like** water-skiing? Where **do** you **practice**?
Does Sean **go** with you?
Aimes-tu le ski nautique ? Où le pratiques-tu ?
Sean va-t-il avec toi ?

6 Conjugue les verbes entre parenthèses au présent simple.

a. Ryan is a good scuba diver because he .... (practice) every Wednesday afternoon at the swimming-pool. b. He .... (try) to respect all the rules. c. .... he .... (take) risks?
d. No, he .... e. He .... (know) it can be dangerous.

Séquence 3 **Histoire**

La France féodale du XIe au XVe siècle

De la société féodale à l'essor des villes

RAPPEL DE COURS

Les chevaliers et les paysans

Dans les campagnes, la terre et le pouvoir **(ban)** appartiennent au **seigneur** laïc ou ecclésiastique. Son château domine le village. Les paysans lui paient des redevances, doivent faire des corvées et payer pour utiliser le four et le moulin seigneuriaux. Les serfs n'ont pas le droit de quitter la terre qu'ils cultivent et ne peuvent se marier sans l'autorisation du seigneur.

L'Église et la société

- L'Église d'occident est dirigée par le **Pape**. Le **clergé séculier** (évêques, prêtres) encadre la vie des fidèles : baptême, mariage, enterrement, messe du dimanche, grandes fêtes. Les **moines** (clergé régulier) prient dans les abbayes pour le salut de leurs âmes.
- La foi s'exprime dans l'**art roman** (voûtes en berceau, murs décorés de fresques) puis dans l'**art gothique** (voûtes en arc brisé, grands vitraux).

L'émergence des villes

- À partir du XIIe siècle, la paix et les échanges permettent l'**essor des villes** (marchés, artisanat, écoles). Elles s'affranchissent peu à peu des seigneurs et se dotent d'enceintes.
- Au XIIIe siècle, Paris devient la plus grande ville d'occident et rayonne grâce à son université.

1 Observe cette miniature du XIIIe siècle et réponds aux questions.

a. À quoi reconnais-tu le vassal ?

....

....

b. À quoi reconnais-tu le suzerain ?

....

....

c. Quel geste marque leur alliance ?

....

....

d. Que fait le petit personnage situé entre eux ?

....

....

e. Sais-tu ce que donne le suzerain ? À quoi s'engage le vassal ?

....

2 Complète le schéma ci-contre.

Diocèse	1. Le .... à	*Abbaye ou monastère : ex. Cluny*
Clergé séculier		Clergé régulier
2.	↓	4. ....
3.	↓	5. ....

La population mondiale

1 Observe le graphique et complète les phrases.

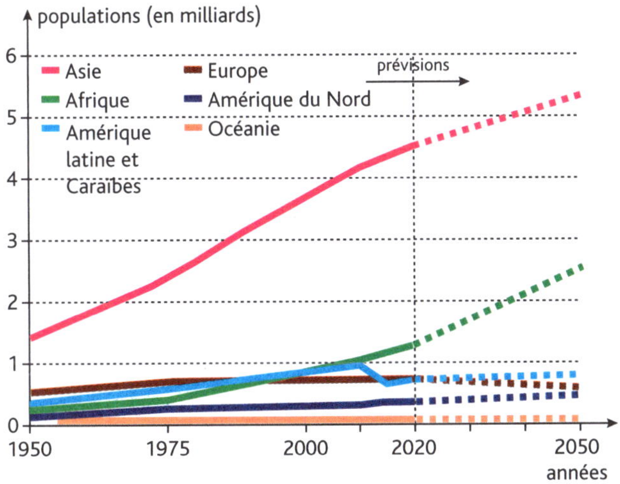

a. Les deux continents les plus peuplés en 1950 étaient .... et ....

b. Les deux continents les plus peuplés en 2050 seront probablement .... et ....

2 À l'aide de la carte, réponds aux questions.

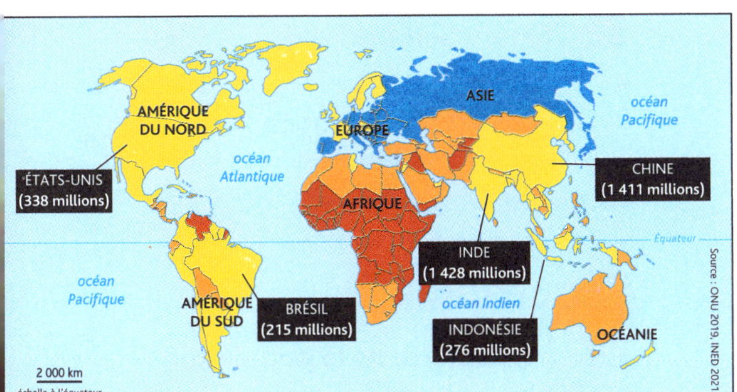

a. Nomme les cinq pays les plus peuplés du monde par ordre décroissant.

....

b. Quel est le continent à la croissance démographique la plus forte ? ....

c. Quelle est l'évolution de la population de la Russie ?

....

RAPPEL DE COURS

En 2023, le monde compte **8 milliards d'habitants**.

Un accroissement continu

La population mondiale a quadruplé entre 1500 et 1913 (en quatre siècles), puis elle a de nouveau quadruplé entre 1913 et aujourd'hui (en seulement un siècle). La pression démographique sur la planète s'accentue, avec une densité actuelle de **56 habitants au km²**.

Un ralentissement récent

- **1990** est l'année où l'**accroissement démographique** a été **maximal** : 80 millions d'hommes en plus.
- La **baisse de la natalité** rejoint peu à peu la **baisse de la mortalité**.
- Malgré une baisse rapide du taux de natalité, la population des pays du Sud continue à croître.
- Le maximum de population devrait être atteint en **2050** avec 9,8 milliards d'hommes et une densité de **72 habitants au km²**.

Problèmes et perspectives

- Les **pays du Nord** sont confrontés au **vieillissement** de leur population et, parfois, à son déclin.
- Les **pays du Sud connaissent à la fois** la croissance rapide de leur population et son vieillissement.
- La généralisation de l'enseignement, notamment pour les filles, et la valorisation du travail des femmes sont des priorités pour **réduire la mortalité infantile et améliorer le niveau de vie**.
- Un meilleur accès aux ressources vitales, à l'éducation et à la santé nécessite une **répartition des richesses plus équitable** sur l'ensemble de la planète.

BILAN de la séquence 3

Pour chaque question, coche la (ou les) bonne(s) réponse(s).
Ensuite, reporte-toi aux corrigés du livret détachable (page 7) et inscris ton score sur 10.

Français

1 Dans la phrase « Du sol jaillissait une source », la fonction de « source » est :

a. sujet du verbe « jaillir ». ☐
b. COD du verbe « jaillir ». ☐
c. attribut du sujet « sol ». ☐

2 La phrase qui contient un attribut du sujet est :

a. Pompéi est encore un lieu de fouilles archéologiques. ☐
b. Je reste à Naples une semaine. ☐
c. Nous visiterons aussi Herculanum. ☐

3 Dans la phrase « Le sud de la France connaît un climat méditerranéen », le présent est :

a. un présent d'actualité. ☐
b. un présent de narration. ☐
c. un présent de vérité générale. ☐

Maths

4 Dans une démonstration, on écrit à la fin :

a. les hypothèses ☐
b. un théorème ☐
c. la conclusion ☐

5 $[AB]$ est un segment et D et E sont deux points tels que $AD = BD$ et $AE = BE$. On a :

a. $ADBE$ qui est un losange ☐
b. (AB) la médiatrice de $[DE]$ ☐
c. (DE) la médiatrice de $[AB]$ ☐

6 M et N sont deux points de la médiatrice d'un segment $[AB]$. Alors on a :

a. $AB = AN$ ☐
b. $AM = AN$ ☐
c. $AM = BM$ ☐

Anglais

7 La phrase correcte est :

a. I play tennis tomorrow. ☐
b. I play tennis every afternoon. ☐
c. I play tennis now. ☐

8 La phrase correcte est :

a. Do you like fish? ☐
b. Are you like fish? ☐
c. Does you like fish? ☐

Histoire

9 Charles Quint est :

a. Roi d'Espagne. ☐
b. Empereur du Saint Empire romain germanique. ☐
c. Les deux. ☐

Géographie

10 La croissance de la population est la plus forte en :

a. Asie. ☐
b. Afrique. ☐
c. Amérique du Sud. ☐

Total .... / 10

Séquence 4

Attention,

Le narrateur est le docteur Watson, grand ami de Sherlock Holmes ; ils sont accompagnés par un policier, Lestrade.

« Attention ! cria Holmes qui arma son revolver. Attention ! Le voilà ! »

De quelque part au cœur de ce brouillard rampant résonna un petit bruit continu de pas précipités, nerveux. Le nuage se trouvait à une cinquantaine de mètres de l'endroit où nous étions retranchés ; tous les trois, nous le fixions désespérément, nous demandant quelle horreur allait en surgir. J'étais au coude à coude avec Holmes, et je lui jetai un coup d'œil : son visage était livide, mais exultant ; ses yeux luisaient comme ceux d'un loup, quand, tout à coup, ils immobilisèrent leur regard, s'arrondirent, et ses lèvres s'écartèrent de stupéfaction. Au même moment, Lestrade poussa un cri de terreur et s'écroula la face contre terre. Je sautai sur mes pieds ; ma main étreignit mon revolver mais ne se leva pas ; j'étais paralysé par la forme sauvage, monstrueuse qui bondissait vers nous. C'était un chien, un chien énorme, noir comme du charbon, mais un chien comme n'en avaient jamais vu des yeux de mortel. Du feu s'échappait de sa gueule ouverte ; ses yeux jetaient de la braise ; son museau, ses pattes s'enveloppaient de traînées de flammes. Jamais aucun rêve délirant d'un cerveau dérangé ne créa vision plus brutale, plus fantastique, plus infernale que cette bête qui dévalait du brouillard.

À longues foulées, cet énorme chien noir bondissait, le nez sur la piste des pas de notre ami. Nous étions si pétrifiés que nous lui permîmes de nous dépasser avant d'avoir récupéré la maîtrise de nos nerfs.

Arthur Conan Doyle,
Le Chien des Baskerville,
traduction de Bernard Tourville © Robert Laffont, 1975.

Lecture et compréhension

1 Relève les passages indiquant les premières réactions des personnages à la vue du chien.

a. Holmes : ....

....

b. Watson : ....

....

c. Lestrade : ....

....

Vocabulaire

2 Relève dans le texte un synonyme de *très pâle* et de *paralysés*.

a. très pâle : ....

b. paralysés : ....

3 Complète le tableau.

Nom	Adjectif
stupéfaction	
	brutal
terreur	
	monstrueux
horreur	

le voilà !

4 **Un champ lexical est un ensemble de mots se rapportant à une notion. Relève dans le texte le champ lexical de la vision et de l'animalité.**

Vision : ....

....

Animalité : ....

....

Orthographe

5 **Complète par *ces* ou *ses*.**

a. Je connais mal la lande et .... mystères.

b. J'ai vu le chien ; .... yeux brillaient dans le noir.

c. .... légendes-là sont mal connues.

d. .... histoires peuvent vous intéresser.

6 **Complète par *quel* ou l'un de ses homophones ; fais les accords si nécessaire.**

a. .... drôle de légende !

b. Ma grand-mère me dit .... a déjà entendu hurler le chien et .... s'est enfuie, ne sachant .... conduite adopter s'il s'approchait.

c. Cet animal, ... qu'il soit, ne peut être une créature surnaturelle.

Conjugaison

7 **Souligne dans le texte les quatorze verbes au passé simple.**

8 **Écris ces verbes au passé simple.**

a. comprendre : *tu* ....

b. sauter : *je* ....

c. revenir : *nous* ....

d. vouloir : *ils* ....

e. nager : *je* ....

RAPPEL DE COURS

Les homophones grammaticaux

• **Ces** est un déterminant qui sert à montrer, alors que **ses** est un déterminant indiquant la possession.

Ex. J'aime **ces** fraises-là. Elle a emporté **ses** affaires.

• Pour bien choisir entre les homophones de **quel**, il faut d'abord regarder si le mot peut être remplacé par **qu'il** ou **que lui**, puis accorder.

Ex. Je crois **qu'elles** (**qu'ils**) sont d'accord.
Quelle surprise ! (On ne peut pas dire « qu'il surprise ».)

Le passé simple de l'indicatif

• **Avoir** : j'eus, tu eus, il eut, nous eûmes, vous eûtes, ils eurent.

• **Être** : je fus, tu fus, il fut, nous fûmes, vous fûtes, ils furent.

• Les verbes du 1er groupe sont les seuls à avoir des terminaisons en « **a** ». Les autres verbes suivent le même modèle : **-s**, **-s**, **-t**, **-^mes**, **^tes**, **-rent**.

Modèle en -a- Verbes du 1er groupe + *aller* **donner**	Modèle en -i- Verbes du 2e groupe et certains du 3e groupe **finir**, **prendre**
je donn**ai**	je fin**is** / je pr**is**
tu donn**as**	tu fin**is** / tu pr**is**
il donn**a**	il fin**it** / il pr**it**
nous donn**âmes**	nous fin**îmes** / nous pr**îmes**
vous donn**âtes**	vous fin**îtes** / vous pr**îtes**
ils donn**èrent**	ils fin**irent** / ils pr**irent**

Modèle en -u- Certains verbes du 3e groupe **croire**	Modèle en -in- **tenir**, **venir** et leurs composés (*revenir*, *convenir*…) **tenir**
je cr**us**	je t**ins**
tu cr**us**	tu t**ins**
il cr**ut**	il t**int**
nous cr**ûmes**	nous t**înmes**
vous cr**ûtes**	vous t**întes**
ils cr**urent**	ils t**inrent**

Attention à ne pas confondre **nous vînmes** (venir) **et nous vîmes** (voir).

Au fond

RAPPEL DE COURS

Repérage sur une droite

À chaque point d'une droite graduée correspond un nombre : c'est son **abscisse**.

Ex.

Une graduation correspond à 2 unités.
L'abscisse de *A* est donc – 6 et celle de *B* est + 4.

Comparaison de nombres relatifs

• Pour comparer deux nombres positifs, on utilise les règles habituelles.

Ex. + 2,35 < + 2,6.

• Un nombre positif est toujours plus grand qu'un nombre négatif.

Ex. + 3 > – 8.

• Deux nombres négatifs sont dans l'ordre inverse de leurs opposés.

Ex. + 2 < + 6 donc – 2 > – 6.

Repérage dans le plan

Deux axes sécants du plan constituent un **repère**.

Ex.

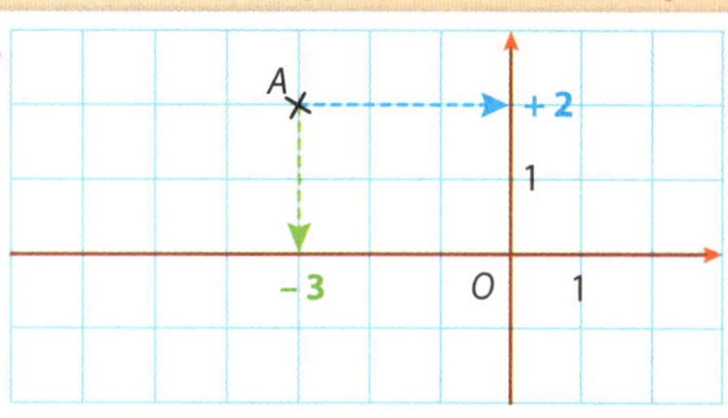

Au point *A* correspond le couple (– 3 ; + 2).
(– 3 ; + 2) sont les coordonnées du point *A*.
– 3 est l'abscisse de *A* ; + 2 est l'ordonnée de *A*.

Les entrailles de la Terre

1 Manon, Lucas et leurs parents sont allés visiter un gouffre. À l'entrée, un panneau donne les informations suivantes :

Belvédère du Grand Saut :	– 40
Salle des Cascades :	– 65
Entrée :	0
Lac inférieur :	– 80
Lac supérieur :	– 30
Statue de l'Ange :	+ 15
Trou du Diable :	– 120

Place ces dénivelés et les endroits correspondants sur l'axe ci-dessous.

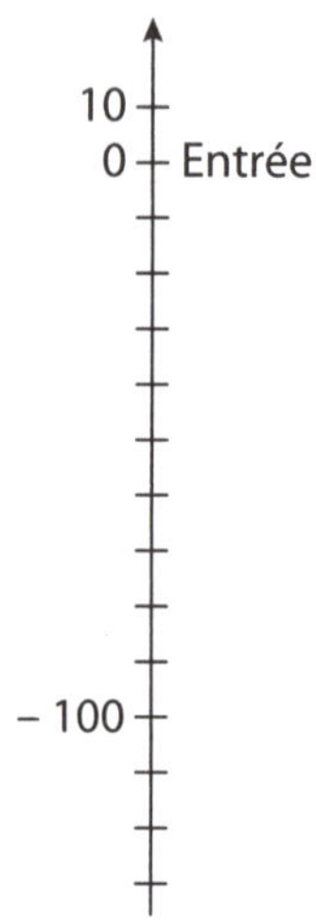

2 Donne les abscisses des points *A*, *B* et *C*.

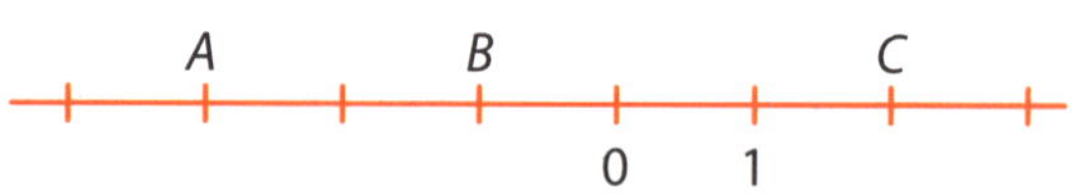

L'abscisse de *A* est ....

Celle de *B* est .... et celle de *C* est ....

3 Trouve tous les entiers correspondant aux définitions.

a Ils sont trois et compris entre – 15 et – 11 :

....

b Ils sont compris entre – 2 et + 5 :

....

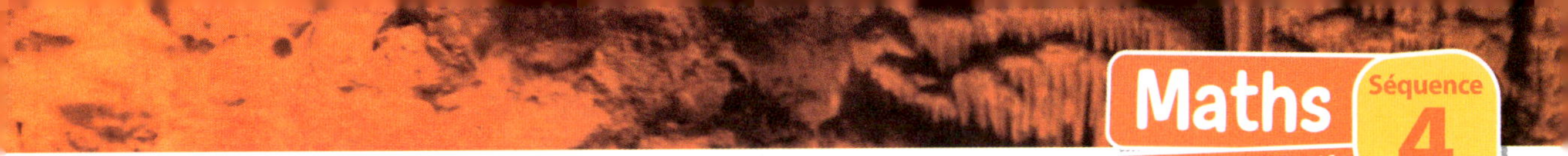

du gouffre

Ça monte et ça descend !

4 Lucas a décidé de ranger dans l'ordre décroissant les nombres – 40 ; – 65 ; 0 ; – 80 ; – 30 ; + 15 et – 120.

En utilisant l'exercice 1, aide-le à réaliser ce classement.

....

....

5 Complète à l'aide des symboles « < » et « > ».

- + 4 .... + 7.
- – 5 .... + 7.
- – 8 .... – 6.
- + 3 .... – 8.
- – 4 .... – 7.
- – 6 .... + 6.

6 On appelle **distance à zéro** d'un nombre, ce nombre privé de son signe.

a La distance à zéro de – 2 est

....

b La distance à zéro de – 23 est

....

Des exemples : la distance à zéro du nombre - 3 est 3 ; la distance à zéro du nombre + 5 est 5.

c La distance à zéro du nombre + 9 est ....

d 5 est .... du nombre négatif – 5, mais 5 est aussi la .... du nombre positif ....

e Deux nombres .... ont la même distance à zéro.

Des nombres comme + 2 et – 2 sont dits « opposés ».

7 Place sur la figure les points *B*(– 4 ; 3) ; *E*(– 1 ; 1) ; *A*(– 4 ; – 1) et le point *U* d'abscisse – 7 et d'ordonnée 1, puis trace *BEAU*.

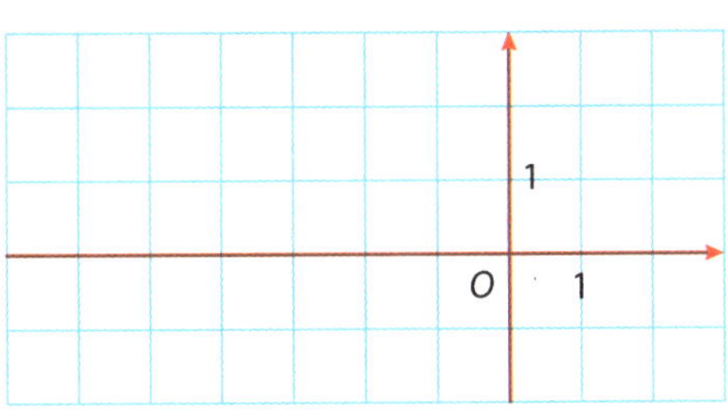

L'EXO COSTAUD

8 a Sur l'axe ci-dessous, le point *A* a pour abscisse 0,1. L'abscisse de *E* est – 0,2 et celle de *I* est + 0,6. Le point d'abscisse nulle est *L* et l'abscisse de *T* est la moitié de celle de *F*.

Commence par compter les carreaux entre *R* et *F* pour savoir à combien d'unités correspond un carreau.

Place les points sur l'axe.

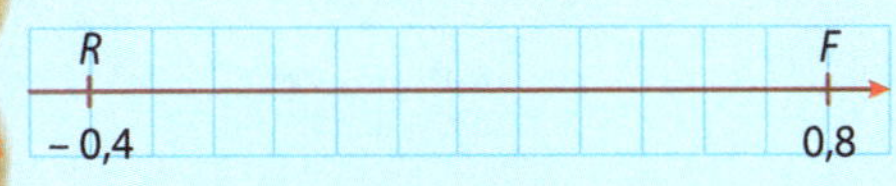

b Quel est le mot mystère ?

....

L'EXO MÉMO

9 Donne les coordonnées des points de la figure.

A(...... ; ......)

B(...... ; ......)

D(...... ; ......)

E(...... ; ......)

F(...... ; ......)

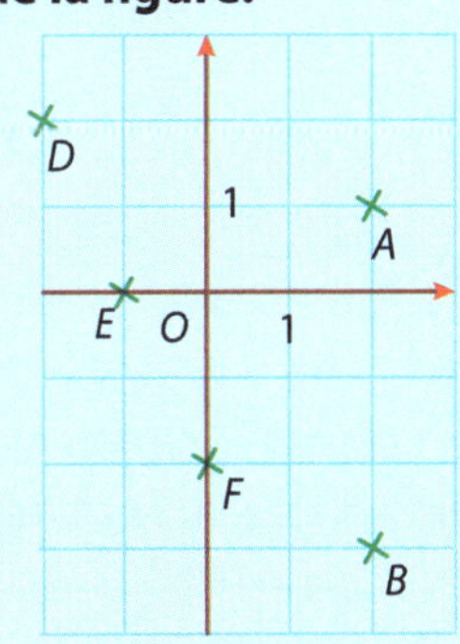

L'EXO RIGOLO

10 Je remplis les océans et ma température est l'opposé du nombre qui se trouve à la même distance des nombres – 40 et + 50.

Suis-je liquide ou solide ?

....

....

What

Amy – Hi, Chris! What are you doing here all by yourself[1]?
Chris – Nothing.
Amy – This is ridiculous! I can see you're very busy!
Chris – OK, I'm texting some friends.
Amy – Oh! And what are you telling them?
Chris – That we're having a great time here at the holiday camp.
Amy – Do I know those friends of yours?
Chris – Really, Amy! How nosy[2] you are! Leave me alone[3], mind your own business[4]!
Amy – Humph! I am only trying[5] to show some interest. Well, I am meeting the others at the swimming-pool. Bye, Mr Boring[6]!

---

1. by oneself = alone : *seul.* **2. nosy :** *curieuse.* **3. Leave me alone! :** *Laisse-moi tranquille !* **4. Mind your own business! :** *Occupe-toi de tes affaires !* **5. try :** *essayer.* **6. boring :** *ennuyeux.*

Comprendre

1 Lis le texte et réponds aux questions (donne une réponse courte).

a. Is Chris watching television? ....

b. Are the teenagers enjoying themselves at the camp?

....

c. Is Chris texting his friends? ....

2 Observe le plan ci-dessous et utilise des prépositions pour compléter les phrases.

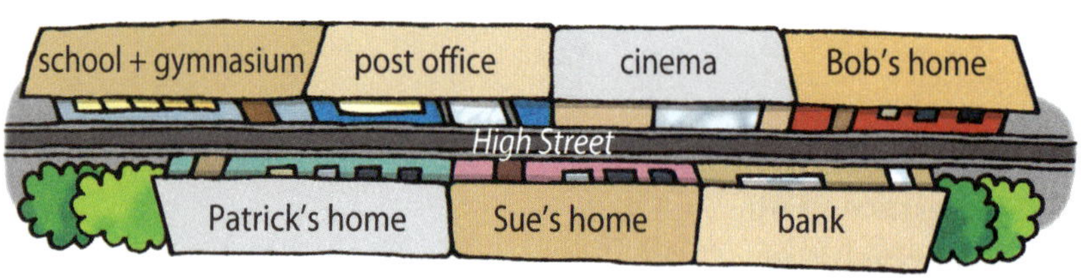

a. Sue's home is .... the bank.

b. There's a bank .... the cinema.

c. There is a cinema .... the post office and Bob's home.

d. .... this town, there is a school .... a gymnasium.

Mots et expressions

Les prépositions de lieu

in *dans*
under *sous*
on *sur*
between *entre*
near *près de*
next to *à côté de*
far from *loin de*
in front of *devant*
behind *derrière*
at *à* (sans mouvement)
to *à* (avec mouvement)
opposite *en face de*
over *au-dessus de*
around *autour de*

Autres prépositions

with *avec* **without** *sans*

a bore!

S'entraîner

3 Complète les phrases avec une forme correcte de *be*.

a. I .... working.

b. My parents .... doing some shopping.

c. .... you doing anything interesting?

d. The sailing instructor .... giving a lesson because there's too much wind.

4 Conjugue les verbes entre parenthèses à la forme *be* + V-*ing*.

a. I'm (sit) ....

b. She's (write) ....

c. We're (swim) ....

d. They're (run) ....

5 Selon la situation, imagine ce que les personnages sont en train de faire.

Ex. Chris and his friend are at the restaurant.
→ They are eating.

a. Lucy is on the beach with a book.

....

b. Laura is trying to catch the bus.

....

c. I am with my friends, there are cards on the table.

....

6 Indique s'il s'agit d'une action en train de se dérouler ou d'un futur. Entoure la bonne réponse.

a. Look ! The cat **is watching** a mouse! **présent** **futur**

b. Dad **is walking** the dog after dinner. **présent** **futur**

c. Listen! The baby **is crying**! **présent** **futur**

RAPPEL DE COURS

Le présent *be* + V-*ing*

• À la **forme affirmative**, le présent ***be*** + base verbale + ***-ing*** se forme avec l'**auxiliaire *be* conjugué au présent** suivi de la base verbale + ***-ing***.

> **Ex.** At the moment I **am** do**ing** an exercise and my sister **is** play**ing**. *En ce moment je fais (suis en train de faire) un exercice et ma sœur joue (est en train de jouer).*

• À la **forme interrogative**, on inverse le sujet et l'auxiliaire.

> **Ex.** **Are** you watch**ing** a cartoon? *Regardes-tu (es-tu en train de regarder) un dessin animé ?*

• À la **forme négative**, c'est l'auxiliaire qui porte la négation.

> **Ex.** My parents **are** not go**ing** shopping now, they're at home. *Mes parents ne vont pas faire les courses maintenant, ils sont à la maison.*

Quand employer le présent *be* + V-*ing* ?

• Pour **décrire une action en train de se dérouler** au moment où l'on parle. Il est souvent accompagné de ***now*** (maintenant), ***at the moment*** (en ce moment).

> **Ex.** You can't speak to Kevin now; he is phon**ing** his Granny. *Tu ne peux pas parler à Kevin maintenant ; il téléphone (est en train de téléphoner) à sa Mamie.*

• Pour **parler d'une action** qui sera effectuée dans un **futur proche**.

> **Ex.** What **are** you do**ing** next weekend? We **are** go**ing** to London. *Que faites-vous le week-end prochain ? Nous allons à Londres.*

Attention aux **modifications orthographiques** de certaines bases verbales + *-ing*.

– Lorsque le verbe se termine par un *-e*, ce *e* final disparaît.

> **Ex.** write → writing

– Lorsque le verbe se termine par un *-y*, ce *y* reste inchangé.

> **Ex.** try → trying

– La consonne finale est doublée si elle est immédiatement précédée d'une voyelle brève et accentuée.

> **Ex.** slip → slipping
> mais sleep → sleeping (voyelle longue [i :])
> develop → developing (syllabe accentuée *ve*)

Des aliments aux nutriments

RAPPEL DE COURS

Le trajet des aliments

Les aliments entrent dans le **tube digestif** en passant par la bouche, puis sont avalés. Ils descendent dans l'œsophage jusqu'à l'estomac, avancent dans l'intestin grêle, puis le gros intestin, et sont évacués sous forme d'excréments, par l'anus.
Au cours de ce trajet, ils subissent des transformations importantes et deviennent des **nutriments** : c'est la **digestion**.

Digestion mécanique et digestion chimique

Les aliments sont écrasés par les dents au cours de la **mastication**, puis broyés par **les contractions de l'estomac** : c'est la **digestion mécanique**.
Certains organes du système digestif libèrent des **sucs digestifs**. Ces sucs agissent sur les aliments et les transforment en nutriments. C'est la **digestion chimique**.

L'absorption des nutriments

Le passage des nutriments dans le sang a lieu au niveau de l'intestin grêle : c'est l'**absorption intestinale**.

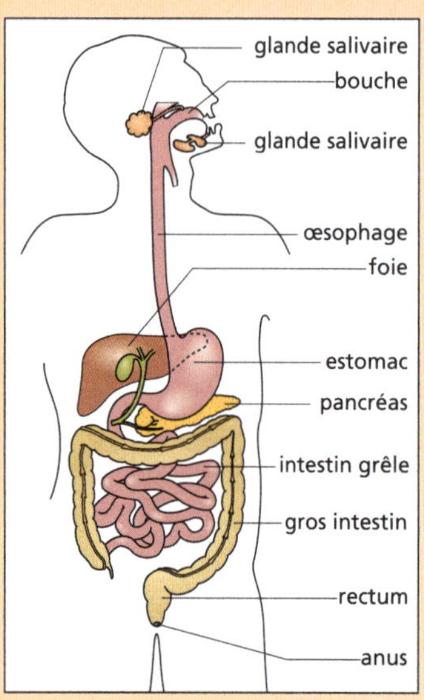

Schéma de l'appareil digestif humain

1 **Replace dans l'ordre les organes suivants que traverse un aliment dans le tube digestif lors de sa digestion :** œsophage – rectum – bouche – intestin grêle – estomac – gros intestin.

....

....

2 **Entoure le mot qui convient pour chaque phrase.**

a. Les dents permettent de réaliser la première étape de (la digestion / l'absorption intestinale) grâce à (la mastication / le brassage).

b. L'estomac, en se contractant, écrase les (aliments / nutriments) et réalise une digestion (mécanique / chimique).

c. (Certains organes / Tous les organes) libèrent des sucs digestifs qui transforment les aliments en (nutriments / sucs intestinaux). Ils participent aussi à l'absorption (gastrique / intestinale) qui permet le passage des nutriments dans le (sang / foie).

3 Après un repas trop copieux, Christophe ne se sent pas bien et vomit ce qu'il a mangé. Sa maman lui dit qu'il a fait une « crise de foie », car son foie était trop plein d'aliments.

Explique pourquoi l'explication de la maman de Christophe concernant le rôle du foie dans son vomissement est faux.

....

....

4 **a. Colorie sur le schéma : l'œsophage en vert, l'estomac en bleu, l'intestin grêle en rouge le gros intestin en jaune.**

b. Représente par des flèches sur le schéma le trajet des aliments dans le tube digestif en partant de la bouche jusqu'au rectum.

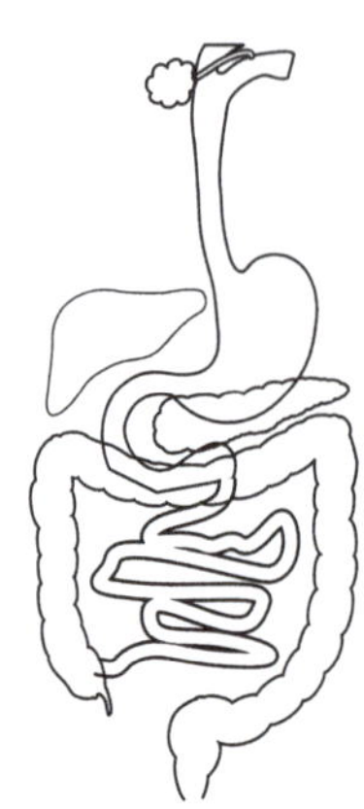

Dipôles en série, dipôles en dérivation

1 **a. Représente le schéma électrique d'un circuit contenant un générateur, un moteur et une lampe montés en série.**

b. Indique le sens du courant sur ton schéma.

c. Que va-t-on observer si on change l'ordre des dipôles dans le circuit ?

....

....

2 **a. Représente ce circuit électrique par un schéma.**

b. Décris la nature de ce circuit.

....

....

c. Que va-t-on observer si on dévisse l'une des deux lampes ? Justifie ta réponse.

....

....

3 **a. Surligne en jaune le court-circuit sur le schéma ci-contre.**

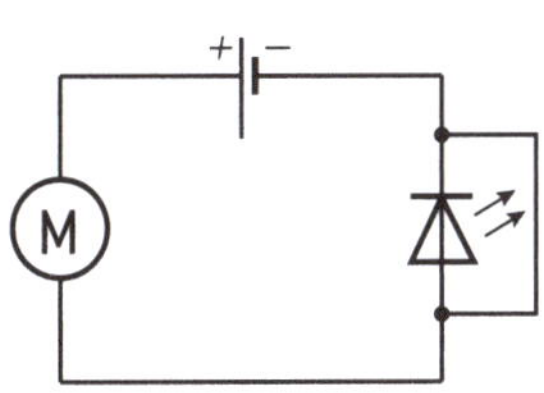

b. Décris le fonctionnement de ce circuit.

....

....

RAPPEL DE COURS

Le circuit avec dipôles en série

Un **circuit avec dipôles en série** comporte une seule boucle. Dans ce type de circuit, l'ordre des dipôles n'a pas d'influence sur son fonctionnement.

Les deux lampes se suivent dans le circuit. Le circuit ne contient qu'une seule boucle. Les lampes sont montées en série. Si on en dévisse une, l'autre s'éteindra.

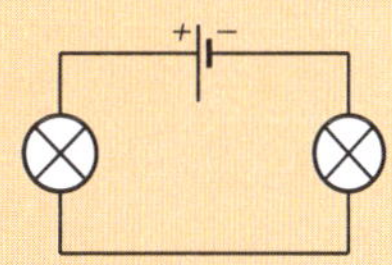

Schéma électrique

Le circuit avec dipôles en dérivation

Un **circuit avec dipôles en dérivation** comporte plusieurs boucles. La partie du circuit contenant le générateur est appelée « branche principale ». L'autre partie du circuit constitue les « branches dérivées ».

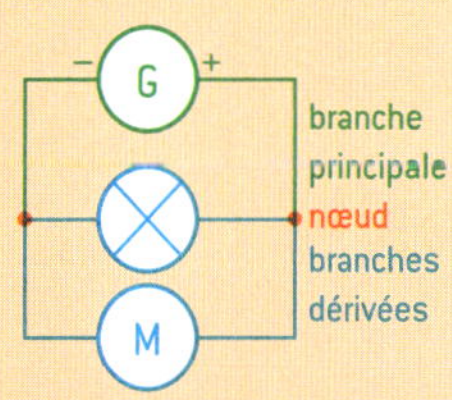

Le moteur et la lampe ne se suivent pas dans le circuit. Le circuit contient plusieurs branches. La lampe et le moteur sont montés en dérivation. Si l'un des dipôles cesse de fonctionner, l'autre fonctionne encore.

Les dangers du court-circuit

Un fil de connexion placé aux bornes d'un dipôle générateur provoque un **court-circuit**. Il entraîne un échauffement du générateur voire sa destruction.

La lampe L2 est en court-circuit. Elle va s'éteindre. La lampe L1 va briller d'avantage. Elle risque de griller.

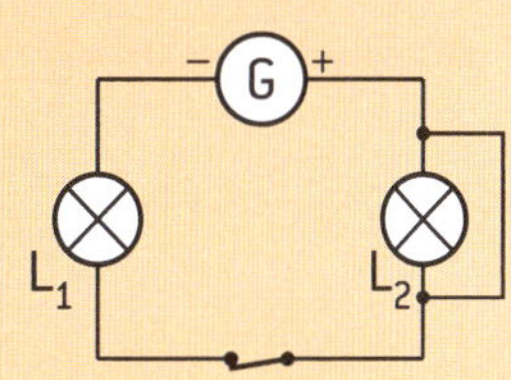

BILAN de la séquence 4

Pour chaque question, coche la (ou les) bonne(s) réponse(s).
Ensuite, reporte-toi aux corrigés du livret détachable (page 9) et inscris ton score sur 10.

Français

1 La phrase correcte est :

a. Votre participation qu'elle qu'elle soit est la bienvenue. ☐
b. Votre participation qu'elle quelle soit est la bienvenue. ☐
c. Votre participation quelle qu'elle soit est la bienvenue. ☐

2 À la 1re personne du singulier, la forme correcte au passé simple est :

a. je demanda. ☐
b. je demandais. ☐
c. je demandai. ☐

3 Le passé simple du verbe « venir » est :

a. il vena. ☐
b. il venait. ☐
c. il vint. ☐

Maths

Pour les questions 4 et 5, on utilise la droite graduée ci-dessous.

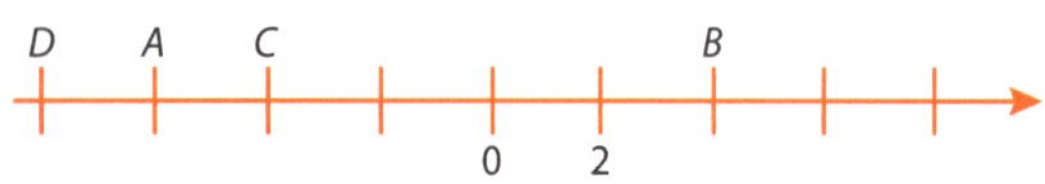

4 L'abscisse du point *B* est :

a. 2 ☐
b. 3 ☐
c. 4 ☐

5 En partant du point d'abscisse – 6 et en avançant de 2 unités dans le sens positif, on arrive au point d'abscisse…

a. – 8 ☐
b. – 4 ☐
c. 4 ☐

6 Les coordonnées du point *M* sont :

a. (2 ; – 1) ☐
b. (– 1 ; 2) ☐
c. (1 ; 2) ☐

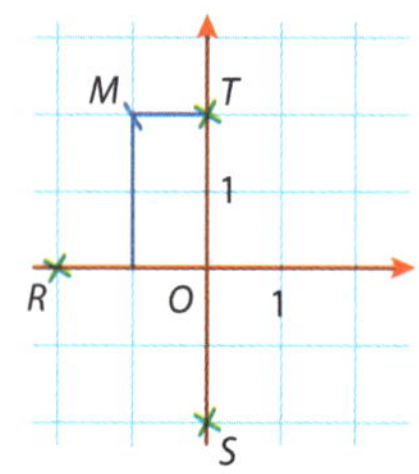

Anglais

7 The children … on the beach.

a. are play ☐
b. is playing ☐
c. are playing ☐

8 Look! Chris is … a big box.

a. carry ☐
b. carrying ☐
c. carring ☐

SVT

9 Les sucs digestifs :

a. permettent de transformer les nutriments en aliments. ☐
b. permettent de transformer les aliments en nutriments. ☐
c. sont fabriquées par tous les organes du tube digestif. ☐

Physique

10 Dans un circuit en série :

a. Les dipôles sont sur la même boucle. ☐
b. Les dipôles sont sur des boucles différentes. ☐
c. L'ordre des dipôles modifie son fonctionnement. ☐

Total …. / 10

Séquence 5

Drôle de

Le narrateur est un bébé qui, ne voulant pas montrer qu'il pense et parle, n'a encore prononcé que deux mots : papa et maman.

Un jour, ma mère arriva dans le salon avec un animal à long cou dont la queue mince et longue terminait dans une prise de courant. Elle poussa un bouton et la bête amorça une plainte régulière et ininterrompue. La tête se mit à bouger sur le sol en un mouvement de va-et-vient qui entraînait le bras de Maman derrière elle. Parfois, le corps avançait sur ses pattes qui étaient des roulettes.

Ce n'était pas la première fois que je voyais un aspirateur mais je n'avais pas encore réfléchi à sa condition. Je m'approchai de lui à quatre pattes pour être à sa hauteur ; je savais qu'il fallait toujours être à la hauteur de ce qu'on examinait. Je suivis sa tête et posai ma joue sur le tapis pour observer ce qui se passait. Il y avait un miracle : l'appareil avalait les réalités matérielles qu'il rencontrait et les transformait en inexistence.

[…]

Sans plus attendre, j'ouvris la bouche et je scandai les quatre syllabes : « Aspirateur ! »

Un instant interdite, ma mère lâcha le cou du tuyau et courut téléphoner à mon père :

– Elle a dit son troisième mot !

– C'est quoi ?

– Aspirateur !

– Bien. Nous en ferons une ménagère accomplie[1].

Il devait être un peu déçu.

Amélie Nothomb,
Métaphysique des tubes © Albin Michel, 2000.

1. *parfaite.*

Lecture et compréhension

1 Que sont « *les réalités matérielles* » (l. 17) et en quoi consiste leur transformation en « *inexistence* » ?

....

....

2 Relève une phrase qui montre la déception d'un des personnages.

....

Vocabulaire

3 Étudie la comparaison en complétant le tableau.

Le comparé : l'aspirateur	**Le comparant :** un animal
tuyau, tube	cou
	queue
bruit	
roulettes	
	animal à long cou

serpent !

4 **Trouve dans le texte des synonymes des mots suivants.**

a. commença : ....
b. une navette : ....
c. observait : ....
d. un prodige : ....
e. stupéfaite : ....
f. désappointé : ....

Orthographe

5 **Réécris les phrases en mettant au pluriel le mot souligné et fais les accords nécessaires.**

a. Parfois, le corps avançait sur ses pattes. (l. 8)

....

b. Il devait être un peu déçu (l. 29)

....

c. Je suivis sa tête et posai ma joue sur le tapis. (l. 15)

....

....

Grammaire - Conjugaison

6 **Donne la classe grammaticale des mots soulignés.**

Ma mère arriva dans le salon avec un animal à très long cou.

a. ma : ....
b. dans : ....
c. salon : ....
d. avec : ....
e. très : ....
f. long : ....

7 **Écris les verbes en choisissant l'imparfait ou le passé simple (voir *Le cours*).**

a. Je (passer)............................ l'aspirateur quand il me (sembler) .... entendre une plainte.
b. Chaque été j'(aller) .... chez mes grands-parents mais, cette année-là, je (partir) .... en Angleterre. c. On (sonner) .... à la porte, je m'(arracher)............................ à mon livre et (aller) .... ouvrir.

RAPPEL DE COURS

Les classes grammaticales (natures)

On distingue dix classes grammaticales :

• Cinq classes de mots variables : **noms**, **verbes**, **adjectifs**, **pronoms** (remplacent un nom : Marie est en retard, mais **elle** arrive), **déterminants** (accompagnent un nom : je ne connais pas **ce** film).

• Cinq classes de mots invariables :
- **adverbes** (très, loin, toujours, vraiment, puis, pourtant…),
- **prépositions** (à, dans, par, pour, en, vers, avec, de, sans, sous, chez…),
- **conjonctions de coordination** (mais, ou, et, donc, or, ni, car),
- **conjonctions de subordination** (quand, puisque, dès que, parce que, afin que...),
- **interjections** (Ah ! Hélas !...).

Le récit au passé

Pour raconter au passé, on emploie principalement deux temps complémentaires : le **passé simple** et l'**imparfait**.

• Le **passé simple** exprime des actions importantes, limitées dans le temps.

Ex. Elle **poussa** le bouton.

• L'**imparfait** exprime des actions non limitées dans le temps ; il convient donc pour **décrire** (imparfait de description), pour rapporter une **action secondaire**, pour évoquer une **habitude**.

Ex. Je **dormais** quand un cri **retentit**.
action secondaire — imparfait ; action principale — passé simple

Jeux dans

As, roi, dame, valet...

1 Il fait trop chaud pour se promener ! Manon et Lucas ont décidé de s'installer à l'ombre du saule pleureur pour faire une partie de cartes.

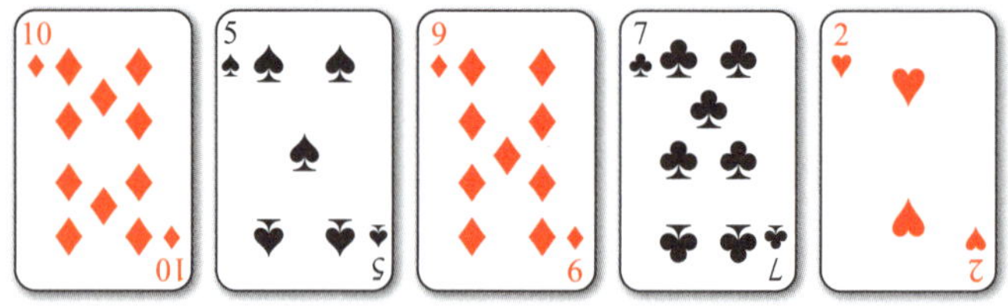

Barre les cartes qui ne possèdent pas un centre de symétrie.

2 Construis le symétrique de *ACBD* par rapport au point *O*.

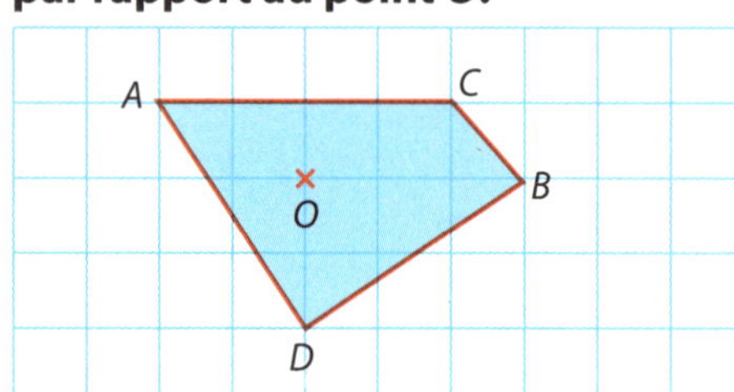

3 Au compas et à la règle, construis le symétrique de la figure par rapport au point *O*.

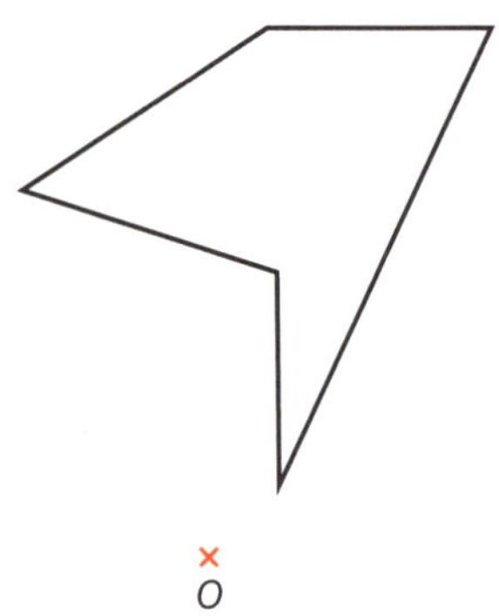

RAPPEL DE COURS

Symétrique

• Soit *O* et *M* deux points distincts. On appelle **symétrique** de *M* par rapport au centre *O* le point *M′* tel que *O* soit le milieu de [*MM′*].

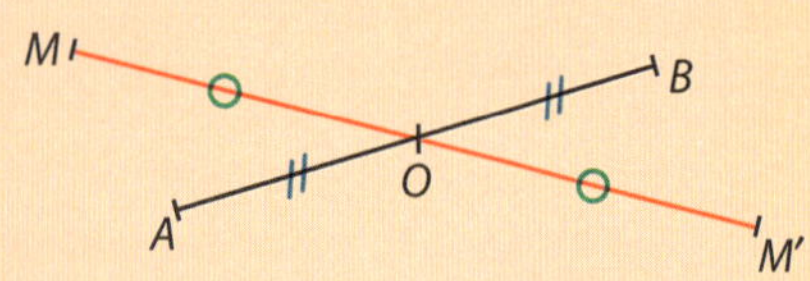

Ex. *M′* est le symétrique de *M* par rapport à *O* et *B* est le symétrique de *A* par rapport à *O*.

• *Remarques :*
– Le symétrique de *O* par rapport à *O* est *O* lui-même.
– On dit aussi que *A* et *B* sont symétriques par rapport à *O*.

Centre de symétrie

On dit qu'un point *O* est un **centre de symétrie** d'une figure si cette figure est confondue avec son symétrique par rapport au point *O*.

Ex. Un parallélogramme possède un centre de symétrie qui est le point d'intersection de ses diagonales.

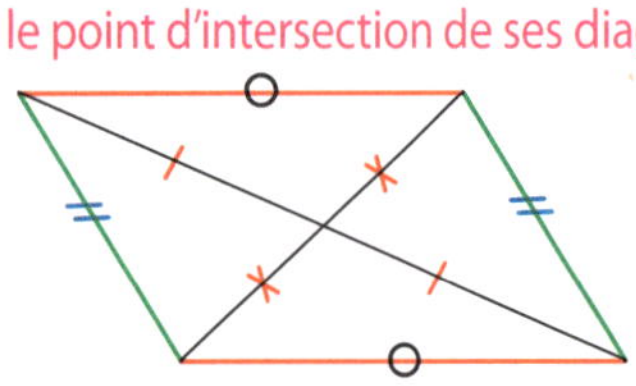

le jardin

Place aux dames !

4 Ils décident maintenant de jouer aux dames.

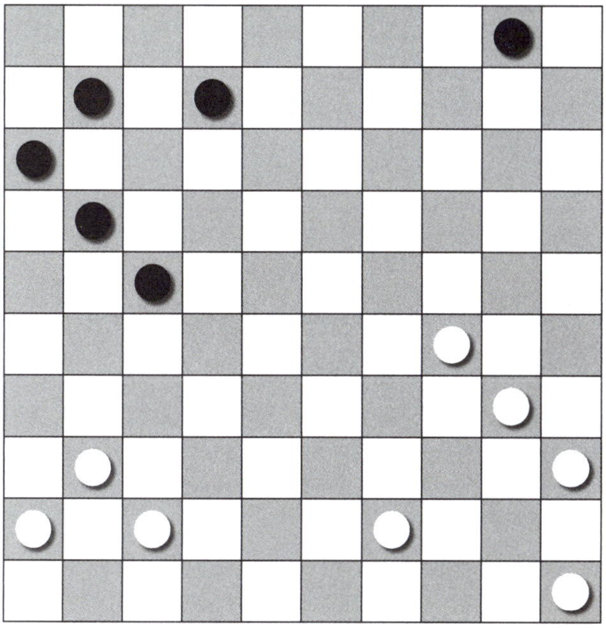

a Le plateau de jeu (sans les pions) possède un centre de symétrie.
Marque-le d'une croix.

b Manon vient de jouer. Elle est contente car ses pions blancs sont les symétriques des pions noirs de son frère.
Complète le jeu avec un minimum de pions blancs et noirs pour obtenir la position obtenue par Manon.

Place les symétriques des pions blancs, puis ceux des pions noirs.

5 **Pour chacune des cinq figures, marque d'une croix le centre de symétrie *O* s'il existe.**

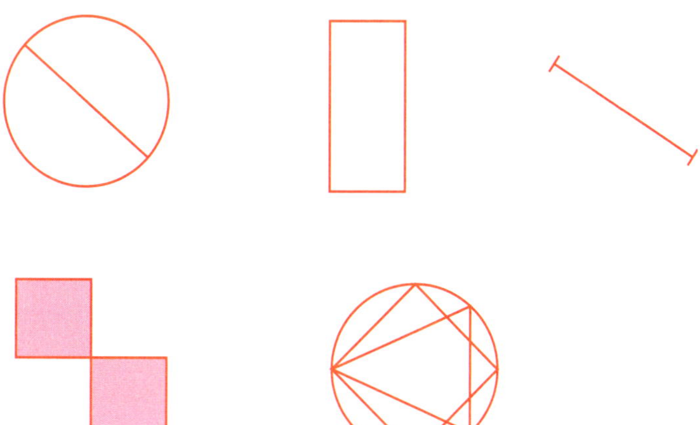

L'EXO MÉMO

6 **Complète les phrases suivantes.**

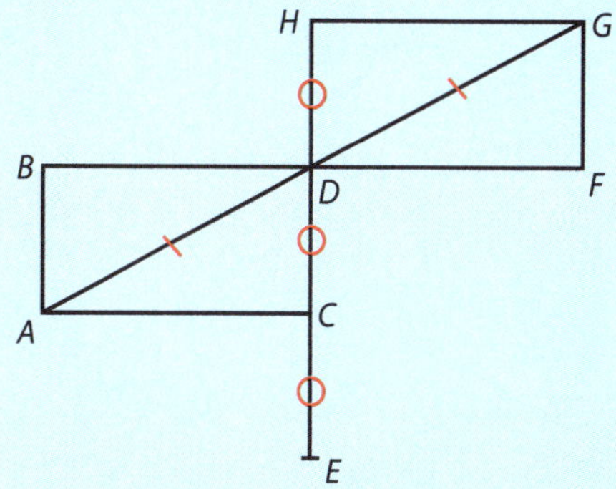

- Le symétrique de *A* par rapport à *D* est ....
- Le symétrique de .... par rapport à *D* est *H*.
- Le symétrique de [*AC*] par rapport à *D* est ....
- Le symétrique de .... par rapport à .... est *E*.

L'EXO COSTAUD

7 **Construis les différents points *D* tels que les quadrilatères *ABCD*, *ABDC* et *ADBC* aient un centre de symétrie.**

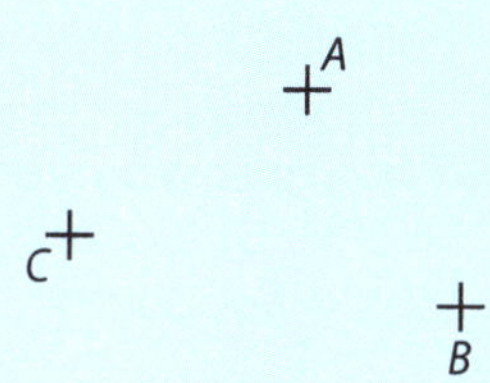

A visit

Time	Activities
11.00 a.m.	African Penguins feed[8]
11.15 a.m.	Sea lion show
11.30 a.m.	Seal training
11.30 a.m.	Atlantis Boat tour
12.00 a.m.	Penguins encounter[9]
12.00 a.m.	Otters feed and training

Rob – Shall we see a show when we arrive?
Sue – I'd like to see the sea lion[1] show. And then, why not look at the otters[2]?
Ted – I'd rather take the boat tour.
Rob – But then we can't see the seal[3] training[4]. I'd prefer to do that.
Sue – It's too complicated. What about having lunch and going to the afternoon shows?
Rob – Yes, let's do that. I'm hungry[5]!
Ted – Don't speak of food[6]! I'm so hungry I could[7] eat a seal…

1. **a sea lion :** *un lion de mer.* 2. **an otter :** *une loutre.* 3. **a seal :** *un phoque.* 4. **train** (verbe) **:** *entraîner.* 5. **be hungry :** *avoir faim.* 6. **food :** *la nourriture.* 7. **I could :** *je pourrais.* 8. **feed :** *nourrir.* 9. **an encounter :** *une rencontre.*

Comprendre

1 Vrai (V) ou faux (F) ? Lis le texte et entoure la bonne réponse.

a. They are going to the park. V F
b. Sue wants to see the sea lions. V F
c. Rob had rather take the boat tour. V F
d. At the end they all want the same thing. V F

2 Réponds aux questions.

a. Is there a shark show? ....
b. What time is the seal training? ....
c. Who is hungry? ....

3 Écris l'heure en anglais et en toutes lettres.

a. 6 h 10 ....
b. 18 h 10 ....
c. 14 h 30..
d. 3 h 15 ....
e. 12 h 45 ....

Mots et expressions

Dire l'heure

- On compte les heures de 1 à 12 jusqu'à midi en utilisant **a.m.** et de 1 à 12 de midi à minuit **p.m.**

It's 10 a.m. *Il est 10 h du matin.*
It's10 p.m. *Il est 22 h ou 10 h du soir.*

- Pour l'heure juste, on utilise l'expression **o'clock.**

It's 11 o'clock. *Il est 11 heures.*

- Pour dire l'heure, on indique **d'abord les minutes**, puis **l'heure.**

On utilise **past (après)** entre l'heure juste et l'heure et demie et **to (avant)** entre l'heure et demie et l'heure suivante.
It's 20 past 10. *Il est 10 h 20.*
It's 20 to 11. *Il est 10 h 40 ou 11 h moins 20.*

- Cas particuliers :

It's quarter past ten. *10 h 15* ou *10 h ¼.*
It's half past ten. *10 h 30* ou *10 h ½.*

to the aquarium

S'entraîner

4 Remets les mots dans l'ordre pour former trois suggestions.

a. going / the / aquarium / What / to / about / ?

....

....

b. on / play / I / computer / 'd / the / rather / .

....

....

c. not / go / ice-cream / Why / and / eat / ? / an

....

....

5 Complète les phrases avec *let's*, *what about* ou *shall we*. (Regarde bien la ponctuation.)

a. .... go to the Adventure Park!

b. .... play football?

c. .... watching a cartoon?

d. .... play video games!

6 Utilise l'impératif pour donner des ordres à Julia et John qui ne respectent pas les règles de l'aquarium.

a. Julia refuses to buy her ticket.

....

b. John is giving sweets to the penguins.

....

c. Julia refuses to stand in line.

....

d. John is pushing the other tourists.

....

RAPPEL DE COURS

Dire ce que l'on aimerait faire, faire des propositions, des suggestions

- On utilise l'auxiliaire ***would ('d) like to*** + base verbale.

> **Ex.** **I'd like to** play football tomorrow but Tom **wouldn't like to** play with me. *J'aimerais jouer au foot demain mais Tom n'aimerait pas jouer avec moi.*
> **Would** you **like to** come to the stadium with me? *Aimerais-tu venir au stade avec moi ?*

- On peut faire des propositions avec ***what about*** + base verbale + ***-ing*** + ? / ***shall I*** ou ***shall we*** + base verbale + ?

> **Ex.** **What about** seeing a movie? / **Shall we** see a movie? *Si on allait voir un film ? / Que diriez-vous d'aller voir un film ?*

- On peut utiliser ***let's (let us)***, l'impératif à la 1re personne du pluriel.

> **Ex.** **Let's** go to the cinema! *Si on allait au cinéma !*
> **Let's** go! *Allons-y !*

Ce sont la voix et le contexte qui indiquent s'il s'agit plutôt d'une ***suggestion*** ou d'un ***ordre***.

Exprimer sa préférence

- On emploie ***would ('d) prefer to*** + base verbale.

> **Ex.** **Would** you **prefer to** go to the beach or the park? *Préférerais-tu aller à la plage ou au parc ?*

- On utilise aussi ***would ('d) rather*** + base verbale.

> **Ex.** Tim**'d rather** make a cake than do the shopping. *Tim aimerait mieux faire un gâteau que faire les courses.*

Donner des ordres (l'impératif)

- On emploie la **base verbale sans sujet**.

> **Ex.** **Open** the door! *Ouvre la porte !*

- Pour une interdiction, on utilise ***don't*** + base verbale.

> **Ex.** **Don't forget** your sunglasses! *N'oublie pas tes lunettes de soleil !*

Séquence 5 **Histoire**

La monarchie au XIIIe au XVIIIe siècle

L'État monarchique

RAPPEL DE COURS

Le pouvoir du roi

- Quand **Hugues Capet** devient roi en 987, il ne possède qu'un **petit domaine**. Peu à peu, les Capétiens se renforcent et étendent leur territoire.
- Au XIIIe siècle, **Philippe Auguste**, **Louis IX (Saint Louis)** et **Philippe le Bel** font de la monarchie française la plus puissante d'Europe. Ils se font sacrer à Reims. Paris est leur capitale.

La guerre de Cent Ans

En 1328, le roi meurt sans héritier. Le roi d'Angleterre, son neveu, revendique le trône : c'est l'origine de la guerre de Cent Ans **(1337-1453)**. Aidé de **Jeanne d'Arc** entre 1429 et 1431, **Charles VII** chasse les Anglais en 1453. L'autorité royale se renforce grâce à la création de l'impôt (gabelle, taille) et d'une armée permanente.

La monarchie absolue

- **François Ier** (1515-1547), prince de la Renaissance, soutient les artistes **(Léonard de Vinci)**. Il contrôle la noblesse. Il nomme les évêques grâce au concordat de Bologne (1516).
- **Henri IV** (1589-1610), premier roi bourbon, rétablit la paix : l'**édit de Nantes** (1598) met fin aux guerres de religion (1562-1598).
- **Louis XIV** (1643-1715) soumet la noblesse et détient tous les pouvoirs. Il étend le royaume par ses conquêtes. Le château de Versailles, admiré dans toute l'Europe, est le symbole de la monarchie absolue.

1 Lors de son sacre à Reims, le roi reçoit l'onction (1) ; l'archevêque fait une croix sur son front avec l'huile sainte. Puis, les évêques et les Grands du royaume (les nobles) lui donnent les signes du pouvoir (2).

a. Sur le schéma ci-dessous, quel moment du sacre est représenté (1 ou 2) ? Que fait le roi ? Indique où sont les Grands et les évêques.

....

b. Parmi les signes du pouvoir, entoure ceux qui figurent sur le dessin ci-dessous, et souligne ceux qui manquent.

D'après une enluminure du XIIIe siècle.

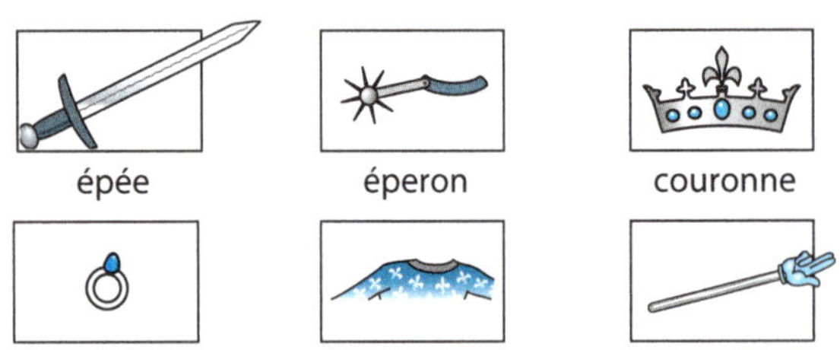

épée — éperon — couronne

anneau qui unit le roi à l'Église — manteau à fleurs de lys — main de justice

2 **Aide-toi de la frise chronologique pour répondre aux questions.**

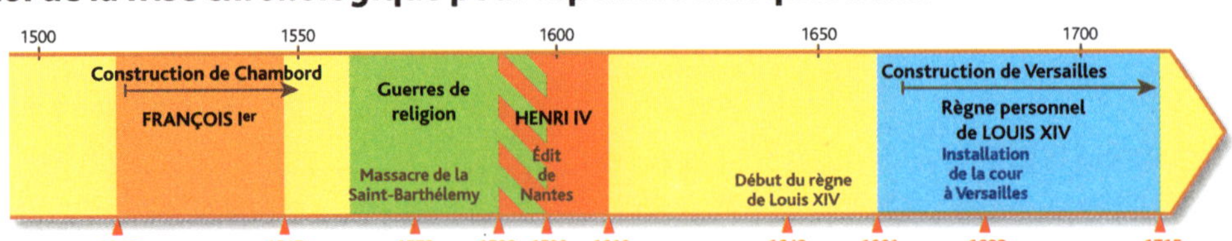

a. Calcule la durée du règne de chaque roi. François Ier .... Henri IV .... Louis XIV ....

b. Que leur permet la durée de leurs règnes ? Donne un exemple pour un roi.

....

c. Quel château symbolise le règne de Louis XIV ? Pourquoi ?

....

La pauvreté dans le monde

1 Répartition des pauvres vivant avec moins de 1,90 dollar par jour.

Région(s)	Nombre de pauvres en 2019 (en millions)
Asie de l'Est et Pacifique	24
Asie du Sud	156
Europe et Asie centrale	11
Amérique latine et Caraïbes	28
Moyen-Orient et Afrique du Nord	29
Afrique subsaharienne	389

Source : Banque mondiale, 2019.

Entoure les deux régions du monde où la pauvreté est massive.

RAPPEL DE COURS

La pauvreté : une réalité mondiale et diverse

- La pauvreté consiste en une **insuffisance de ressources** pour se nourrir, se loger, se vêtir et se soigner. Dans les pays pauvres s'ajoute la difficulté d'accès à l'eau potable, à l'école et à l'hôpital. **10 % de la population mondiale**, soit environ 800 millions d'habitants, vit avec moins de 1,90 dollar par jour : c'est l'extrême pauvreté.
- La pauvreté existe partout mais elle est massive dans les États du Sud.

Le défi alimentaire

La pauvreté se manifeste d'abord par la difficulté à se nourrir. Les **carences alimentaires** concernent ainsi **2,3 milliards de personnes** (30 % de la population), et la sous-nutrition chronique **820 millions**. La lutte contre la faim et la pauvreté est freinée aujourd'hui par les conflits et le réchauffement climatique.

2 Observe la carte ci-dessous et complète les phrases.

a. L'estimation du nombre total de personnes sous-alimentées en Afrique est de ....

b. Le pourcentage de population sous-alimentée est compris entre .... et .... % en Inde, entre .... et .... % en Chine, et entre .... et .... % au Brésil.

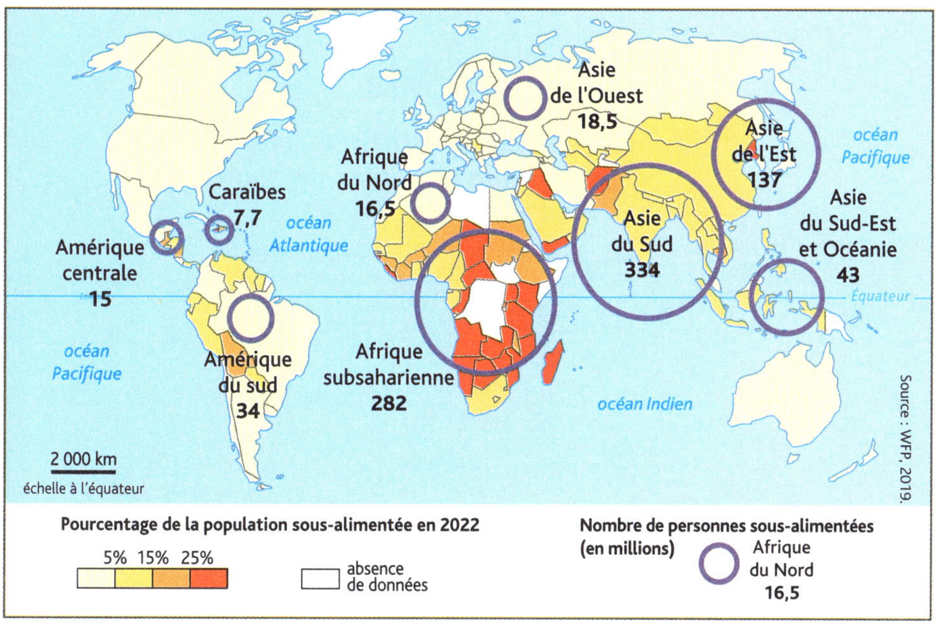

La sous-alimentation dans le monde en 2022 (rapport de l'ONU 2022).

BILAN de la séquence 5

Pour chaque question, coche la (ou les) bonne(s) réponse(s).
Ensuite, reporte-toi aux corrigés du livret détachable (page 12) et inscris ton score sur 10.

Français

1 Dans l'expression « un ciel sans nuage », « sans » est :

a. un déterminant. ☐
b. une préposition. ☐
c. un adverbe. ☐

2 Dans l'expression « Je le regarde », « le » est :

a. un déterminant. ☐
b. un pronom. ☐
c. une préposition. ☐

3 La phrase correcte est :

a. Soudain, le vent se levait et le ciel s'assombrit. ☐
b. Soudain, le vent se leva et le ciel s'assombrit. ☐
c. Soudain, le vent se leva et le ciel s'assombrissait. ☐

Maths

4 Quelle figure usuelle n'a pas de centre de symétrie ?

a. un triangle isocèle ☐
b. un cercle ☐
c. un segment ☐

5 Le symétrique d'une demi-droite [*AI*) par rapport à un point *O* peut être :

a. [*A′I′*] ☐
b. (*A′I′*) ☐
c. [*A′I′*) ☐

6 Quel est le centre de symétrie de cette figure ?

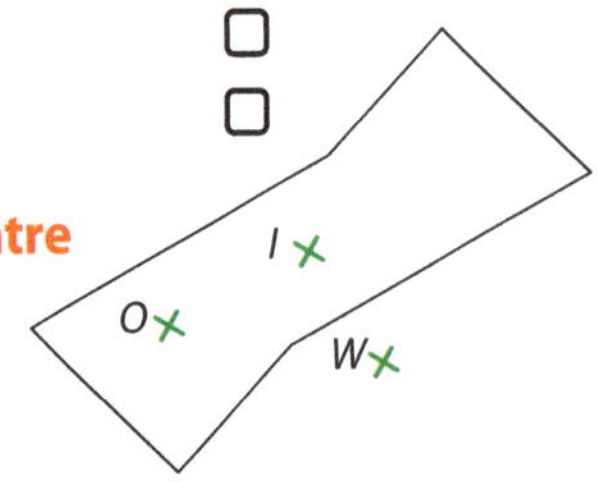

a. le point *I* ☐
b. le point *O* ☐
c. le point *W* ☐

Anglais

7 5 h 40 indique qu'il est :

a. twenty past five. ☐
b. twenty to six. ☐
c. twenty to five. ☐

8 What can we do this afternoon?

a. What about playing football? ☐
b. Let's playing football. ☐
c. I'd rather playing football. ☐

Histoire

9 La guerre de Cent Ans se termine sous :

a. Saint Louis. ☐
b. Charles VII. ☐
c. Henri IV. ☐

Géographie

10 La sous-nutrition chronique (manque quotidien de nourriture) concerne :

a. 400 millions de personnes dans le monde. ☐
b. 850 millions de personnes dans le monde. ☐
c. plus de 1 milliard de personnes. ☐

Total .... / 10

Séquence 6

Des dessins

D'étranges dessins apparaissent dans les champs de blé anglais. Des messages laissés par les extraterrestres ?

Qui peut bien être l'auteur des mystérieux cercles qui apparaissent depuis quelques mois dans les champs du sud de l'Angleterre ? Chaque fois, l'histoire est identique… Un matin, un fermier découvre un incroyable dessin dans son champ, qui n'y était pas la veille au soir ! Le blé ou le maïs a été couché sur le sol par une force mystérieuse, pendant la nuit. Aucun indice ne permet de trouver une explication. S'agit-il de messages codés envoyés par de petits hommes verts ? Des traces d'atterrissage de soucoupes volantes ? Une chose est certaine : ces dessins sont beaucoup trop gigantesques et complexes pour avoir été faits par des êtres humains !

Toi aussi, tu crois à ces histoires ? Alors, lis vite la suite !

Ces dessins étranges n'ont rien d'extraterrestre ! Le premier d'entre eux a été l'œuvre de deux farceurs anglais, David Chorley et Doug Bower. Une nuit, ils ont discrètement tracé de grands cercles dans un champ avec une corde et une barre en métal, pour faire croire qu'une soucoupe s'y était posée. Leur blague a marché au-delà de leurs espérances ! Grisés par leur succès, ils ont recommencé régulièrement pendant des années, et ont été imités dans le monde entier avant d'avouer en 1991 que cette histoire n'était qu'une plaisanterie…

Le mystère des dessins venus d'ailleurs
Bruno Muscat © Astrapi n° 681 (1er avril 2008).

Lecture et compréhension

1 Où sont apparus les premiers dessins mystérieux ?

……………………………………………………………………

2 Quelles explications propose-t-on dans un premier temps ?

……………………………………………………………………

……………………………………………………………………

……………………………………………………………………

3 Qui sont les auteurs des premiers dessins ?

……………………………………………………………………

Vocabulaire

4 Souligne, quand c'est possible, le préfixe et le suffixe des mots suivants.

a. extraterrestre
b. incroyable
c. atterrissage
d. apolitique
e. antimite
f. farceur
g. plaisanterie
h. invisible
i. soucoupe

5 Entoure les mots qui commencent par un préfixe privatif (= négatif).

Ex. « Impossible » (le contraire de « possible ») commence par le préfixe privatif « im- », alors que dans « interdire », « in- » n'est pas un préfixe privatif.

a. indice
b. immerger
c. asocial
d. imiter
e. analphabète
f. illettré
g. insolation
h. irréfléchi

venus d'ailleurs...

Orthographe

6 **Complète par *er*, *é*, *és* ou *ées*. Un verbe qui se termine par *-er* peut être remplacé par *prendre*, *mordre* ou *vendre*.**

a. Nous pouvons nous interrog........ sur les dessins soi-disant laiss........ par des extraterrestres.

b. Ces dessins ont été trac........ par deux farceurs.

c. Il faut se méfi........ des explications trop rapidement donn........ .

Grammaire

7 **Souligne les quatre verbes à la voix passive. Il n'y a que deux compléments d'agent dans ces phrases ; entoure-les.**

a. Le blé a été couché sur le sol.

b. Les extraterrestres ont débarqué.

c. La figure avait été tracée par des inconnus il y a longtemps.

d. Les blés étaient écrasés à cet endroit.

e. Le fermier a moissonné son champ.

f. Le message a été envoyé par un vaisseau spatial.

8 **Donne le temps des formes passives suivantes.**

a. Il est trompé : ....

b. Il sera tracé : ....

c. Il a été pris : ....

d. Il était connu : ....

9 **Donne la fonction des mots soulignés.**

Ce célèbre tableau a été peint par Léonard de Vinci ; nous l'admirons au Louvre.

a. célèbre tableau : ....

b. par Léonard de Vinci : ....

c. l' : ....

RAPPEL DE COURS

Le COD

• Le **complément d'objet direct** (COD) est un complément du verbe ; il ne peut pas être supprimé.

• Pour le trouver, on pose la question **« Qui ? »** ou **« Quoi ? »** à partir du verbe.

> ***Ex.*** J'ai vu **un dessin** ; je **l'**examine.
> J'ai vu quoi ? **un dessin** : COD du verbe « voir » ;
> J'examine quoi ? **l'** : COD du verbe « examiner ».

La voix passive

• Quand le verbe est à la **voix passive**, le sujet subit l'action et c'est le complément d'agent qui l'effectue.

> ***Ex.*** Le Martien **envoie** un message.
> (sujet — verbe à l'actif — COD)
>
> Un message **est envoyé** par le Martien.
> (sujet — verbe à la **voix passive** — complément d'agent)

• Pour mettre un verbe à la **voix passive**, on utilise l'auxiliaire **être** et le participe passé s'accorde avec le sujet.

• Chaque temps peut se mettre à la **voix passive** : il suffit de mettre l'auxiliaire **être** à ce temps.

présent (actif) : il envoie → il **est** envoyé : **présent** passif
imparfait (actif) : il envoyait → il **était** envoyé : **imparfait** passif
passé simple (actif) : il envoya → il **fut** envoyé : **passé simple** passif
passé composé (actif) : il a envoyé → il **a été** envoyé : **passé composé** passif

Retour dans

RAPPEL DE COURS

Règles de calcul

Soit a et b deux distances à zéro (la distance à zéro d'un nombre est ce nombre privé de son signe). Il y a quatre types de calcul :

① $+a+b$; ② $-a-b$;
③ $+a-b$; ④ $-a+b$.

- On détermine d'abord le signe du résultat : c'est celui qui précède le plus grand des nombres a et b.
- On calcule ensuite la distance à zéro du résultat.

Pour les cas ① et ②, on additionne a et b.
Pour les cas ③ et ④, on soustrait le plus petit des nombres a et b du plus grand.

Ex. Pour $-8-4$, le signe du résultat est « – » et on additionne 8 et 4 : $-8-4=-12$.
Pour $-13+19$, le signe du résultat est « + » et on soustrait 13 de 19 : $-13+19=6$.

Simplification de parenthèses

Soustraire un nombre relatif, c'est ajouter son opposé.
Soit a un nombre relatif. On a :

$$-(+a)=+(-a)=-a \text{ et } -(-a)=+(+a)=+a.$$

Ex. $-(-18)-(+13)$
$=+18-13$
$=5.$

Tous les chemins…

1 Manon et Lucas sont allés visiter un site gallo-romain.

a Sur un panneau d'information, ils ont lu :
« Sous le règne d'Auguste (– 63 av. J.-C. ; + 14 ap. J.-C.), les premiers… »

- **Quel calcul permet d'obtenir l'âge auquel l'empereur Auguste est mort ?**

....

- **À quel âge Auguste est-il mort ?**

....

b Le guide du site a parlé de l'empereur Claude mort en 54 ap. J.-C. à l'âge de 64 ans.
Quand l'empereur Claude est-il né ?

....

....

2 **Utilise l'axe gradué pour compléter le tableau.**

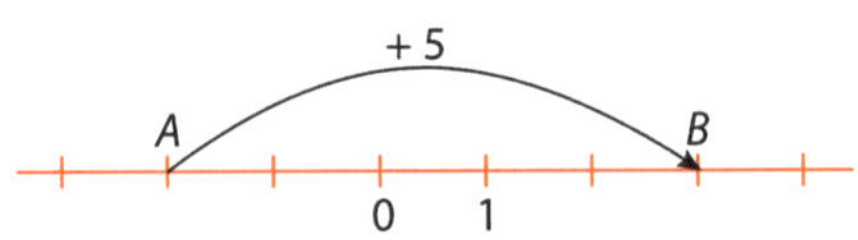

abscisse du point de départ	déplacement	abscisse du point d'arrivée	calcul
-2	$+5$	$+3$	$-2+5=+3$
-3	$+4$	....	....
$+4$	-6	....	$+4-6=-2$
-5	$+2$	....	....
-1	-2	....	....
$+3$	$+4$	....	....
....	....	....	$+4-5=-1$

3 **Précise le numéro de la règle du cours utilisée et effectue le calcul.**

- $A=-4+5$: règle n° .... et $A=$ ....
- $B=-6-4$: règle n° .... et $B=$ ....

le temps !

- $C = +3 - 7$: règle n° .... et $C =$ ....
- $D = 3 + 9$: règle n° .... et $D =$ ....
- $E = -14 - 20$: règle n° .... et $E =$ ....

Construit pour durer !

4 Dans le village visité, la construction de l'aqueduc a débuté lorsque l'empereur Auguste avait 53 ans. Cette construction a duré 17 ans.

a En quelle année la construction a-t-elle débuté ?

....

b En quelle année s'est-elle achevée ?

....

5 Effectue les calculs.

Simplifie d'abord les écritures en supprimant les parenthèses.

- $A = 5 + (-6) =$ ....
- $B = -3 - (-7) =$ ....
- $C = 4 - (+6) =$ ....
- $D = -(-7{,}5) - (+4{,}5) =$ ....

6 Calcule les expressions suivantes.

Calcule d'abord dans les parenthèses, puis simplifie.

- $E = 23 - (32 - 14) =$ ....
- $F = (-9 + 4) + (11 - 6) =$ ....
- $G = (-13 + 11) - (5 - 7) =$ ....
- $H = -2 + (-4 + (-8)) =$ ....

7 Un alpiniste part de la vallée où il fait + 11 °C vers le sommet enneigé. Pendant l'ascension, la température baisse de 17 °C.

Quelle est la température au sommet ?

....

L'EXO MÉMO

8 Effectue les calculs.

- $I = -(32{,}4 - 17{,}6) + (-21{,}3 + 12{,}2)$

$=$ ....

- $J = -4{,}9 - (11 - 8{,}2) + (7{,}3 - 22{,}5)$

$=$ ....

L'EXO RIGOLO

9 En 2095, un libraire déniche un exemplaire neuf de ce Passeport ; il l'achète aussitôt 1 000 euros, car c'est un objet de collection ! Il le revend ensuite 1 100 euros. Pris de remords, il le rachète à son client pour 1 300 euros. Mais ayant besoin d'argent, il finit par le céder pour 1 200 euros.

Combien d'argent a-t-il gagné ou perdu avec ce cahier Passeport ?

....

....

....

L'EXO COSTAUD

10 Complète ce carré magique qui contient tous les nombres entiers compris entre – 12 et 12 tels que la somme des nombres sur une ligne, sur une colonne ou sur une diagonale soit nulle.

8	– 1	– 10		
5	– 4			– 11
			– 5	11
		1	– 8	3
– 9	7	– 7	9	

A terrible

Jim and Meg are visiting the Louvre Museum. They stop in front of a portrait. It's a watercolour.

Jim – Who is this lady?

Meg – Let me look… It is Anne of Cleves.

Jim – I like her! Who painted this portrait?

Meg – Holbein did. He was a very famous[1] painter. King Henry VIII thought[2] Anne was beautiful on the painting, so he decided to marry her.

Jim – Yes, I remember now. He didn't like the real princess's face[3], so he divorced her very quickly[4]. But she was very lucky you know, because he had six wives[5] and two of his wives were executed. The poor queens!

Meg – I learnt it at school: *divorced, beheaded*[6]*, died*[7]*, divorced, beheaded, survived*… What a terrible king!

1. **famous :** *célèbre.* 2. **think (thought) :** *penser.* 3. **a face :** *un visage.* 4. **quickly :** *rapidement.* 5. **wife (wives) :** *une épouse (des épouses).* 6. **behead :** *décapiter.* 7. **die :** *mourir.*

Comprendre

1 Lis le texte et complète les phrases.

a. The lady in the portrait is called .... b. The portrait was painted by .... c. King .... married Anne.
d. Henry VIII had .... wives.

2 D'après l'image et le texte, souligne les erreurs dans les phrases, puis à l'aide des mots de l'encadré, écris le mot correct en dessous.

a. This picture is a drawing.

....

b. It shows a landscape of a princess.

....

c. The photographer, Holbein, is very famous.

....

d. This mosaic is in the Louvre Museum.

....

Mots et expressions

Décrire un document visuel

a painting *une peinture*
an oil painting *une peinture à l'huile*
a watercolour *une aquarelle*
a drawing *un dessin*
a portrait *un portrait*
a landscape *un paysage*
a photograph *une photographie*
a mosaic *une mosaïque*
a painter *un peintre*
a photographer *un photographe*
a sculptor *un sculpteur*

king!

S'entraîner

3 Réponds aux questions par des réponses courtes (sujet + auxiliaire).

a. Did you go to the museum yesterday? Yes, ...

b. Did your friends go with you?
No, ...

c. Did you enjoy it? Yes, ...

4 Réécris les phrases en mettant les verbes entre parenthèses au prétérit.

a. Henry VIII (be) born in 1491.
....

b. He (live) in England. ....

c. He (die) in 1547. ....

5 Pose des questions sur les mots en gras, en commençant les phrases par *who*, *what*, *where* ou *when*.

a. I knew **the story of Henry VIII** already.
....?

b. I read a book about him **last year**.
....?

c. **He** was a great king but not a very nice man.
....?

d. He lived **in England.** ....?

RAPPEL DE COURS

Le prétérit simple

On utilise le prétérit pour décrire une action ou une situation passée et terminée.

• À la **forme affirmative**, le prétérit se forme avec la base verbale + ***-ed*** pour les **verbes réguliers**.

Ex. I **lived** in Australia last year.
J'habitais en Australie l'an dernier (= je n'y habite plus).

Attention, après les sons [t] et [d], la terminaison ***-ed*** doit se prononcer [id].

Ex. My father want**ed** a kangaroo.
Mon père voulait un kangourou.

Un certain nombre de verbes ont une **forme irrégulière** qu'il faut apprendre **par cœur**.

Ex. I **saw** a lot of sheep. *J'ai vu beaucoup de moutons.*

• À la **forme négative**, on utilise l'auxiliaire ***did***.
Le verbe reste sous sa forme verbale.

Ex. We **didn't live** in Australia for very long.
We **didn't see** any kangaroos.
Nous n'avons pas vécu en Australie très longtemps.
Nous n'avons pas vu de kangourous.

• À la **forme interrogative**, l'auxiliaire ***did*** est placé avant le sujet.

Ex. **Did** you **like** Australia? Where **did** you **see** the sheep?
As-tu aimé l'Australie ? Où as-tu vu les moutons ?

Ago

Il s'utilise avec le prétérit pour mesurer le temps écoulé entre un évènement passé et le moment présent. ***Ago*** se place toujours après l'expression du temps. Il se traduit par **il y a** en français.

Ex. I was in Australia six months **ago**.
J'étais en Australie il y a six mois.

6 Observe l'exemple, puis reformule les phrases en utilisant les mots entre parenthèses et *ago*.

Ex. Henry VIII was born in 1491. (six centuries) → He was born six centuries ago.

a. He died in 1547. (five centuries) ....

b. I watched *The Tudors* on TV last year. (a year) ....

c. I saw his portrait in May. (two months) ....

Énergie et circulation du sang

RAPPEL DE COURS

Production d'énergie par l'organisme

L'organisme doit fabriquer de l'énergie pour fonctionner. Cette synthèse se fait dans les organes, au cours d'une **réaction chimique** entre nutriments et dioxygène.
Le **dioxygène** entre dans le sang au niveau des **alvéoles pulmonaires** et les nutriments au niveau de l'intestin grêle.

La circulation sanguine

Chaque organe reçoit dioxygène et nutriments et est débarrassé des déchets grâce à la circulation sanguine. Il existe trois types de **vaisseaux sanguins** : artères, veines et capillaires. Les **artères** amènent le sang du cœur aux organes et les veines des organes au cœur. Les **capillaires** se situent au sein des organes.

Le cœur

Le cœur est un **muscle** situé dans la cage thoracique qui fonctionne en continu. Il est creux et propulse le sang dans les artères grâce à des **contractions rythmiques**.

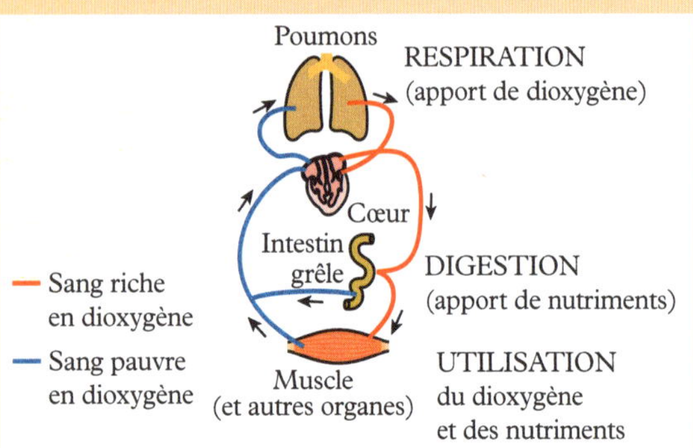

Schéma de la circulation sanguine

1 **Pour chaque organe, complète par « riche » ou « pauvre » selon la quantité de dioxygène dans le sang.**

Sang entrant		Sang sortant
a. .... en dioxygène	→ Poumons →	.... en dioxygène
b. .... en dioxygène	→ Muscles →	.... en dioxygène
c. .... en dioxygène	→ Cerveau →	.... en dioxygène

2 **a. Complète les deux schémas en représentant par une flèche verte le trajet de l'air inspiré et par une flèche bleue le trajet de l'air expiré.**

b. Complète le schéma de l'alvéole pulmonaire en représentant les échanges gazeux entre l'alvéole et le sang, puis en situant le sang entrant et le sang sortant du vaisseau sanguin.

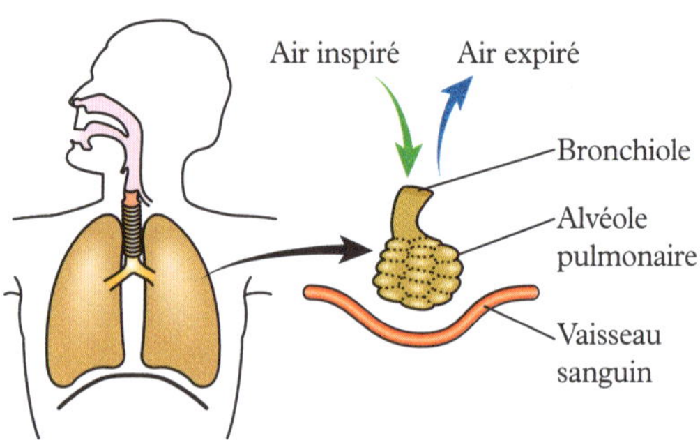

c. Précise si le sang entrant et sortant est riche ou pauvre en dioxygène et en dioxyde de carbone.

....

....

....

d. Précise où va le sang issu des poumons.

....

....

Les changements d'état d'un corps pur

1 On place deux glaçons dans un verre que l'on laisse fondre.
Décris les états de l'eau lors de cette expérience, puis complète le schéma suivant.

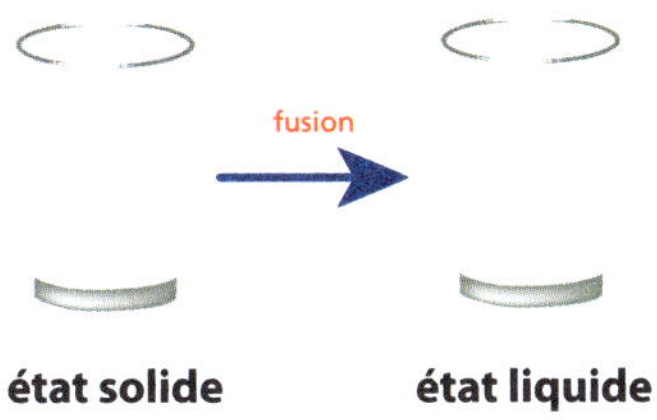

2 Indique le nom des changements d'état suivants.

a. État liquide .... État solide

b. État gazeux .... État liquide

3 Pour fabriquer des glaçons, on place un bac contenant 250 g d'eau pure liquide au congélateur.

a. Quel changement d'état l'eau subit-elle lors de cette expérience ?

....

b. Quelle sera la masse de glaçons obtenue ? Justifie ta réponse.

....

c. Quelle grandeur varie lors de ce changement d'état ?

....

4 On étudie la solidification d'une substance inconnue.
Le graphique suivant représente l'évolution de sa température en fonction du temps.

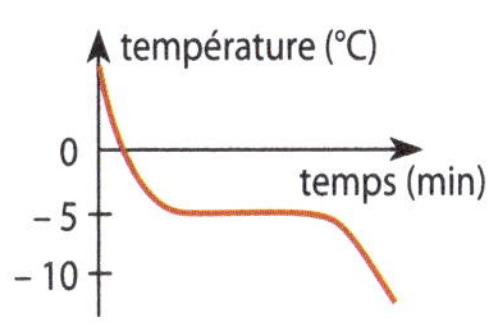

a. Cette substance est-elle un corps pur ou un mélange ? Justifie ta réponse.

....

b. Détermine la température de solidification de cette substance.

....

RAPPEL DE COURS

Les états de la matière

Sur Terre, la matière existe sous trois états : **solide**, **liquide** et **gaz**.
Un solide a un volume et une forme propre. Un solide ne prend donc pas la forme du récipient qui le contient.
Un liquide a un volume propre mais pas de forme propre. Un liquide prend donc la forme du récipient qui le contient.
Un gaz ne possède ni forme propre ni volume propre. Il prend donc la forme du récipient qui le contient et en occupe tout l'espace.

Les différents changements d'état

En modifiant sa température ou sa pression, un corps peut passer d'un état à un autre : il y a **changement d'état**. Ces changements d'état mettent en jeu des transferts d'énergie.

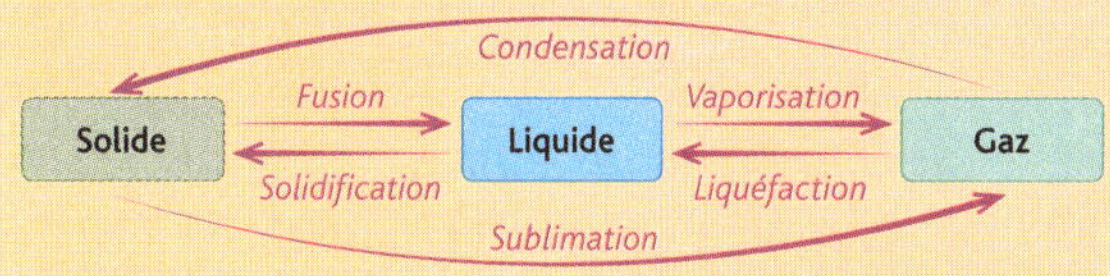

Caractéristiques des changements d'état

La **masse** ne varie pas lors du changement d'état d'un corps pur.
Le **volume** varie lors du changement d'état d'un corps pur.
Le changement d'état d'un corps pur s'effectue à **température** constante.

Évolution de la température de l'eau en fonction du temps

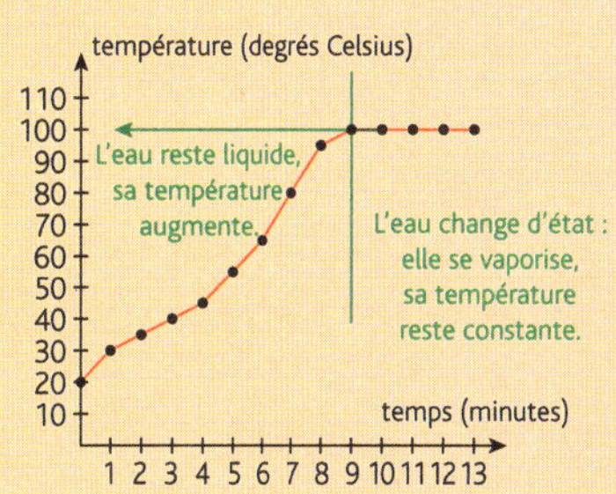

La température de vaporisation de l'eau pure est de 100 °C. Sa température de solidification est de 0 °C.

BILAN de la séquence 6

Pour chaque question, coche la (ou les) bonne(s) réponse(s).
Ensuite, reporte-toi aux corrigés du livret détachable (page 14) et inscris ton score sur 10.

Français

1 Dans la phrase « Tu ressembles à ton frère ; je l'ai remarqué tout de suite », le COD est :

- a. « à ton frère ». ☐
- b. « tout de suite ». ☐
- c. « l' ». ☐

2 La phrase avec un verbe à la voix passive est :

- a. Nous avons été réconfortés par les voisins. ☐
- b. Nous sommes arrivés à temps à la maison. ☐
- c. Nous avons subi un orage. ☐

3 Dans la phrase « Le dessin a été tracé par un farceur », la fonction de « par un farceur » est :

- a. COD du verbe « tracer ». ☐
- b. complément circonstanciel de moyen. ☐
- c. complément d'agent du verbe « tracer ». ☐

Maths

4 Combien vaut – 7 + 3 ?

- a. – 10 ☐
- b. – 4 ☐
- c. + 10 ☐

5 Quelle expression est égale à – (+ 4) + (– 2) – (– 5) ?

- a. – 4 – 2 – 5 ☐
- b. – 4 – 2 + 5 ☐
- c. – 4 + 2 + 5 ☐

6 Que vaut la somme de – 5 et de + 3 ?

- a. – 8 ☐
- b. – 2 ☐
- c. + 8 ☐

Anglais

7 Where … last week?

- a. did you goed ☐
- b. went you ☐
- c. did you go ☐

8 At Christmas, Gill was pleased because…

- a. she haved a dog. ☐
- b. she was a dog. ☐
- c. she had a dog. ☐

SVT

9 Le cœur :

- a. est un organe de l'abdomen. ☐
- b. est un organe creux. ☐
- c. s'arrête pendant le sommeil. ☐

Chimie

10 Lors de la vaporisation d'un corps pur :

- a. La température varie. ☐
- b. La température ne varie pas. ☐
- c. Ce corps passe à l'état liquide. ☐

Total .... / 10

Séquence 7

Angoissante

Bulman, sort de la banque où il découvre que son compte bancaire a été vidé et fermé.

Que se passait-il ? D'abord sa carte de transport, ensuite ses cartes de crédit, son téléphone mobile, sa voiture, et maintenant son compte en banque ! C'était comme si on l'avait dépouillé de son identité, pièce par pièce. Il s'adossa contre l'angle de l'immeuble pour essayer de reprendre ses esprits. Tandis qu'il était là, immobile, un passant jeta son journal dans une poubelle, juste devant lui, comme s'il voulait attirer l'attention de Bulman sur la première page.

On y voyait une photo de lui.

Bulman contempla la photo avec horreur et se souvint du gros titre qu'il avait aperçu de loin en sortant de chez lui. « Un journaliste tué. » C'était le même titre. Il eut l'impression que le trottoir se précipitait à sa rencontre quand il se pencha pour ramasser le journal. L'article était très court.

Harold Bulman, journaliste indépendant spécialisé dans les affaires concernant l'armée et l'espionnage, a été retrouvé mort hier dans son domicile londonien. M. Bulman a été poignardé. La police a lancé un appel à témoins. Toute personne ayant entendu ou vu quelque chose entre dix heures et minuit est priée de contacter le commissariat. L'inspecteur Stephen Leather, chargé de l'enquête, a déclaré : « M. Bulman a pu se faire des ennemis dans son travail. À ce stade, nous n'excluons aucune hypothèse. » Harold Bulman, trente-sept ans, était divorcé, sans famille ni amis proches.

C'était de lui dont ils parlaient ! Ils annonçaient sa mort !

Anthony Horowitz,
Les Larmes du crocodile traduit par Annick le Goyat,

Lecture et compréhension

1 Quelle est la profession d'Harold Bulman ?

....

2 Qu'expriment les phrases interrogatives et de forme exclamative au début et à la fin du texte ?

Les phrases interrogatives et de forme exclamative expriment ....

....

3 Pourquoi Bulman est-il troublé au début du passage ? Pourquoi l'est-il à la fin ?

Au début, ...

....

À la fin, ...

....

nouvelle

Vocabulaire

4 Le suffixe *-cide* vient du latin *caedes*, « meurtre ». Comment appelle-t-on le fait de tuer :

a. un roi • • 1. génocide
b. son père • • 2. matricide
c. sa mère • • 3. fratricide
d. son frère • • 4. régicide
e. un peuple • • 5. parricide

Orthographe

5 Réécris la première phrase de l'article (l. 20) en remplaçant « *Harold Bulman, journaliste* » par « *Smith et Smith, journalistes* ».

....
....
....
....
....

Grammaire - Conjugaison

6 Donne le temps des verbes suivants. Attention, un verbe est à la voix passive.

a. On l'avait dépouillé : ....
b. Il est parti : ....
c. Elle est suivie : ....
d. Elle fut sortie : ....

7 Souligne les COI dans les phrases suivantes.

a. Je me souviendrai de cette affaire étrange.
b. J'ai participé à l'enquête avec intérêt.
c. Le journaliste poignardé ressemble à un de leurs amis.
d. Ils lui ont envoyé un message.
e. Je vais leur demander s'ils ont eu des nouvelles.

RAPPEL DE COURS

Les types et formes de phrases

• Les types de phrases

Ex. Je ne suis pas prêt. → phrase **déclarative**
Viens-tu ? → phrase **interrogative**
Viens vite ! → phrase **impérative**

• Les formes de phrases

Ex. Je ne suis pas prêt. → forme **négative**
Viens vite ! → forme **exclamative**

Le COI

• Certains verbes se construisent avec une préposition et un **complément d'objet indirect**. Pour trouver le **COI**, on pose les questions **« À qui ? »**, **« À quoi ? »**, **« De qui ? »**, **« De quoi ? »** à partir du verbe.

Ex. Tu ressembles **à ton frère**. Tu **lui** ressembles.
Tu ressembles à qui ? → **à ton frère**/**à lui** : COI du verbe « ressembler ».

Les temps composés de l'indicatif

• Chaque **temps simple** permet de former un **temps composé**.

Passé composé : auxiliaire au **présent**.
ils ont dormi ; ils sont venus

Plus-que-parfait : auxiliaire à **l'imparfait**.
ils avaient dormi ; ils étaient venus

Futur antérieur : auxiliaire au **futur**.
ils auront dormi ; ils seront venus

Passé antérieur : auxiliaire au **passé simple**.
ils eurent dormi ; ils furent venus

• Attention à la **voix passive**.
j'étais arrivé : plus-que-parfait (sujet actif) ;
j'étais surveillé : imparfait (sujet passif)

RAPPEL DE COURS

Fractions égales

• Deux **fractions** sont **égales** quand on passe de l'une à l'autre en multipliant (ou en divisant) le numérateur et le dénominateur par un même nombre non nul.

Pour $k \neq 0$, $\frac{a \times k}{b \times k} = \frac{a}{b}$.

• Passer de la fraction de gauche à celle de droite, c'est **simplifier**.

Ex. $\frac{40}{15} = \frac{8 \times 5}{3 \times 5} = \frac{8}{3}$.

Comparaison de fractions

• Pour comparer deux fractions de même dénominateur positif, on compare leur numérateur.

Ex. Comme on a $3 < 7$, on a $\frac{3}{11} < \frac{7}{11}$.

• On peut aussi comparer des valeurs décimales approchées.

Ex. On a $\frac{2}{3} \approx 0{,}67$ et $\frac{7}{11} \approx 0{,}64$, donc on a $\frac{2}{3} > \frac{7}{11}$.

Multiplications et fractions

• Pour multiplier des fractions, on multiplie les numérateurs entre eux et on multiplie les dénominateurs entre eux.

$$\frac{a}{b} \times \frac{c}{d} = \frac{a \times c}{b \times d}$$

Ex. $\frac{3}{7} \times \frac{2}{5} = \frac{3 \times 2}{7 \times 5} = \frac{6}{35}$.

• *Remarque :* il est conseillé de simplifier avant d'effectuer les produits.

L'anniversaire

Le premier arrivé a gagné !

1 C'est l'anniversaire de Manon ! Elle a invité ses camarades à fêter cet événement et, pour s'amuser, elle a organisé une course en sac.

a En trois sauts, Manon a parcouru $\frac{17}{5}$ de mètre et Sonia a parcouru $\frac{16}{5}$ de mètre.

Laquelle a parcouru la plus grande distance ?

....

b Lucas fait 13 bonds de $\frac{4}{5}$ de mètre chacun pendant qu'Enzo fait 9 bonds de $\frac{6}{5}$ de mètre.

Pour multiplier un nombre entier par une fraction, il suffit de multiplier l'entier par le numérateur.

• **Calcule, en fraction, la distance parcourue par chacun des garçons.**

....

....

....

• **Quel garçon est allé le plus loin ?**

....

....

2 **Simplifie les fractions.**

• $\frac{26}{12}$ = ... • $\frac{27}{18}$ = ...

• $\frac{15}{21}$ = ... • $\frac{35}{10}$ = ...

• $\frac{50}{80}$ = ... • $\frac{18}{42}$ = ...

de Manon

3 **Complète avec les symboles « < » ou « > » en justifiant ta réponse.**

- $\frac{9}{13}$ .... $\frac{7}{13}$, car ....
- $\frac{7}{8}$ .... $\frac{13}{16}$, car ....
- $\frac{5}{11}$ .... $\frac{7}{13}$, car ....

Miam, miam !

4 Pour régaler ses amis, Manon a fait un super gâteau rectangulaire de 27 cm sur 14 cm qu'elle partage en parts identiques comme indiqué ci-contre.

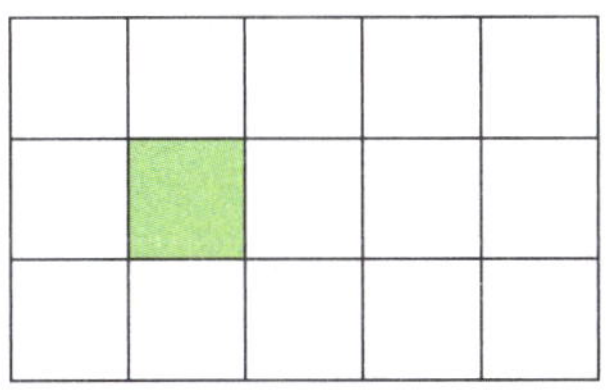

Les amis veulent déterminer l'aire de la part en vert.

a **Que représentent, pour la part en vert, les fractions $\frac{27}{5}$ et $\frac{14}{3}$?**

....

....

b **Calcule, en fraction, l'aire de la part en vert.**

....

....

....

5 **Calcule les produits suivants sous forme de fractions simplifiées.**

Décompose et simplifie en premier.

a $\frac{3}{8} \times \frac{7}{4} =$ ....

b $\frac{11}{4} \times \frac{3}{5} =$ ....

c $\frac{21}{20} \times \frac{5}{7} =$ ....

d $\frac{15}{42} \times \frac{2}{5} =$ ....

e $\frac{44}{15} \times \frac{27}{32} \times \frac{4}{21} =$ ....

L'EXO MÉMO

6 **Traduis chaque expression par un calcul et effectue-le.**

a La moitié du tiers d'un gâteau de 600 g :

....

b Les deux tiers des trois quarts d'un paquet de 50 bonbons :

....

L'EXO RIGOLO

7 **Calcule de tête.**

$\frac{2}{11} \times \frac{7}{2} \times \frac{5}{3} \times \frac{17}{13} \times \frac{11}{17} \times \frac{13}{5} \times \frac{3}{7} =$ ....

L'EXO COSTAUD

8 Dans la pyramide ci-dessous, chaque nombre contenu dans une case est le produit des nombres contenus dans les deux cases situées au-dessous de lui.

Complète la pyramide.

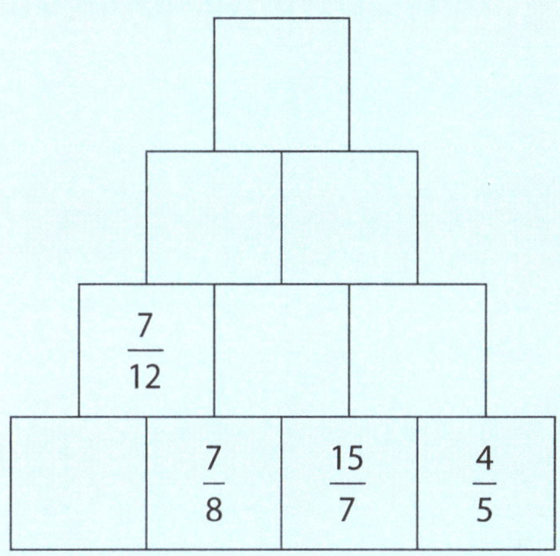

Tournez

Plus on est de fous, plus on rit…

1 Manon, Lucas et leurs amis ont envahi le manège de la place. Celui-ci dispose de 12 places marquées ①, ②, …, ⑪, ⑫, qui sont deux à deux symétriques par rapport au point *O*.

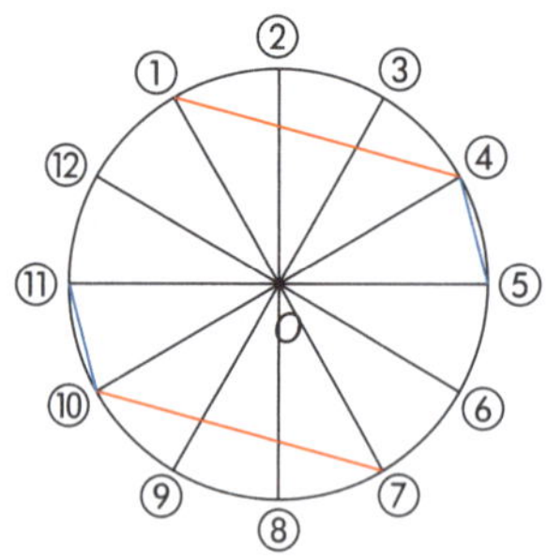

a • **Comment sont les points ① et ⑦ ? ④ et ⑩ ?**

....

....

• **Que peux-tu en déduire pour les droites (① - ④) et (⑦ - ⑩) ?**

....

....

....

Revois les propriétés des symétries pour répondre.

b **Cite les segments qui ne contiennent pas *O* pour lesquels on peut appliquer la deuxième propriété du cours.**

....

....

2 *C* et *D* sont les symétriques de *A* et de *B* par rapport à *O*. On a *AB* = 2 cm.

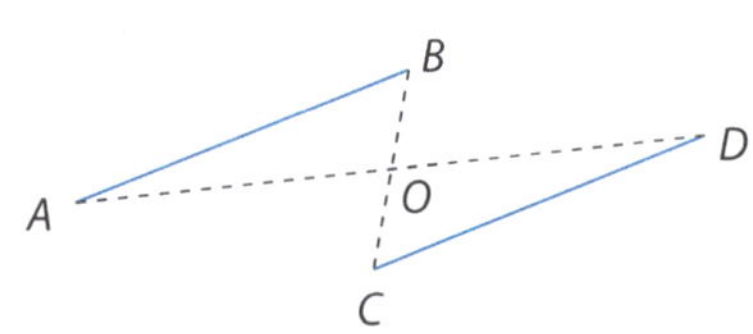

Complète la démonstration qui permet de prouver que *CD* = 2 cm.

① Les segments .... et .... sont symétriques par rapport à *O*.

② Si deux segments sont ....

....

alors ils ont la même longueur.

③ On a donc .... = ..., soit ***CD* = 2 cm**.

RAPPEL DE COURS

Conservation de l'alignement

Si des points sont alignés, alors leurs images par une symétrie sont alignées.

Conservation de longueurs

Si deux segments sont symétriques, alors ils ont la même longueur.

Conservation des angles

Si deux angles sont symétriques, alors ils ont la même mesure.

Conservation des aires

Si deux figures sont symétriques, alors elles ont la même aire.

Parallélisme et symétrie centrale

Si deux droites sont symétriques par rapport à un point, alors elles sont parallèles.

Ex. On donne :

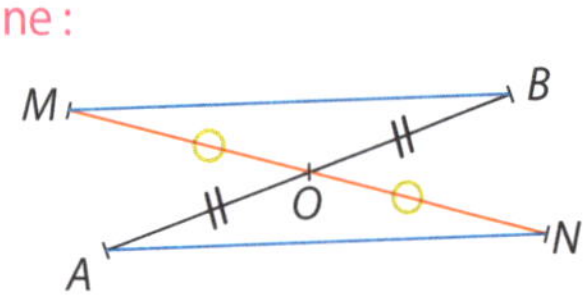

Les segments [*MB*] et [*AN*] sont symétriques par rapport à *O*, donc, par conservation des longueurs, on a *MB* = *AN*.

Les droites (*MB*) et (*AN*) sont symétriques par rapport à *O*, donc les droites (*MB*) et (*AN*) sont parallèles.

manège !

Ça souffle !

3 Il y a du vent cet après-midi : Manon et Lucas ont ressorti leurs cerfs-volants.
Le schéma ci-dessous représente la moitié du cerf-volant de Manon qui est symétrique par rapport à la droite (*d*).

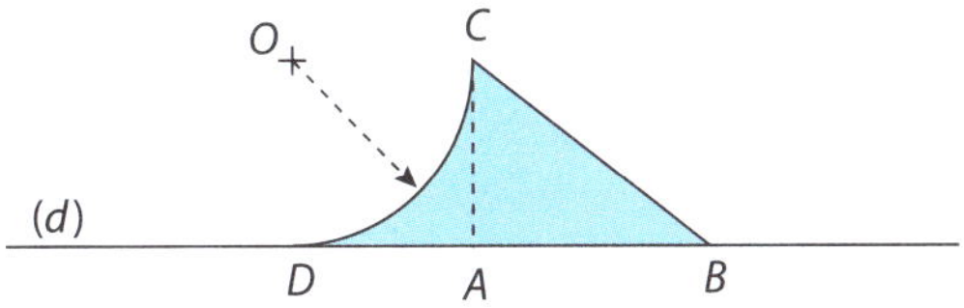

a *CODA* est un carré de 1,5 dm de côté.
- **Calcule l'aire de ce carré.**

....

- **Calcule l'aire du quart de disque de centre *O* et de rayon *OC* et arrondis le résultat à 0,01 dm² près.**

....

- On sait que *AB* = 2 dm. **Calcule l'aire du triangle *ABC*.**

....

b Déduis-en l'aire totale du cerf-volant de Manon.

Calcule d'abord l'aire en bleu.

....

....

....

4 *I* est le centre de symétrie de la figure et l'angle $\widehat{xOy}$ mesure 25°.

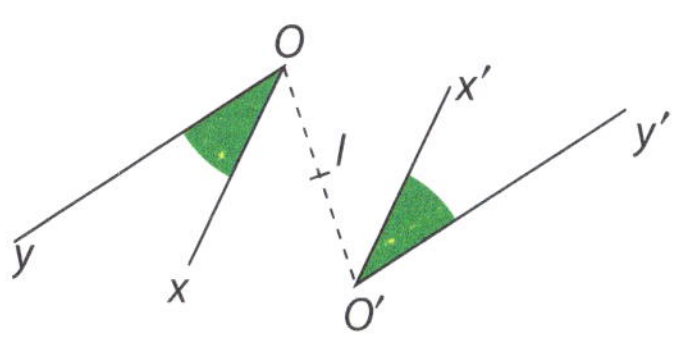

Complète la démonstration ci-dessous.

① Les .... sont symétriques par rapport à ....

② Si deux ....

....

alors ils ont la même ....

③ On a donc .... = ..., soit $\widehat{x'O'y'}$ = ...

L'EXO MÉMO

5 Les segments [*AB*] et [*CD*] sont symétriques par rapport au point *O*. *I* est un point de (*AB*) et son symétrique par rapport à *O* est *J*.
Montre que *J* est sur (*CD*).

....

....

....

....

....

....

....

L'EXO RIGOLO

6 Un nombre est dit *palindrome* si on peut le lire de gauche à droite ou de droite à gauche.

Un exemple : 54 345 est un palindrome.

a Effectue les calculs suivants et vérifie que tous les résultats sont des palindromes.

$A = 11 \times 11 =$ ....

$B = 111 \times 111 =$ ....

$C = 1\,111 \times 1\,111 =$ ....

....

$D = 11\,111 \times 11\,111 =$ ....

....

$E = 111\,111 \times 111\,111 =$ ....

....

b Combien de fois peut-on continuer ainsi ?

....

....

A great

Nathan, Dorian and their little sister are at a theme park. It's a great outing[1].

Nathan – Adventureland, here we are!
Marylee – Right! What shall we do first? Aliette's Spinning[2] Teacups?
Nathan – You're kidding[3]! That's for babies! We want something more exciting! Let's start with Pirates of the Barbados. I love the waterfall[4].
Dorian – Oh, no! The Forgotten River is funnier and faster too! We'll get wet[5], maybe…
Nathan – OK! And then Apocalypse Tower: you can't go on a more frightening[6] ride[7]! This ride is really wicked[8]!
One hour later…
Marylee – Phew! I need something quieter just now! What about the Fairy Island? There's nothing as beautiful as the view of the country-side from this ride!
Dorian – Come on!!! The Haunted Castle is much better than your Fairy Island! This will be fun! Let's go!
Marylee – Oh, dear! You are too daring[9] for me! I'll wait for you…

---

1. an outing : *une sortie.* **2. spin :** *tournoyer.* **3. kid** (verbe) **:** *plaisanter.* **4. a waterfall :** *une chute d'eau.* **5. wet :** *mouillé.* **6. frightening :** *effrayant.* **7. a ride :** *une attraction.* **8. wicked :** *dingue (génial, super).* **9. daring :** *hardi, audacieux.*

Comprendre

1 Barre ce qui ne correspond pas au texte.

a. Aliette's Spinning Teacups are *more interesting / quieter* than Pirates of the Barbados.

b. The Forgotten River is *faster / slower* than Pirates of the Barbados.

c. Nathan and Dorian are *daring / romantic* boys.

Mots et expressions

Parler de la personnalité

cheerful *gai*
grumpy *grincheux*
touchy *susceptible*
hardworking *travailleur*
lazy *paresseux*
optimistic *optimiste*
pessimistic *pessimiste*
shy *timide*
self-confident *sûr de soi*

2 Lis le texte et complète les phrases avec les adjectifs au comparatif *as courageous, younger* ou *better*.

a. Marylee is not .... as the boys.

b. For Dorian, the Haunted Castle is .... than the Fairy Island.

c. Marylee is .... than the boys.

3 Complète les phrases avec des mots de l'encadré ci-dessus.

a. Lauren didn't speak with anybody at the party; she's too .... b. Still in bed at 11 o'clock! What a .... boy! c. You can never criticize Kate, she's very ....

outing!

S'entraîner

4 **Compare Black Beard (BB) et Red Beard (RB), deux redoutables pirates, en utilisant les adjectifs entre parenthèses.**

Ex. Black Beard (+ nice) Red Beard
→ Black Beard is nicer than Red Beard.

a. RB (+ ferocious) BB ....

....

b. BB (+ ugly) RB ....

....

c. RB (+ bad) BB ....

....

5 **Utilise un comparatif d'égalité dans une phrase négative pour rétablir la vérité.**

Ex. A mouse is more dangerous than a snake.
→ A mouse is not as dangerous as a snake.

a. A rhino is heavier than an elephant.

....

b. Long John Silver was worse than Captain Kidd.

....

....

c. English is more difficult than Chinese.

....

....

6 **Mets ces phrases au pluriel.**

a. This exercise is very easy! ....

....

b. Whose pen is this? It's mine. ....

....

c. Look at that bird in the tree. ....

....

RAPPEL DE COURS

Les comparatifs

Le comparatif permet de comparer deux personnes, objets ou groupes.

➤ Le comparatif de supériorité (plus… que)

Il varie selon que l'adjectif est court ou long.

• **Adjectif court** (1 syllabe ou 2 syllabes terminées en *-y* ou *-er*) : adjectif + ***-er*** + ***than***.

> **Ex.** Greg is tall**er than** Carol. *Greg est plus grand que Carol.*
> (pretty) Cindy is prett**ier than** Mary. (clever) Ryan is clever**er than** his cousin. *Cindy est plus jolie que Mary. Ryan est plus intelligent que son cousin.*

Attention aux modifications orthographiques :
big → bi**gg**er, nice → nicer, funn**y** → funn**i**er

• **Adjectif long** (2 syllabes ou +, sauf exceptions ci-dessus) : ***more*** + adjectif + ***than***.

> **Ex.** A Rolls Royce is **more** expensive **than** a Mini.
> *Une Rolls Royce est plus chère qu'une Mini.*

➤ Le comparatif d'égalité (aussi… que)

Il se forme en utilisant ***as*** + adjectif + ***as***.

> **Ex.** Mark is **as** intelligent and **as** funny **as** his friend George. *Mark est aussi intelligent et aussi drôle que son ami George.*

➤ Deux comparatifs irréguliers

good *bien, bon* → **better** *mieux, meilleur*
bad *mauvais, mal* → **worse** *plus mauvais, pire*

This / that

This (au pluriel ***these***) s'emploie pour désigner ce qui est **proche** de la personne qui parle.
That (au pluriel ***those***) s'emploie pour désigner ce qui est **loin** d'elle.

> **Ex.** **This** girl is my friend Marge and **that** boy near the window is my cousin Pat.
> *Cette fille est mon amie Marge, et ce garçon près de la fenêtre est mon cousin Pat.*

Le monde au temps de Charles Quint

RAPPEL DE COURS

Une première mondialisation

À la fin du xve siècle, l'Europe retrouve paix et prospérité économique et démographique. Les pays européens cherchent de nouvelles routes vers l'Orient et des territoires à exploiter. Les Portugais contournent l'Afrique et **Christophe Colomb** découvre l'Amérique pour l'Espagne en 1492. Portugal et Espagne conquièrent des empires coloniaux dont ils exploitent les richesses. L'Espagne devient une grande puissance grâce à l'or des Amériques.

Le rêve d'empire universel de Charles Quint

Charles de Habsbourg devient Charles Quint en 1519 par son élection à la tête du **Saint Empire romain germanique**. Également roi d'Espagne (1516), il bénéficie de l'or des Amériques. Sur son Empire « le soleil ne se couche jamais ». Il rêve de réunifier la chrétienté pour lutter contre l'expansion de l'islam.

L'échec de Charles Quint et la naissance de l'État-nation en Europe

Charles Quint se heurte à trois obstacles :
- **Soliman le Magnifique** (1520-1566), le sultan turc musulman de l'Empire ottoman, étend son empire en Europe. Il assiège Vienne en 1528 ;
- **François Ier**, roi de France très chrétien (1515-1547), s'allie à Soliman en 1536 pour combattre la menace que Charles Quint fait peser sur le territoire national ;
- **les princes protestants allemands** du Saint Empire se liguent contre lui. En 1555, Charles Quint signe la **paix d'Augsbourg** avec les princes allemands et abdique en 1556.

1 **a. Les découvertes sont classées dans l'ordre (1, 2, 3, 4).**
Donne le même numéro au navigateur concerné et reporte-le sur la carte.

(1) 1487 : cap de Bonne-Espérance	(....) Vasco de Gama
(2) 1492 : Amérique	(....) Magellan et Elcano
(3) 1497 : route des Indes	(....) Christophe Colomb
(4) 1522 : tour du monde	(....) Bartolomeu Dias

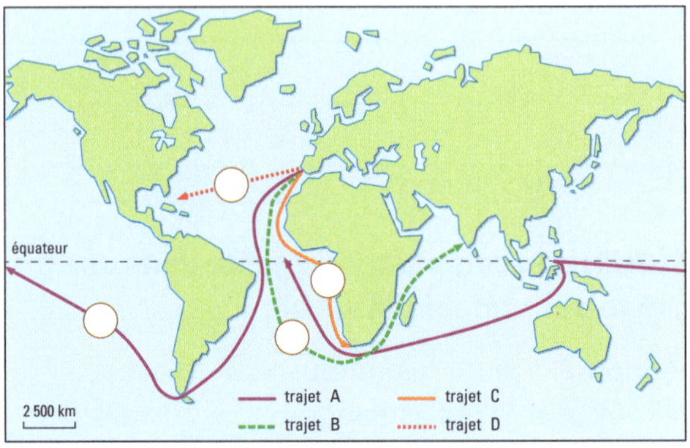

b. Quel voyage a prouvé que la Terre est ronde ?

....

c. Qui ouvre le premier une route commerciale vers l'Inde ?

....

2 **Observe la carte et réponds aux questions.**

1453	Prise de Constantinople par les Turcs		Empire de Charles Quint
1525	Défaite de Pavie. François Ier prisonnier de Charles Quint		Autres États du Saint Empire
1528	Soliman le magnifique assiège Vienne		Royaume de France
1536	Alliance entre François Ier et Soliman le Magnifique		Limite du Saint Empire Romain Germanique
			Direction de l'expansion turque
			Empire otoman

a. Pourquoi François Ier s'allie-t-il à Soliman le Magnifique ? ....

b. Pourquoi est-ce scandaleux pour Charles Quint ? ....

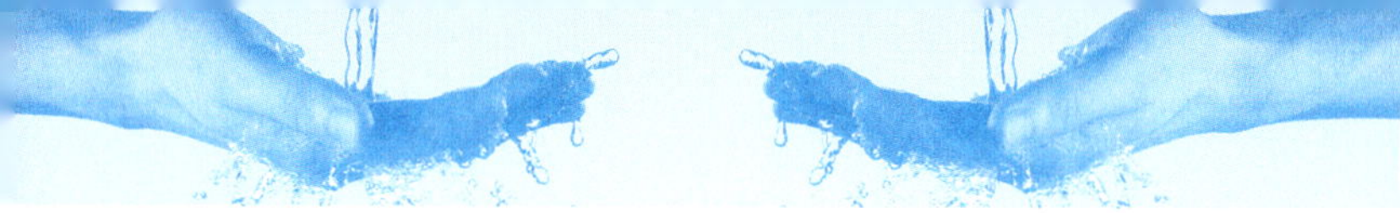

L'eau, une ressource vitale

1 **Observe le circuit de l'eau potable et place les mots suivants :**

captage *(2 fois)* – filtrage – stockage – distribution – épuration – retour à l'environnement.

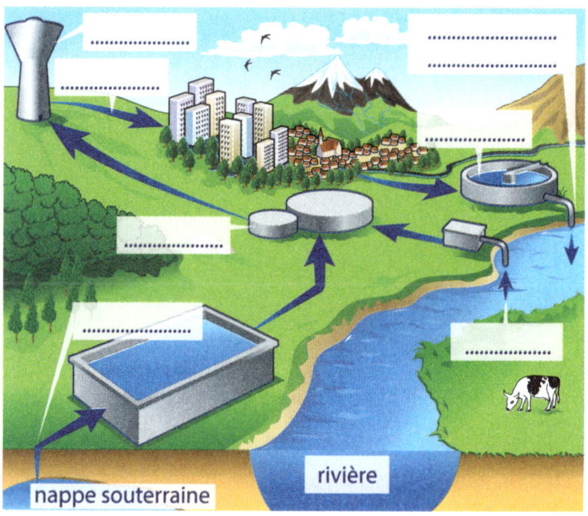

2 **Analyse le graphique et complète les phrases.**

Évolution de la consommation mondiale d'eau depuis 1900

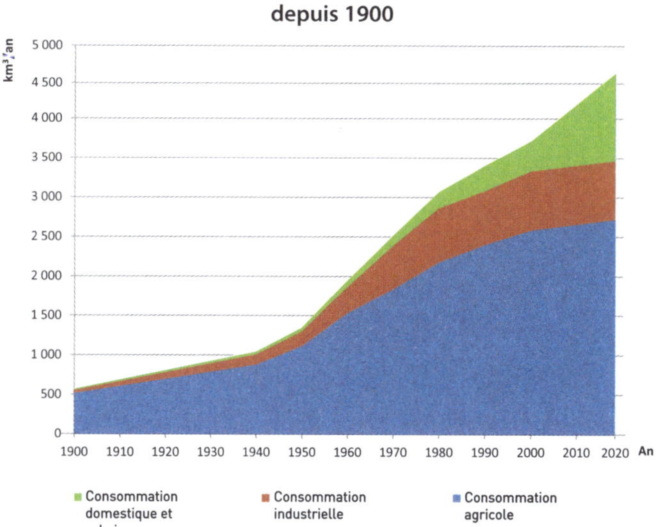

a. De 1940 à 2020, la consommation mondiale d'eau a été multipliée par, à peu près, de ....

b. Le secteur économique qui consomme le plus d'eau est .... L'augmentation de sa consommation est liée à l'augmentation des terres cultivées et à l'essor de l'... .

c. L'augmentation de la consommation .... et .... est liée à la croissance de la population et des besoins dans les villes.

RAPPEL DE COURS

Une eau inégalement répartie

L'**eau douce** est une ressource inégalement répartie :
– les régions arides et semi-arides ne reçoivent que 6 % des précipitations ;
– les régions équatoriales et tempérées ouvertes aux influences maritimes sont très arrosées.

Une ressource vitale et convoitée

- L'eau est **indispensable** à la vie des hommes : boisson, agriculture (71 % de l'eau prélevée), industrie, usages domestiques (lavage, cuisine, arrosage…).
- La **consommation d'eau** croît plus vite que la population : elle a été **multipliée par 5 depuis 1950**, alors que la population a été multipliée par 2,5. L'irrigation a quintuplé au XXe siècle.

Un bien commun menacé

- La **dégradation des eaux** est un problème mondial : présence de nitrates liés à l'agriculture, de polluants chimiques industriels et de métaux lourds entraînés par les eaux de pluie. La dépollution est très coûteuse.
- L'**accès à l'eau potable** est très **inégalitaire**. Les pays riches disposent des aménagements nécessaires, mais 2,1 milliards d'êtres humains (près de 30 % de la population) n'ont pas accès à l'eau potable et 500 000 enfants de moins de 5 ans meurent chaque année à cause d'une eau contaminée. Dans les pays du Sud, l'accès à l'eau potable, très inégalitaire, provoque des tensions. Le réchauffement climatique augmente les difficultés (sécheresses et inondations).

BILAN de la séquence 7

Pour chaque question, coche la (ou les) bonne(s) réponse(s).
Ensuite, reporte-toi aux corrigés du livret détachable (page 17) et inscris ton score sur 10.

Français

1 La phrase qui contient un COI est :

a. J'ai fait la connaissance du frère de Magali. ☐
b. Je donnerai à Paul un billet d'entrée. ☐
c. Nous serons de retour vers 21 heures. ☐

2 Le verbe au futur antérieur est :

a. j'aurai terminé. ☐
b. j'aurais terminé. ☐
c. je terminerais. ☐

Maths

3 Quelle fraction est égale à $\frac{3}{7}$?

a. $\frac{23}{27}$ ☐
b. $\frac{43}{100}$ ☐
c. $\frac{15}{35}$ ☐

4 Que vaut $\frac{3}{5} \times \frac{25}{12}$?

a. $\frac{75}{12}$ ☐
b. $\frac{5}{4}$ ☐
c. $\frac{4\,500}{60}$ ☐

5 (C′) est le symétrique d'un cercle (C) de rayon 4 cm. Un diamètre de (C′) mesure :

a. 2 cm ☐
b. 4 cm ☐
c. 8 cm ☐

6 Une figure *F* et son symétrique *F′* par rapport à un point ont ensemble une aire de 7 cm². Alors,

a. l'aire de la figure *F* est 3,5 cm². ☐
b. l'aire de la figure *F* est 14 cm². ☐
c. on ne connaît pas l'aire de la figure *F*. ☐

Anglais

7 Mary is … her brother.

a. more courageous than ☐
b. more courageous as ☐
c. more courageous that ☐

8 This restaurant is … than the one across the street.

a. more good ☐
b. better ☐
c. best ☐

Histoire

9 Le ban désigne :

a. Le siège du seigneur. ☐
b. Le pouvoir du seigneur. ☐
c. L'arme du seigneur. ☐

Géographie

10 L'accès à l'eau potable est :

a. assuré dans tous les pays du monde. ☐
b. généralisé dans les pays riches. ☐
c. très contrasté dans les pays du Sud. ☐

Total …. / 10

Séquence 8

Des chiffres

Chaque jour, en calculant ou en parlant, on utilise sans le savoir des connaissances issues des sciences de l'Empire musulman.

De l'ordre dans l'armoire

Toute une partie du vocabulaire de nos garde-robes est issue de l'arabe. Tandis que le mot « chemise » s'est inspiré du mot arabe « qamis », désignant une tunique, notre « pyjama » vient de « paëjamah », qui décrit un vêtement ample et léger. Le mot « jupe », lui, a pour origine la « giubba », une robe d'homme.

Les chiffres, ça compte

0, 1, 2, 3, 4, 5, 6, 7, 8, 9. Le mathématicien de Bagdad, Al-Khawarizmi, a découvert ces chiffres dans un ouvrage indien traduit en arabe. Il a alors écrit un livre pour promouvoir cette façon de compter. Il a en particulier bien compris l'utilité du zéro, ce chiffre qui sert à dire « rien ». D'ailleurs, le mot « chiffre » vient de l'arabe « sifr » signifiant « vide ».

Parlez-vous arabe ?

Le dictionnaire français compterait environ 400 mots d'origine arabe. Par exemple, le mot « hasard » a pour racine le mot « zahr en-nard » qui désigne un dé à jouer. La « bougie » tire son nom de la ville algérienne Bijaya, où l'on fabriquait de la cire, et notre « assassin » vient de « hashashi » signifiant « fumeur de haschisch » !

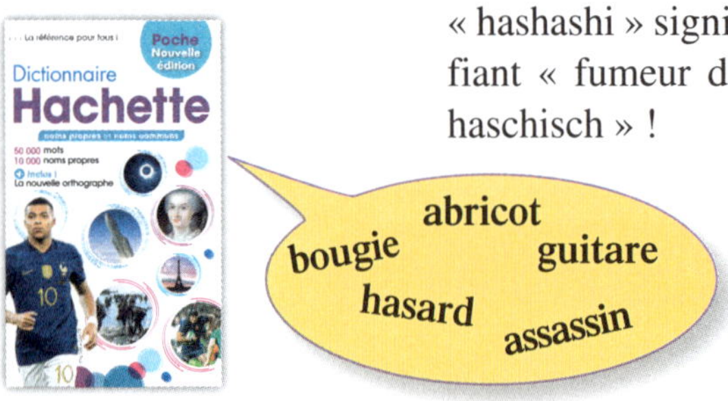

Partage de frères

La barre de fraction est apparue au Maghreb. L'une de ses premières fonctions a été d'aider à la répartition des héritages. Grâce à elle, on sait maintenant partager équitablement une pizza ou un sac de billes !

Emma Strack,
Dossier *Nos racines arabes* © Okapi n° 892 (15 mai 2010).

Lecture et compréhension

1 Donne l'étymologie des mots suivants en précisant leur sens à l'origine.

	mot d'origine	sens à l'origine
a. chemise :	....	....
b. jupe :	....	....
c. chiffre :	....	....
d. hasard :	....	....
e. assassin :	....	....

2 D'où viennent en réalité les « *chiffres arabes* » (0, 1, 2, 3… 9) ?

....

....

3 Parmi les chiffres arabes, lequel est particulièrement utile et n'existe pas dans les chiffres romains ?

....

RAPPEL DE COURS

L'orthographe des nombres

• Les chiffres (0, 1… 9) et les nombres sont invariables sauf :
– **million**, **milliard**, **millier** (= mille) ;
– **vingt** et **cent** quand ils sont multipliés et non suivis par un autre nombre.

Ex. quatre-**cents** (4 × 100)
quatre-cent-dix (**cent** est suivi par un nombre.)
quatre-**vingts** (4 × 20) quatre-vingt-dix
deux-mille-**cent** (2 000 + 100 : **cent** n'est pas multiplié.)
trois-**cent**-vingt (300 + 20)

Les principaux déterminants

• Les déterminants précèdent le nom avec lequel ils s'accordent. On distingue principalement :
– les **déterminants possessifs** : **mon** (mon cahier), **ton… sa**, **notre**, **votre…** ;
– les **déterminants démonstratifs** (qui désignent) : **ce** (ce cahier), **cet**, **cette**, **ces** ;
– les **articles définis** : **le** (le cahier), **la**, **les**, **l'**.
Au (à + le), **du** (de + le), **aux** (à + les), **des** (de + les) sont des **articles définis contractés** :
je reviens du (de le) marché ; un biscuit au (à le) miel
– les **articles indéfinis** : **un** (un livre), **une**, **des** ;
– les **articles partitifs** : **du**, **de la** ; on peut les remplacer par « **un peu de** » : je mange du (un peu de) pain.

• **Ne pas confondre les déterminants (devant un nom) et les pronoms.**

Ex. Je consulte **le** (déterminant) dictionnaire avant de te **le** (pronom) prêter.

Vocabulaire

4 Quelle est l'origine des mots suivants ?

a. parking •	• 1. latin
b. bougie •	• 2. grec
c. ravioli •	• 3. arabe
d. judo •	• 4. anglais
e. hypothèse •	• 5. italien
f. rébus •	• 6. japonais

Orthographe

5 Écris en toutes lettres les nombres suivants.

a. 300 : ....

b. 96 : ....

c. 880 : ....

d. 2020 : ....

6 Avec quels mots s'accordent *issue* (l. 2) et *apparue* (l. 32) ?

a. issue : ....

b. apparue : ....

Grammaire

7 Relève dans les phrases suivantes les dix déterminants et précise leur classe grammaticale. Ne confonds pas déterminant et préposition !

a. Une grande partie du vocabulaire de nos garde-robes vient de l'arabe.
b. Il a écrit un livre pour promouvoir cette façon de penser.
c. La barre de fraction est apparue au Maghreb.
d. Quand je demande du café, j'emploie un mot arabe.

....
....
....
....
....

Abraca

RAPPEL DE COURS

Calcul littéral

Un calcul qui utilise une lettre est un **calcul littéral**.

Conventions d'écriture

• On peut ne pas écrire le symbole « × » devant une lettre ou une parenthèse.

Ex. L'expression $5 \times (x - 2)$ s'écrit plus simplement $5(x - 2)$.

• $1\,a$ s'écrit simplement a.

Valeur d'une expression littérale

On peut **évaluer une expression littérale** en remplaçant la lettre par un nombre.

Ex. Pour $x = 3$, l'expression $5(x - 2)$ vaut $5(3 - 2)$, soit 5.

Égalité d'expressions

• Deux **expressions littérales sont égales** si elles donnent le même résultat, quelle que soit la valeur attribuée à la lettre.

Ex. D'après la règle de distributivité, les expressions $5(x - 2)$ et $5x - 10$ sont égales.

• S'il existe une valeur de la lettre pour laquelle deux expressions numériques ne donnent pas le même résultat, alors ces **expressions ne sont pas égales**.

Ex. Pour $x = 3$, l'expression $5(x - 2)$ vaut 5 et l'expression $5x - 2$ vaut 13, donc les expressions $5(x - 2)$ et $5x - 2$ ne sont pas égales.

Le résultat est...

1 Lucas propose à Manon un petit tour de divination.

a **Joue le rôle de Manon en suivant les consignes données par Lucas.**

• **Choisis un nombre :** ....

• **Ajoute 3 à ce nombre :** ....

• **Multiplie la somme par 5 :** ....

• **Ajoute 21 au produit :** ....

• **Soustrais le nombre de départ :** ....

• **Divise le résultat par 4 :** ....

• **Soustrais le nombre de départ :** ....

Lucas est sûr que ton résultat est 9. Surprenant !

b **Nomme *x* le nombre de départ. Reprends les différentes étapes de calcul et montre que le résultat sera toujours 9.**

....

....

....

....

2 **Évalue l'expression $A = 5 \times x - 7$ dans chacun des cas suivants.**

a Pour $x = 4$, $A =$ ....

b Pour $x = 7$, $A =$ ....

c Pour $x = 2{,}5$, $A =$ ....

d Pour $x = 1{,}3$, $A =$ ....

3 **Supprime les symboles inutiles.**

Attention ! L'un des signes « × » ne se simplifie pas !

a $5 \times a =$ ....

b $7 \times b - 3 =$ ....

c $a \times b =$ ....

d $1 \times a =$ ....

dabra !

e) $4 \times (2 + x) =$ ……

f) $2 \times 5 \times (x + 2) =$ ……

La magicienne !

4 C'est à présent au tour de Manon d'exercer ses dons de divination ! Elle propose de choisir un nombre, de le multiplier par 3, puis d'ajouter 30. En multipliant de nouveau par 3 et en ajoutant le nombre de départ, on obtient le résultat final.

a) **Quel est le résultat du calcul si le nombre choisi est 7 ?**

b) Soit x le nombre choisi.

- **Exprime en fonction de x le résultat en ayant développé et simplifié.**

- **Retrouve le nombre de départ si le résultat est 240.**

5 **Groupe deux par deux les expressions égales.**

$A = 5(x + 3)$ $B = 3(x - 5)$ $C = (5 - x) \times 3$

$D = 3x - 15$ $E = 15 - 3x$ $F = 5x + 15$

Développe les expressions A à C.

6 **Les deux figures ont-elles le même périmètre ? Justifie ta réponse.**

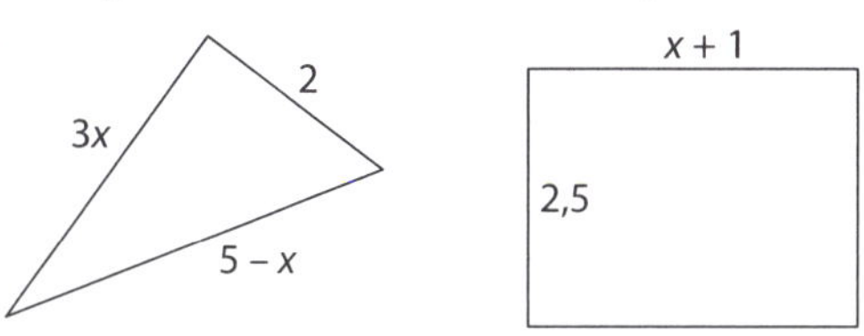

L'EXO MÉMO

7 **Dans chaque cas, montre que les deux expressions *A* et *B* ne sont pas égales en utilisant la valeur donnée de *x*.**

a) $A = 7x + 2$; $B = 9x$; $x = 4$.

b) $A = 11x - 5x$; $B = 6$; $x = 0$.

c) $A = x \times x$; $B = 2x$; $x = 7$.

L'EXO COSTAUD

8 Manon propose un nouveau tour de divination avec deux nombres inconnus entiers compris entre 10 et 99. Au premier nombre inconnu, on ajoute 2, puis on multiplie cette somme par 50. On soustrait ensuite le second nombre à ce produit et on multiplie la différence par 2.

a) **Peut-on avoir 2 137 comme résultat final ?**

b) **Quels sont les deux nombres inconnus si le résultat final est 3 468 ?**

Dans le

RAPPEL DE COURS

Parallélogramme

- Si un quadrilatère a ses diagonales de même milieu, alors c'est un **parallélogramme**.
- Si une figure est un parallélogramme, alors ses diagonales ont le **même milieu**.
- Si une figure est un parallélogramme, alors ses **côtés opposés** sont deux à deux de **même longueur**.

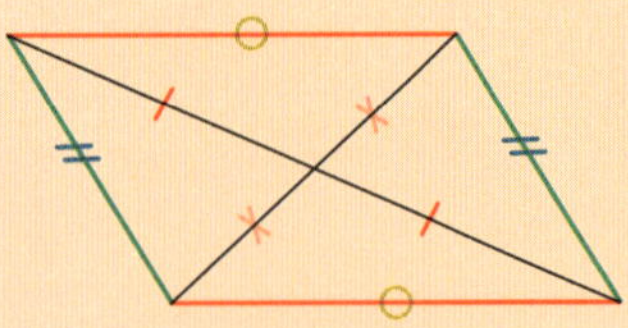

Rectangle

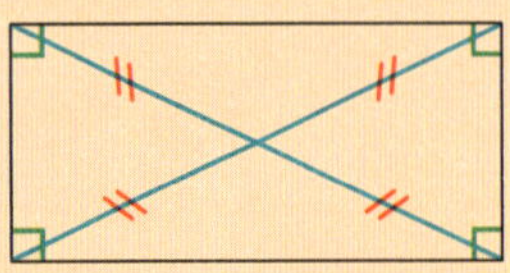

- Un parallélogramme possédant un angle droit est un **rectangle**.
- Si un parallélogramme possède des **diagonales de même longueur**, alors c'est un rectangle.
- Si une figure est un rectangle, alors ses diagonales sont de la **même longueur**.

Losange

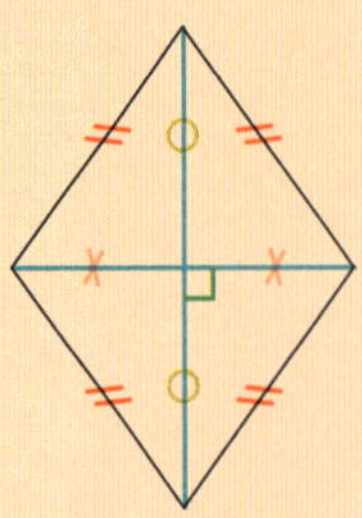

- Un parallélogramme possédant deux côtés consécutifs de même longueur est un **losange**.
- Si une figure est un losange, alors il a **quatre côtés de même longueur**.
- Si un parallélogramme possède des diagonales perpendiculaires, alors c'est un **losange**.
- Si une figure est un losange, alors ses **diagonales** sont **perpendiculaires**.

On bêche, on bêche !

1 Aujourd'hui, Lucas jardine ! Il veut réaliser un parterre de fleurs en forme de parallélogramme. En plus de ses outils de jardinier, Lucas dispose d'une planche en bois, d'une corde et de piquets.

a À l'aide de sa planche en bois, il trace un premier côté [*AB*] et plante un piquet en *A* et un piquet en *B*. Il déplace sa planche, trace ensuite un second côté [*AD*] et plante un piquet en *D*.

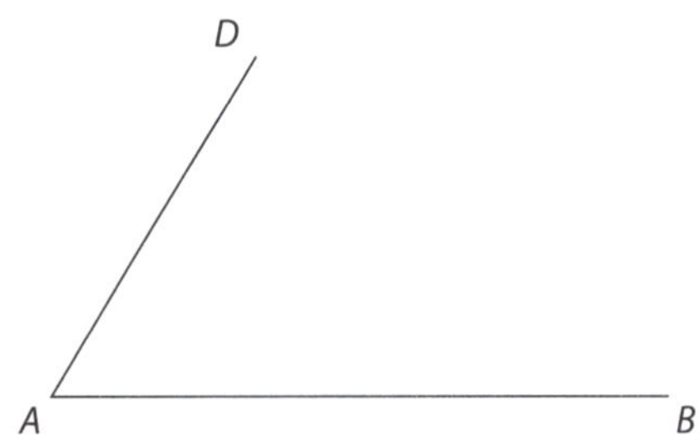

Explique comment, en utilisant la corde, il peut déterminer le quatrième sommet pour former un parallélogramme.

....

....

....

....

b **Réalise cette construction.**

2 **Construis un rectangle *JOLI*, avec *JO* = 2 cm et *JL* = 5 cm.**

Commence par le côté [JO], puis utilise équerre et compas.

jardin

On touche du bois...

3 Manon a demandé à un graveur sur bois qu'il lui réalise un motif. Il utilise pour ce faire un pantographe, constitué de quatre morceaux de bois (voir figure). Les deux morceaux [*AD*] et [*BC*] sont articulés en *F*, leur milieu qui est fixe, en *A* et en *D* tandis que les points *B* et *C* coulissent respectivement sur [*AP*] et sur [*DM*]. En *P* se situe une pointe qui permet de suivre les traits d'un dessin, alors qu'en *M* se situe un outil qui grave à l'identique le dessin.

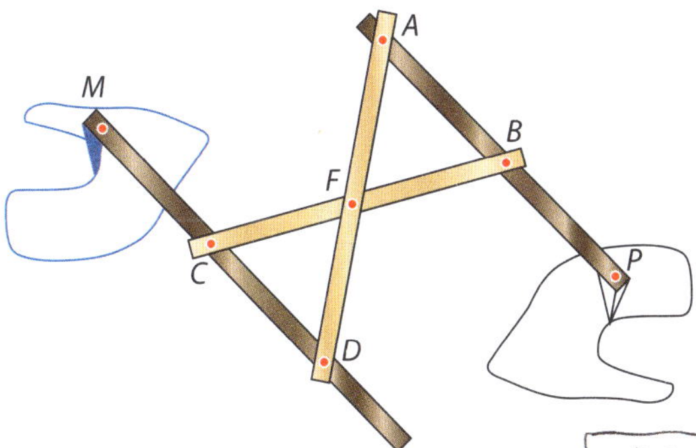

a **Montre que le quadrilatère *ABDC* est toujours un parallélogramme.**

....

....

....

....

b **Que peux-tu en déduire pour les droites (*AB*) et (*DC*) ?**

....

....

c Sans justifier, donne les réponses aux questions suivantes.

• **Sur quelle droite se situe le symétrique du point *P* par rapport à *F* ?**

....

....

• On sait que *DM* = *AP*. **Quel est le symétrique du point *P* par rapport à *F* ?**

....

....

L'EXO MÉMO

4 Un jeu est constitué de deux tiges articulées en leur milieu et dont les extrémités sont jointes par un élastique toujours tendu.

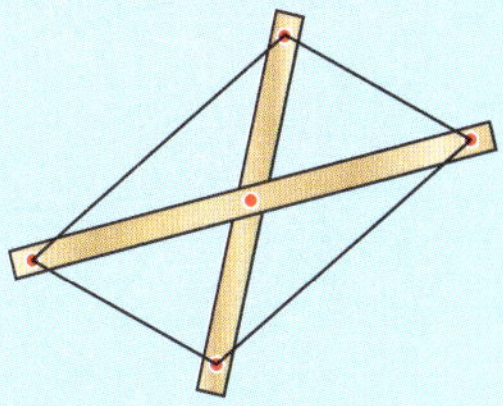

Quelle est la forme géométrique entourée par l'élastique :

a **dans tous les cas ?** ....

b **si les deux tiges sont de même longueur ?** ....

L'EXO COSTAUD

5 Soit *ABCD* un losange et (*d*) la droite perpendiculaire à (*AC*) en *A*.

a **Fais une figure.**

b **Montre que les droites (*d*) et (*BD*) sont parallèles.**

ABCD est un losange.

Si ....

alors ....

Donc .... et (*BD*) sont perpendiculaires.

De plus, ...

....

....

Les droites (*d*) et (*BD*) sont parallèles.

It's my

Gill and her little sister Emma and their cousin Mike are at the beach[1]. Gill is surprised. Emma has brought[2] an enormous bag. She opens it:

Gill – What's that! Mum's scarf[3]! And here's Grandma's thriller[4]… Oh Emma, you've taken[5] our parents' camera. And whose pencil case is this? It's Dad's. And here we've got… Emma, this is my lipstick[6]. It's MINE! Shame on you!

Emma – I want some too. Why can't it be our lipstick?

Mike – Ha, ha. Don't make a fuss[7] Gill! *(He looks in the bag.)* A phone? What? You've taken my mobile phone! You horrid[8] little girl…

1. the beach : *la plage.* **2. Emma has brought :** *Emma a apporté.* **3. a scarf :** *une écharpe, un foulard.* **4. a thriller :** *un polar.* **5. you've taken :** *tu as pris.* **6. lipstick :** *du rouge à lèvres.* **7. make a fuss :** *faire des histoires.* **8. horrid :** *vilaine.*

Comprendre

1 Lis le texte, puis coche la bonne réponse.

a. Emma has got…
☐ a big bag. ☐ a small bag.

b. It's…
☐ Mum's pencil case. ☐ Dad's pencil case.

c. Emma…
☐ wants to imitate her big sister.
☐ doesn't want to imitate her big sister.

2 Observe l'arbre généalogique, puis complète les phrases en t'aidant des mots de l'encadré.

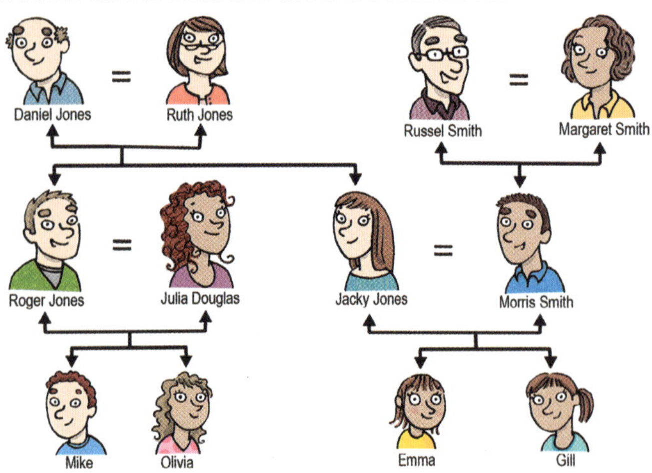

a. Roger is Gill and Emma's ………………………………………… .

b. Mike is Jacky's ………………………………………… .

c. Gill and Emma are Daniel and Ruth's ………………………………… .

d. Morris is Jacky's ………………………………………… .

Mots et expressions

Les membres de la famille

husband/wife *mari/femme*
son/daughter *fils/fille*
brother/sister *frère/sœur*
uncle/aunt *oncle/tante*
nephew/niece *neveu/nièce*
stepfather/stepmother *beau-père/belle-mère (remariage)*
grandfather/grandmother *grand-père/grand-mère*
grandparents *grands-parents*
grandchildren *petits-enfants*
cousin *cousin(e)*

lipstick!

S'entraîner

3 Complète les phrases avec l'adjectif possessif qui convient.

a. Gill has got a new lipstick, it's .... lipstick.

b. Jacky and Morris are not happy because Emma has got .... camera.

c. Dad can't write a letter. Where's .... pencil case?

d. "Give us this camera, Emma. It's .... camera!"

4 Complète les phrases avec le pronom possessif qui convient.

a. It's my DVD. It's ....

b. Mr and Mrs Jones have got a dog. It's ....

c. These are Gill's sneakers. They're ....

5 Lis les phrases et coche la bonne la réponse.

a. Whose scarf have you got?

☐ Mum's ☐ Mum ☐ Mums's

b. Whose car is this?

☐ Mr Jones' ☐ Mr Jones's ☐ Mr Jones

c. Whose camera is in the bag?

☐ the cousin ☐ the cousins' ☐ the cousin's

6 Récris les phrases en utilisant un cas possessif et les mots soulignés.

a. <u>Morris</u> has got two <u>children</u>: Gill and Emma.

They are ....

b. <u>The Smiths</u> have got a <u>son</u>. Morris is ....

....

c. <u>Grandma</u> is reading a <u>thriller</u>. It is ....

....

RAPPEL DE COURS

Le cas possessif

• Pour rechercher le possesseur d'un objet, on utilise le mot interrogatif ***whose*** toujours suivi du nom de l'objet (ou des objets).

Ex. Whose <u>scarf</u> is this? *À qui est cette écharpe ?*
Whose <u>glasses</u> are these? *À qui sont ces lunettes ?*

• Pour parler des liens familiaux entre les gens, dire à qui appartient un animal ou un objet, on utilise le **cas possessif ('s)**. Le **'s** se place entre le possesseur et l'objet possédé.

Ex. You've got Mum**'s** scarf. *Tu as l'écharpe de maman.*
the princess**'s** car *la voiture de la princesse*
the children**'s** game *le jeu des enfants*

Si le possesseur est au pluriel, terminé par un -*s*, on ajoute seulement l'apostrophe **'**.

Ex. This is my parents**'** car. *C'est la voiture de mes parents.*

Les déterminants possessifs

• L'**adjectif possessif** se place avant le nom.

my	*mon, ma, mes*
your	*ton, ta, tes*
his	*son, sa, ses* (possesseur masculin)
her	*son, sa, ses* (possesseur féminin)
its	*son, sa, ses* (possesseur neutre)
our	*notre, nos*
your	*votre, vos*
their	*leur, leurs*

Ex. Mike → **his** ball, **his** cap *son ballon, sa casquette*
Emma → **her** ball, **her** cap *son ballon, sa casquette*

• Le **pronom possessif** remplace un nom.

mine	*le(s) mien(s), la (les) mienne(s)*
yours	*le(s) tien(s), la (les) tienne(s)*
his	*le(s) sien(s), la (les) sienne(s)* (à lui)
hers	*le(s) sien(s), la (les) sienne(s)* (à elle)
its	*le(s) sien(s), la (les) sienne(s)* (neutre)
ours	*le(s) nôtre(s)*
yours	*le(s) vôtre(s)*
theirs	*le(s) leur(s)*

Ex. Whose books are these? They're **mine**.
À qui sont ces livres ? Ce sont les miens.

Les écosystèmes

RAPPEL DE COURS

Les composantes d'un écosystème

Un écosystème est composé d'un **milieu physique**, d'**organismes vivants** au sein de ce milieu, et de toutes les **interactions** qui existent entre les organismes eux-mêmes et entre les organismes et le milieu.
Un écosystème est un **ensemble stable**, car les organismes qui le composent s'adaptent sans cesse aux éventuels changements de conditions du milieu.

Matière et énergie au sein de l'écosystème

Des échanges existent entre les éléments qui composent l'écosystème ; au sein d'un réseau alimentaire par exemple, un transfert de matière et d'énergie a lieu du producteur vers le consommateur.

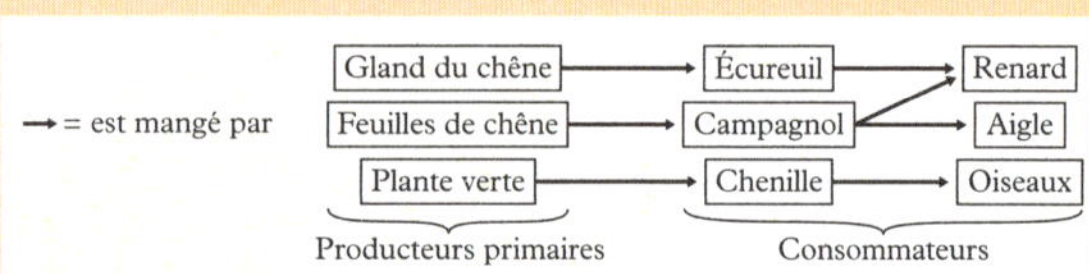

Exemple d'un réseau alimentaire

L'action de l'Homme

L'Homme puise des ressources dans le milieu pour répondre à certains de ses besoins. Cela peut perturber les écosystèmes, voire les détruire, et donc entraîner une baisse de la biodiversité.

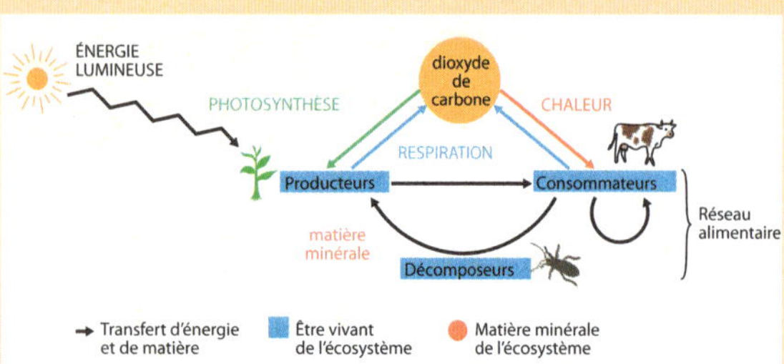

Le fonctionnement d'un écosystème

1 **Pour chaque affirmation coche la bonne réponse.**
Vrai ou faux ?

	V	F
a. Les organismes vivants de l'écosystème s'adaptent à l'évolution des paramètres du milieu.	☐	☐
b. Les décomposeurs déstabilisent l'écosystème.	☐	☐
c. La respiration constitue un transfert d'énergie au sein de l'écosystème.	☐	☐
d. Un producteur est forcément un végétal vert.	☐	☐

2

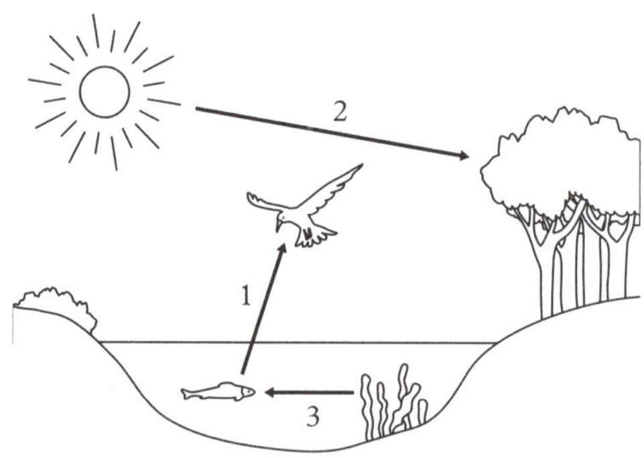

a. Colorie au sein de cet écosystème :
– en vert, les producteurs ;
– en bleu, les consommateurs ;
– en jaune, le milieu physique ;

b. Associe à chaque numéro sa légende.

.... Transfert d'énergie
.... Transfert de matière de producteur à consommateur
.... Transfert de matière de consommateur à consommateur

c. À ton avis, où sont les décomposeurs dans cet écosystème ?

....
....
....

L'eau et les mélanges

1 Différents solides sont mélangés avec de l'eau. Après agitation, on obtient les résultats suivants :

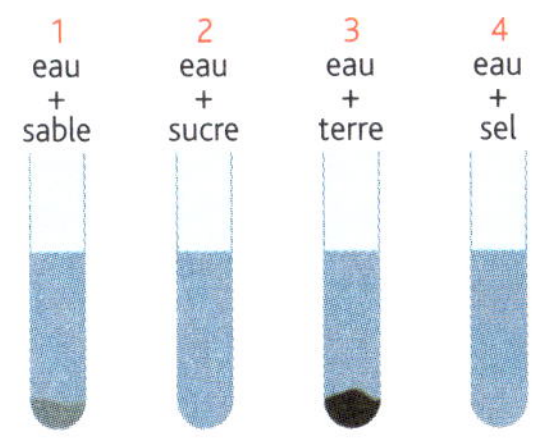

a. Indique quels sont les solides solubles dans l'eau.

b. Avec quel(s) solide(s) l'eau forme-t-elle un mélange hétérogène ? Justifie ta réponse.

2 Observe les mélanges ci-contre et indique quels sont les liquides miscibles avec l'eau.

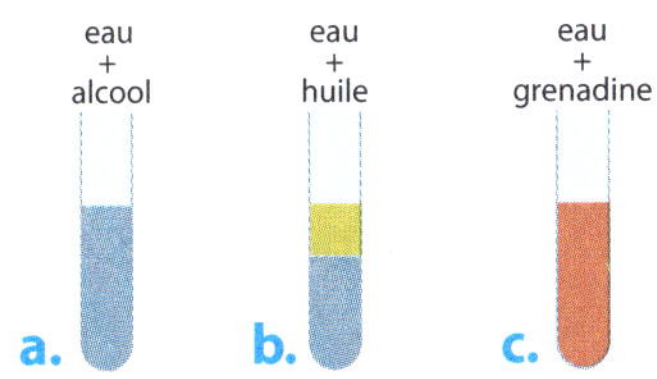

3 Pour obtenir de l'eau sucrée, on dissout 10 g de sucre dans 150 g d'eau.

a. Donne le nom du soluté et du solvant utilisés lors de cette préparation.

b. Détermine la masse de la solution obtenue en justifiant ton calcul.

4 **a. Quelle masse maximale de sel peut-on dissoudre dans 0,5 L d'eau sachant que la solubilité du sel dans l'eau est de 365 g/L ?**

b. Que va-t-on observer si on dépasse cette masse maximale ?

RAPPEL DE COURS

L'eau est un solvant

L'eau est un **solvant**, car elle est capable de dissoudre certaines substances (solide, liquide ou gaz). Ces substances sont **solubles** dans l'eau.

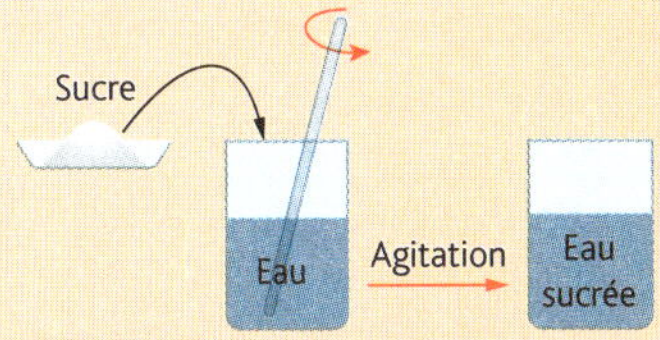

Le sucre est soluble dans l'eau. L'eau et le sucre forment un mélange homogène.

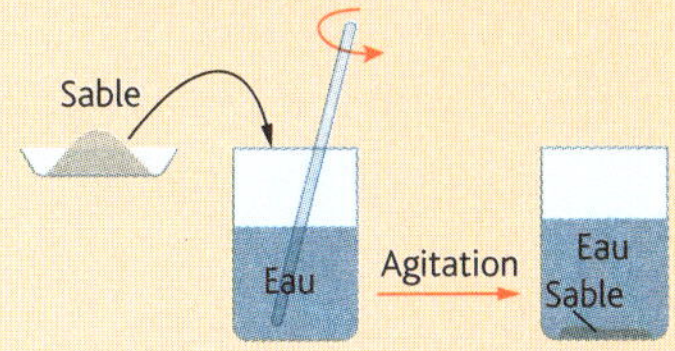

Le sable est insoluble dans l'eau. L'eau et le sable forment un mélange hétérogène.

La miscibilité

La **miscibilité** est la capacité de deux liquides à se mélanger. Deux liquides miscibles forment un mélange **homogène**. Dans le cas contraire, ils forment un mélange **hétérogène**.

La dissolution

Une **solution** est obtenue par dissolution d'un soluté dans un **solvant**. Lors d'une dissolution, il y a conservation de la masse totale. La masse de la solution est égale à la masse du solvant et du soluté.

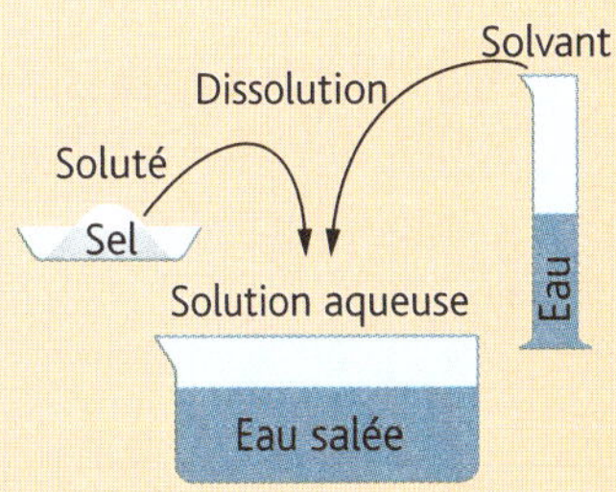

La solubilité

La **solubilité** d'une substance est la masse maximale de cette substance pouvant se dissoudre afin d'obtenir un litre de mélange. La solubilité s'exprime en gramme par litre (g/L).
Lorsque la solubilité est atteinte, le soluté ne peut plus se dissoudre. La solution est **saturée**.

BILAN de la séquence 8

Pour chaque question, coche la (ou les) bonne(s) réponse(s).
Ensuite, reporte-toi aux corrigés du livret détachable (page 20) et inscris ton score sur 10.

Français

1 380 s'écrit :

a. trois cents quatre-vingts. ☐

b. trois cent quatre-vingt. ☐

c. trois cent quatre-vingts. ☐

2 Dans l'expression « Je voudrais du miel », « du » est :

a. un article indéfini. ☐

b. un article défini contracté. ☐

c. un article partitif. ☐

Maths

3 Quelle expression mathématique correspond à la consigne : « choisis un nombre *x*, soustrais 4 et multiplie la différence par 7 » ?

a. $x - 4 \times 7$ ☐

b. $(x - 4) \times 7$ ☐

c. $7 \times x - 4$ ☐

4 Quelle expression littérale est égale à $4x + 3 + 2x - 7$?

a. $6x + 10$ ☐

b. $9x - 7$ ☐

c. $6x - 4$ ☐

5 Un quadrilatère a ses diagonales de même milieu et de même longueur. Alors, c'est :

a. un rectangle ☐

b. un losange ☐

c. un parallélogramme quelconque ☐

6 *IJKL* est un losange. On peut affirmer que :

a. $IK = JL$ ☐

b. (IK) et (JL) sont perpendiculaires ☐

c. $[IL]$ et $[JK]$ ont le même milieu ☐

Anglais

7 It is John's car. …

a. It's hers. ☐

b. It's theirs. ☐

c. It's his. ☐

8 This is Jack and Gill's house. …

a. It is our house. ☐

b. It is his house. ☐

c. It is their house. ☐

SVT

9 Les interactions au sein d'un écosystème ont lieu :

a. entre les organismes vivants. ☐

b. entre les organismes vivants et le milieu. ☐

c. entre les organismes vivants et entre les organismes vivants et le milieu. ☐

Chimie

10 Lors de la dissolution d'un solide dans l'eau, la masse de la solution obtenue est :

a. inférieure à la masse de ses constituants. ☐

b. égale à la masse de ses constituants. ☐

c. supérieure à la masse de ses constituants. ☐

Total …. / 10

Séquence 9

Réveil

Un mystérieux virus efface les livres quand on les lit ; Claudine, la narratrice, enquête chez les Zappeurs, partisans de l'ordinateur, opposés aux livres.

Je fus arrachée de mon lit. En une seconde, je compris : ma porte venait d'être enfoncée. Quatre ou cinq Zappeurs étaient là, dans ma chambre. Je reconnus aussitôt ceux qui m'avaient abordée dans le train : le garçon aux oreilles tatouées et l'Homme-Écran, son compère.

[…]

On tira les draps. Je roulai à terre. Deux mains fermes me relevèrent. On me mit sous le nez l'une des feuilles de mon calepin, celle que j'avais abandonnée la veille sur ma table et où était inscrit :

« Découvrir : qui a inventé le virus L.I.V. 3 ;
où il a été mis au point ;
s'il existe un antidote. »

« Ça tombe bien, dis donc !

– Ouais. On va répondre à toutes tes questions !

– Oh, pas nous : mais quelqu'un qui brûle d'envie de te voir.

– Enfin, c'est une façon de parler… »

Je les vis éclater de rire.

« Tu permets ? Pour le voyage, l'emballage est obligatoire. »

Ils me roulèrent dans le drap, me ficelèrent comme un vulgaire paquet. Je me sentis happée, puis installée sur des épaules vigoureuses. J'avais la respiration coupée. À travers le tissu qui me recouvrait le visage, je ne pouvais qu'entrevoir un peu de clarté.

Ma peur s'était évanouie. Après tout, j'avais ce que je désirais.

Christian Grenier,
Virus L.I.V. 3 ou la mort des livres

Lecture et compréhension

1 Replace les événements dans l'ordre chronologique en numérotant chaque phrase de 1 à 5.

a. La narratrice est roulée dans ses draps. n° ....

b. La narratrice prend le train. n° ....

c. La porte est enfoncée. n° ....

d. La narratrice tombe par terre. n° ....

e. Les Zappeurs montrent une page du calepin. n° ....

2 Parmi les Zappeurs qui entrent dans sa chambre, combien la narratrice en reconnaît-elle ?

Parmi les Zappeurs qui entrent dans sa chambre, ...

....

Vocabulaire

3 En quoi consiste l'« *emballage* » (l. 22) ?

....

....

musclé !

4 **Relève deux mots qui prolongent la comparaison de l'emballage.**

....

5 **Surligne les phrases simples dans les lignes 1 à 12.**

6 **Combien de propositions compte la dernière phrase du texte ?** ....

Orthographe

7 **Donne le participe passé des verbes suivants au féminin puis au masculin singulier.**

a. éteindre : ....

b. surprendre : ....

c. partir : ....

d. traduire : ....

8 **Complète les phrases avec les participes passés des verbes suivants ; attention aux accords !**

arriver infecter acheter lire trouver

a. Nous avons *a*.................. des livres *i*.................. .

b. Avez-vous *l*.................. ces livres ?

c. Ils sont *a*.................. sans prévenir.

d. Elle a *t*.................. un antidote.

9 **Écris la terminaison des verbes (infinitif ou participe passé). Attention, deux participes passés s'acorderont avec le COD placé avant le verbe.**

a. Je voudrais invent.... un antidote pour sauv.... les livres qui sont détrui.... par le virus.

b. Les livres de science-fiction que j'ai appréci.... traitaient de problèmes que j'ai connu.... à mon époque.

c. Cette histoire est imagin.... par un écrivain qui veut nous faire aim.... les livres.

RAPPEL DE COURS

Les phrases simples et complexes

• La phrase **simple** contient un seul verbe conjugué,

• La phrase **complexe** contient plusieurs verbes conjugués. Un groupe de mots centré sur un verbe conjugué est une **proposition**.

Ex. [Je compris] : [on enfonçait ma porte] → Cette phrase complexe est formée de deux propositions.

Le participe passé

• Au masculin singulier, le participe passé se termine par un **é** pour les verbes du 1er groupe, un **i**, un **u**, un **s** ou un **t** pour les autres verbes.
Pour connaître la dernière lettre d'un participe passé, il faut le mettre au féminin :

Ex. prendre : pri**se** → pri**s** écrire : écri**te** → écri**t**
endormir : endormi**e** → endorm**i**

• L'accord du participe passé :
– **employé sans auxiliaire**, le participe passé s'accorde avec le nom auquel il se rapporte ;

Ex. Effray**ée**, la jeune fille s'évanouit.
→ Qui est « effrayée » ? La jeune fille.

– **employé avec l'auxiliaire « être »**, le participe passé s'accorde avec le sujet ;

Ex. La jeune fille est kidnapp**ée**
→ Qui est « kidnappée » ? La jeune fille.

– **employé avec l'auxiliaire « avoir »**, le participe passé ne s'accorde jamais avec le sujet.
Remarque : le participe passé s'accorde avec le COD s'il est placé devant le verbe.

Ex. Les Zappeurs ont **vu** la feuille.
Ils l'ont ramass**ée**.
(accord avec l' mis pour **la feuille**)

Grammaire

10 **Relève un verbe à la voix passive dans le premier paragraphe, puis précise son mode et son temps.**

....

Tour à

RAPPEL DE COURS

Équation

Une **équation** est une égalité comportant un nombre inconnu représenté par une lettre.

Ex. L'égalité $2x + 3 = 15$ est une équation d'inconnue x.

Solution

Dans une équation, une valeur de l'inconnue qui rend vraie l'égalité est une **solution** de l'équation.

Ex. Pour l'équation $2x + 3 = 15$, 6 est une solution.
En effet, en remplaçant x par la valeur 6,
on a $2 \times 6 + 3 = 15$.

Résolution d'une équation

Pour résoudre une équation, on écrit une suite d'équations dont la dernière est « inconnue = nombre solution ».
Pour passer d'une équation à la suivante, on peut :
– **effectuer un calcul** (addition, multiplication, développement, simplification…),
– **appliquer la même opération** aux deux membres de l'équation.

Ex. Pour résoudre l'équation
$2x + 3 = 15$ ↓ on soustrait 3
On a $2x + 3 - 3 = 15 - 3$, ↓ on calcule
soit $2x = 12$.
On fait $2x \div 2 = 12 \div 2$. ↓ on divise par 2
d'où $x = 6$. ↓ on calcule
La solution est 6.

Ils sont tout chauds !

1 Lucas et Manon ont fait un grand tour à vélo cet après-midi. Au retour, ils se sont arrêtés à la boulangerie pour acheter quatre pains au chocolat et une baguette, pour un montant total de 3,60 €. Manon se souvient que la baguette a coûté 0,80 €. Elle aimerait retrouver le prix d'un pain au chocolat.

a Soit x le prix d'un pain au chocolat.
Écris une équation qui traduit le problème.

....

b **Vérifie que 0,7 est solution de cette équation.**

....

....

....

c **Donne la réponse au problème de Manon.**

....

2 **Traduis par une équation chacune des phrases.**

a x est le nombre qui, ajouté à 23, donne 52.

....

b La somme de 5,7 et de x vaut 13,2.

....

c x est le nombre qui, soustrait de 37, donne 14.

....

d La différence entre 23,7 et x vaut 8,9.

....

3 **Pour chaque équation, explique pourquoi 5 *est solution* ou *n'est pas solution*.**

On ne demande pas de résoudre.

a $x \times 9 = 45$

....

b $x - 8 = -3$

....

c $12 + x = 18$

....

d $11 - x = 5$

....

vélo !

Tout pour écrire…

4 Lucas en a aussi profité pour passer à la papeterie ; il a acheté trois cartes postales et trois stylos pour un total de 12 euros. Les trois stylos ont le même prix et chaque carte postale coûte 2 euros de plus qu'un stylo. Soit x le prix d'un stylo.

a **Exprime en fonction de x le prix d'une carte postale.**

....

b Lucas a écrit comme équation : $3x + 3(x + 2) = 12$.

Vérifie que 1 est solution de cette équation. Déduis-en le prix d'un stylo et celui d'une carte postale.

....

....

....

....

....

5 **Résous les deux équations suivantes en complétant les transformations d'opérations.**

a $x + 13 = 36$

↘

L'opération est « ajouter 13 ».

L'opération contraire est ....

On fait x $= 36$ ....,

soit x = ...

La solution est ....

b $3x - 5 = 13$

↘

L'opération est ....

....

On fait $3x$ = ...,

soit $3x$ = ...

↘

....

....

On fait x = ...

La solution est ....

L'EXO MÉMO

6 **Résous les équations comme ci-contre.**

Un exemple : $3 + x = 12$ s'écrit aussi $x = 12 - 3$; on a donc $x = 9$. La solution est 9.

a $23 + x = 45$ s'écrit aussi .... ;

on a donc ....

b $16,5 + x = 13,7$ ....

....

c $x + 14,3 = 22$ ....

....

L'EXO COSTAUD

7 **Résous les équations comme ci-contre.**

Un exemple : $25 - x = 4$ s'écrit aussi $x = 25 - 4$; on a donc $x = 21$. La solution est 21.

a $32 - x = 15$ s'écrit aussi .... ;

on a donc ....

b $6,3 - x = 1,8$ ....

....

c $14,3 - x = -3$ ....

....

L'EXO RIGOLO

8 Dans un magasin, une boîte de pâté a une masse totale de 270 g. La masse du pâté est de 230 g supérieure à celle de la boîte.

Vérifie que la boîte vide pèse 20 grammes.

....

....

....

....

Visite

Au temps des hiéroglyphes

1 Une petite visite au musée Champollion de Figeac a permis à Manon et à Lucas de découvrir la Pierre de Rosette. Elle comporte trois types d'écritures : hiéroglyphes, égyptien domotique et grec ancien. On choisit une ligne au hasard sur la pierre et on note le type d'écriture.

a **Combien a-t-on d'issues ?**

....

La pierre comporte 14 lignes en hiéroglyphes, 32 en égyptien domotique et 54 en grec ancien.

b **Quelle est la probabilité qu'une ligne choisie au hasard soit écrite en hiéroglyphes ?**

Calcule d'abord le nombre total de lignes.

....

....

....

....

....

2 **Pour chaque expérience aléatoire suivante, donne le nombre d'issues réalisant l'événement.**

a On note les chiffres de 2025 sur quatre cartons et on tire l'un des cartons au hasard en lisant le chiffre noté. L'événement est « avoir un chiffre impair ».

....

b On note les lettres de FIGEAC sur six cartons et on tire l'un des cartons au hasard. L'événement est « obtenir une voyelle ».

....

....

c On note les lettres de CHAMPOLLION sur onze cartons et on tire l'un des cartons au hasard. L'événement est « obtenir une voyelle ».

Attention : le O figure sur deux cartons différents.

....

....

RAPPEL DE COURS

Vocabulaire des probabilités

- Chacun des résultats possibles lors d'une expérience aléatoire est une **issue**.
Un ensemble d'issues est un **événement**.

Ex. En lançant un dé à 6 faces et en notant le numéro obtenu, on a une expérience aléatoire qui comporte six issues qui sont 1 ; 2 ; 3 ; 4 ; 5 et 6.

- La **probabilité** d'un événement A représente les chances que l'événement se réalise lors d'une expérience aléatoire. Cette probabilité se note $p(A)$: c'est un nombre compris entre 0 et 1.

Calculs de probabilités

- La probabilité d'un événement A est :

$$p(A) = \frac{\text{nombre d'issues réalisant } A}{\text{nombre total d'issues possibles}}.$$

Ex. Avec l'expérience du dé, la probabilité d'obtenir l'événement A « le résultat est un multiple de 3 » est :

$$p(A) = \frac{\text{nombre de multiples de 3}}{\text{nombre d'issues}} = \frac{2}{6} = \frac{1}{3}.$$

- L'**événement contraire** d'un événement A est l'événement « non A ».
On a $p(\text{non } A) = 1 - p(A)$.

Ex. L'événement « non A » est « ne pas obtenir un multiple de 3 comme résultat » et on a :

$$p(\text{non } A) = 1 - p(A) = 1 - \frac{1}{3} = \frac{2}{3}.$$

au musée

C'est pas cher !

3 Dans la boutique du musée, des reproductions de la Pierre de Rosette sont en vente à 9 €, 15 € et 25 €. Un touriste achète un modèle de reproduction au hasard.

Quelle est la probabilité que le prix en euros de la reproduction soit un multiple de 3 ?

....

....

....

4 En sortant du musée, les parents de Manon et de Lucas leur offrent un cornet à deux boules.
Il y a cinq parfums possibles : chocolat (C), vanille (V), fraise (F), banane (B) et mangue (G). Chacun des enfants prend deux parfums différents.

a **Écris les différents choix possibles.**

....

....

....

Manon et Lucas choisissent sans se concerter.
Manon a choisi fraise-banane.

b **Quelle est la probabilité que Lucas ait fait le même choix ?**

....

....

....

c **Quelle est la probabilité que Lucas n'ait aucun parfum commun avec sa sœur ?**

....

....

d **Déduis-en la probabilité que Lucas ait au moins un parfum commun avec sa sœur.**

Utilise l'événement contraire.

....

....

L'EXO RIGOLO

5 On bande les yeux d'un élève et on lui demande de poser le doigt sur un drapeau français. On note ensuite la couleur de la zone touchée.

Liste les résultats de cette expérience aléatoire.

....

....

....

L'EXO COSTAUD

6 Lucas veut s'acheter une paire de rollers et un casque parmi les modèles dont les prix sont donnés ci-dessous.

rollers / casque	gris à 87 €	noirs à 99 €
à 45 €		
à 22 €		
à 29 €		

a **Complète le tableau ci-dessus avec le prix des équipements possibles (un casque et une paire de rollers).**

b **Si Lucas choisit son équipement au hasard, quelle est la probabilité pour que l'ensemble lui coûte moins de 130 € ?**

....

....

....

....

Stop

Last weekend, Tom and his parents went camping in the Yosemite National Park. In the evening, the sky was so beautiful that they decided to observe the stars.

While[1] they were looking at the stars, Tom fell asleep[2] then they all went to bed. They were sleeping when a big shape[3] began to move around the tent. Tom woke up and looked outside[4]. He saw a bear. What was the bear doing? It was eating their breakfast! Tom yelled[5] "stop thief[6]!" The bear ran away[7]. Bears too like cereal[8] with honey!

---

1. while : *pendant que.* **2. fall asleep :** *s'endormir.* **3. a shape :** *une forme.* **4. outside :** *à l'extérieur, dehors.* **5. yell :** *hurler.* **6. stop thief! :** *au voleur !* **7. run away :** *se sauver.* **8. cereal** (*indénombrable*) **:** *des céréales.*

Le sais-tu ?

Le parc national de Yosemite se trouve au centre de la sierra Nevada, la plus haute chaîne de montagnes de Californie, aux États-Unis.

Comprendre

1 Vrai (V) ou faux (F) ? Lis le texte et entoure la bonne réponse.

a. Tom went to bed before looking at the stars. V F

b. The big shape was a bear. V F

c. The bear ate Tom. V F

2 Lis le texte, puis réponds aux questions.

a. Where did Tom go last week?

....

b. Who fell asleep first, Tom or his parents?

....

c. What do bears like? ....

3 Complète les phrases en t'aidant des expressions de l'encadré.

a. Tom .... a lot .... his father. b. What are you doing? I am .... my keys.

c. ....! There's a car! d. Your new phone .... very modern!

Mots et expressions

Le sens d'un verbe peut changer selon qu'il est suivi ou non d'une particule.

Expressions avec le verbe *look*

Look at the bear! (at + complément) *Regarde l'ours !*

It looks nice. (look + adjectif) *Il a l'air gentil.*

It's looking away. *Il regarde ailleurs.*

It looks like Yogi Bear. *Il ressemble à Yogi Bear.*

It's looking for our food. *Il cherche notre nourriture.*

Who looks after it? *Qui s'en occupe ?*

Look out! It's coming. *Fais attention ! Il arrive.*

thief!

S'entraîner

4 Mets les phrases au prétérit de *be* + *-ing*.

a. That bear is eating honey. ....

....

b. These bears are looking at the tourists. ....

....

c. Is Tom camping in the Yosemite Park? ....

....

5 Complète les questions posées par le journaliste. Aide-toi des réponses en italique pour bien choisir le temps.

a. (what/you/do) ....

.... when the bear arrived? *I was sleeping.*

b. (what/you/see) .... when you woke up? *I saw the bear.*

c. (what/it/do) ....? *It was eating my breakfast.*

d. (what/you/do) ....? *I yelled.*

6 Complète les phrases en conjuguant le verbe entre parenthèses au prétérit simple ou au prétérit *be* + V-*ing*.

When Mum .... (open) the door, everybody .... (be) at home: Jimmy .... (watch) TV, Marion .... (read) a magazine, Dad .... (cook) dinner. "Hello everybody!", Mum .... (say).

RAPPEL DE COURS

Le prétérit *be* + V-*ing*

Le prétérit **be** + V-**ing** sert à indiquer une action en train de se dérouler dans le passé. On le traduit par l'imparfait.

> **Ex.** I **was listening** to music. My brothers **were playing** with the dog. *J'écoutais (étais en train d'écouter) de la musique. Mes frères jouaient (étaient en train de jouer) avec le chien.*

Sa construction est la même que pour le présent **be** + base verbale + **-ing** mais l'auxiliaire **be** est conjugué au prétérit.

> **Ex.** I **am** play**ing**. I **was** play**ing**. *Je joue. Je jouais.*
> (am : Présent ; was : Prétérit)

• À la **forme affirmative** :
sujet + ***was*/*were*** + base verbale + ***-ing***.

> **Ex.** Yesterday I **was** work**ing** inside the house! *Hier je travaillais à l'intérieur de la maison !*

• À la **forme interrogative** :
was*/*were + sujet + base verbale + ***-ing*** + ?

> **Ex.** **Were** you watch**ing** TV this morning while I **was** shopp**ing**? *Est-ce que tu regardais la télé ce matin pendant que je faisais les courses ?*

• À la **forme négative** :
sujet + ***was*/*were*** + not + base verbale + ***-ing***.

> **Ex.** Cindy **wasn't** sleep**ing** at one a.m. last night! *Cindy ne dormait pas à une heure du matin la nuit dernière !*

Prétérit *be* + V-*ing* ou prétérit simple ?

Lorsque deux actions courtes se suivent, on emploie le prétérit simple.

> **Ex.** The thief **was breaking** the door. The policeman **jumped** on him and **threw** him to the ground. *Le voleur était en train de casser la porte. Le policier lui sauta dessus et le jeta au sol.*

Humanisme, réforme et conflits religieux

RAPPEL DE COURS

L'humanisme

À partir du XVe siècle, le mouvement humaniste place l'homme et la raison au centre de la création. Les humanistes traduisent la Bible et les auteurs grecs et latins. Par l'éducation, ils veulent construire un homme nouveau, cultivé et tolérant. Grâce à l'invention de l'**imprimerie** en 1450 par Gutenberg, leurs idées sont diffusées dans toute l'Europe. Érasme critique la corruption de l'Église. Contre elle, **Copernic** puis **Galilée** démontrent que la Terre tourne autour du Soleil.

La Réforme

Luther, un moine allemand, combat le pape et le clergé. Il traduit la Bible en allemand et dénonce le culte des saints. Seule la foi peut assurer le salut. **Calvin** pense que seuls seront sauvés ceux que Dieu a désignés à l'avance (doctrine de la prédestination).

Les conflits religieux

Les rois catholiques combattent les dissidents protestants.

- En France, les **guerres de Religion** se succèdent de 1562 à 1598.
- Dans l'Empire, **Charles Quint** se heurte dès 1531 aux princes protestants allemands. En 1555, la **paix d'Augsbourg** autorise chaque prince allemand à choisir la religion de son État.
- En Angleterre, **Henri VIII** rompt lui aussi avec Rome et crée l'**Église anglicane**.

1 L'humaniste Érasme (1469-1536) a beaucoup voyagé. Voici quelques-uns de ses circuits :
Premier voyage : Anvers-Londres-Oxford-Paris-Orléans.
Deuxième voyage : Paris-Lyon-Milan-Bologne-Florence-Venise-Rome-Constance-Bâle-Louvain.
Troisième voyage : Louvain-Mayence-Bâle-Fribourg.

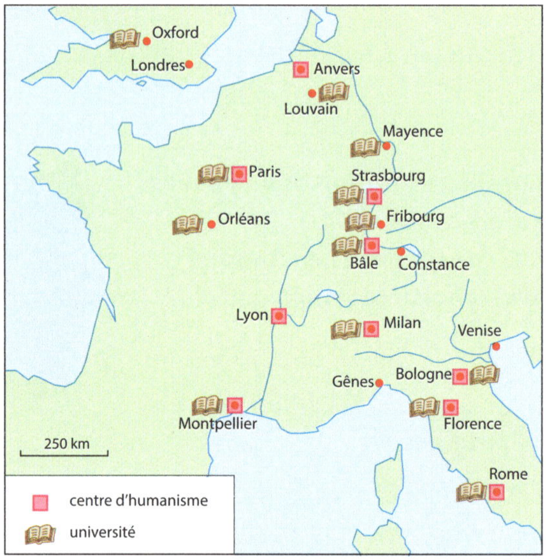

a. **Trace les voyages d'Érasme sur la carte.**

b. **Par combien d'universités est-il passé ?**

....

....

c. **Pourquoi faisait-il ces voyages ?**

....

....

2 **Complète le tableau à l'aide du cours et des citations ci-dessous.**

« La foi suffit à un chrétien, il n'a besoin d'aucune œuvre. » (Luther)
« L'Intercession des saints n'est qu'invention. » (Calvin)

	catholiques	protestants
Comment gagne-t-on son salut ?	par la foi et par les œuvres	par ....
Bible en latin ou dans la langue du pays ?	....	....
Peut-on prier les saints et la Vierge ?	....	....
Doit-on obéir au pape ?	....	....
A-t-on besoin d'un clergé ?	....	....

Les sociétés face aux risques

1 Observe le document et réponds aux questions.

a. Quelles sont les modes de déplacement recommandés sur cette brochure ?

....

....

b. D'après toi, pour quelles raisons sont-ils recommandés ?

....

....

RAPPEL DE COURS

Des risques de nature variée

Les **risques naturels** ont une cause liée au fonctionnement de la planète : inondations, tempêtes, cyclones, éruptions volcaniques, séismes…

Les **risques industriels** sont liés à la production, au transport, au stockage et à l'utilisation de produits nocifs pour les hommes et leur environnement.

Les **risques climatiques**, dus au réchauffement global de la planète, sont à la fois des risques naturels et des risques industriels.

Les principaux risques industriels

Les **accidents nucléaires** ont irradié des régions entières.

Les **explosions chimiques** et les **marées noires** sont des risques majeurs.

Les villes doivent faire face aux risques liés aux **pollutions multiples** de l'air et de l'eau.

Des sociétés inégalement vulnérables face aux risques

En Europe, en Amérique du Nord et au Japon, des services sont spécialisés dans la prévention et la gestion des risques. Depuis l'explosion de l'usine chimique de Seveso (Italie) en 1982, les zones industrielles européennes dangereuses sont soumises à une **réglementation stricte** (directive Seveso).

Dans les pays pauvres, ces services sont faibles ou inexistants et les **catastrophes** ont des conséquences humaines et matérielles dramatiques.

2 En 2011, à Fukushima au Japon, il y a eu :

a. un tsunami. ☐

b. un accident nucléaire. ☐

c. une éruption volcanique. ☐

3 Le mot « Seveso » évoque :

a. une ville italienne. ☐

b. un accident industriel. ☐

c. des mesures de prévention contre les risques industriels. ☐

BILAN de la séquence 9

Pour chaque question, coche la (ou les) bonne(s) réponse(s).
Ensuite, reporte-toi aux corrigés du livret détachable (page 24) et inscris ton score sur 10.

Français

1 La phrase « C'est ton anniversaire ; je t'offre un stylo qui corrige les erreurs » comporte :

a. une proposition ☐
b. deux propositions ☐
c. trois propositions ☐

2 La phrase correcte est :

a. Julie a goûtée de délicieux biscuits. ☐
b. Julie a goûté de délicieux biscuits. ☐
c. Julie a goûtés de délicieux biscuits. ☐

Maths

3 « x est le nombre qui, retranché de 31, donne 18. » Par quelle équation peut-on exprimer cette phrase ?

a. $x - 31 = 18$ ☐
b. $x + 31 = 18$ ☐
c. $31 - x = 18$ ☐

4 La solution de l'équation $5x - 7 = 4x + 5$ est :

a. 11 ☐
b. 12 ☐
c. 13 ☐

5 Un événement a pour probabilité 0,2. Son événement contraire a pour probabilité :

a. – 0,2. ☐
b. 0,8. ☐
c. 0,2. ☐

6 On lance un dé à 6 faces. L'événement le plus probable est :

a. obtenir un multiple de 2. ☐
b. obtenir un multiple de 3. ☐
c. obtenir un résultat supérieur à 5. ☐

Anglais

7 What a lovely girl! …

a. She looks away her mum. ☐
b. She looks out her mum. ☐
c. She looks like her mum. ☐

8 What … you watching when I arrived?

a. did ☐
b. was ☐
c. were ☐

Histoire

9 Érasme est :

a. un penseur humaniste. ☐
b. un protestant. ☐
c. un artiste. ☐

Géographie

10 Face au réchauffement climatique de la planète :

a. les sociétés ne peuvent rien faire. ☐
b. les modes de vie sont à adapter. ☐
c. les gaz à effet de serre sont à maintenir. ☐

Total …. / 10

Séquence 10

Un dîner

Harry Potter doit passer ses vacances chez son oncle Vernon, sa tante Pétunia et son cousin Dudley qui le détestent. L'oncle Vernon a invité à dîner un gros client et sa femme.

— Je crois que nous ferions bien de revoir le programme une fois de plus, dit l'oncle Vernon. Nous devrons tous être à nos postes à huit heures précises. Pétunia, tu seras ?

– Dans le salon, répondit aussitôt la tante Pétunia. Prête à recevoir nos invités avec la distinction qui s'impose.

– Bien, très bien. Et toi, Dudley ?

– J'attendrai près de la porte pour leur ouvrir dès qu'ils auront sonné.

Il ajouta d'une voix fausse et maniérée :

– Puis-je me permettre de vous débarrasser de vos manteaux, Mr et Mrs Mason ?

– Ils vont *l'adorer* ! s'exclama la tante Pétunia avec ravissement.

– Excellent, Dudley, approuva l'oncle Vernon. Il se tourna alors vers Harry.

– Et *toi* ?

– Je resterai dans ma chambre en silence et je ferai semblant de ne pas être là, répondit Harry d'une voix monocorde.

– Exactement, dit l'oncle Vernon d'un ton mauvais. Je les conduirai au salon, je te les présenterai, Pétunia, et je leur servirai l'apéritif. À huit heures quinze…

– J'annoncerai que le dîner est servi, dit la tante Pétunia.

– Et toi, Dudley, tu diras…

– Puis-je vous accompagner jusqu'à la salle à manger, Mrs Mason ? dit Dudley en offrant son bras grassouillet à une dame invisible.

– Mon parfait petit gentleman ! s'exclama la tante Pétunia avec émotion.

– Et toi ? dit l'oncle Vernon d'une voix méchante en se tournant vers Harry.

– Je resterai dans ma chambre en silence et je ferai semblant de ne pas être là, répondit sombrement Harry.

– Exactement. […]

J. K. Rowling,
Harry Potter et la chambre des secrets,
traduction de Jean-François Ménard

Lecture et compréhension

1 **Souligne dans le texte les répliques qui appartiennent à la scène imaginée de l'arrivée des invités.**

2 **Quel personnage est désigné par le pronom « *l'* » (l. 14) dans la phrase « *Ils vont l'adorer* » ?**

« L' » désigne ……………………………………………………………………………………

Vocabulaire

3 **Associe les synonymes.**

a. monocorde •	• **1.** raffiné
b. maniéré •	• **2.** agréable
c. distingué •	• **3.** uniforme
d. avenant •	• **4.** moqueur
e. narquois •	• **5.** exagérément raffiné

si important

4 **Donne les noms correspondant aux verbes.**

a. revoir : ....

b. recevoir : ....

c. approuver : ....

Orthographe

5 **Complète avec *leur* ou *leurs*. Attention, placé devant un verbe, *leur* est un pronom personnel invariable !**

a. J'irai .... ouvrir la porte et je .... montrerai le chemin. Je les débarrasserai de .... manteaux.

b. Pour moi, ... façon de parler est trop maniérée.

c. Mais je ne vais pas oser le .... dire !

6 **Réécris ces phrases en remplaçant *nous* par *je* et fais les accords si nécessaire.**

a. Nous les conduirions au salon.

....

b. Nous prendrons un verre avec toi.

....

c. Nous ferions bien de revoir le programme.

....

d. Nous devrons être à nos postes à huit heures.

....

RAPPEL DE COURS

Le futur de l'indicatif

• Les verbes au futur de l'indicatif ont tous les mêmes terminaisons.

Ex. dire : je dir**ai**, tu dir**as**, il dir**a**, nous dir**ons**, vous dir**ez**, ils dir**ont**

• Pour les verbes des 1er et 2e groupes, les terminaisons s'ajoutent à l'infinitif du verbe.

Ex. crier : je crier**ai** jouer : je jouer**ai**
→ Ne pas oublier le **-e muet** !
broyer : je broi**erai**
→ Le **-y** se transforme en **-i** devant un **-e muet**.

Le présent du conditionnel

• Le présent du conditionnel se forme sur le même radical que le futur à qui il ressemble. Ses terminaisons sont celles de l'imparfait.

Ex. dire : je dir**ais**, tu dir**ais**, il dir**ait**, nous dir**ions**, vous dir**iez**, ils dir**aient**

• Pour ne pas confondre le futur et le présent du conditionnel à la 1re personne du singulier, il faut mettre le verbe à la 3e personne du singulier.

Ex. Je viendr**ai** te voir demain.
(Il viendr**a** → futur)
Je viendr**ais** si tu m'invitais.
(Il viendr**ait** → présent du conditionnel)

Conjugaison

7 **Complète le tableau en écrivant les verbes à la 1re personne du singulier.**

	Futur de l'indicatif	Présent du conditionnel	Imparfait de l'indicatif
ouvrir			
plier			
essuyer			
savoir			

Promenade

Le Corbeau et le Renard

1 Manon, Lucas et leurs parents font une promenade en forêt. Les allées y sont rectilignes. Au Carrefour du Corbeau (C), ils lisent sur trois panneaux :

- Carrefour du Renard (R) 0,8 km ;
- Carrefour de la Fontaine (F) 0,6 km ;
- Carrefour du Lac (L) 1,2 km.

Au Carrefour du Renard, il y a trois autres panneaux :

- Carrefour du Lac 2,1 km ;
- Carrefour du Corbeau 0,8 km ;
- Carrefour de la Fontaine 0,9 km.

a **Complète le schéma ci-dessous avec les distances données par les panneaux.**

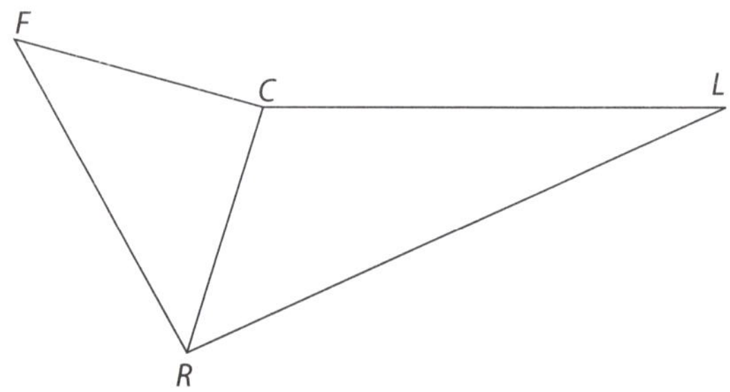

b Arrivé au Carrefour du Renard, Lucas déclare que l'un des panneaux indiquant les distances entre les points *C*, *L* et *R* est faux. **Explique pourquoi il a raison.**

....

....

....

2 Sur un segment [*NP*], on a placé un point *M* tel que $NM = 3$ cm et $MP = 5$ cm.
Calcule la longueur *NP*.

....

....

3 **Prouve que le triangle *ABC* existe.**
$AB = 5$ cm ; $BC = 4$ cm et $CA = 3$ cm.

....

....

....

RAPPEL DE COURS

Inégalité triangulaire

- Soit *A*, *B* et *C* trois points. On a toujours :

$$AB \leqslant AC + CB.$$

- Dans un triangle, la longueur du plus grand côté est toujours plus petite que la somme des longueurs des deux autres côtés.
- Si le point *C* appartient au segment [*AB*], alors on a $AB = AC + CB$.
- Si on a $AB = AC + CB$, alors le point *C* appartient au segment [*AB*].

Construction de triangles

- On ne peut construire un triangle *ABC*, avec des longueurs *AB*, *AC* et *CB* données, que si la plus grande de ces trois longueurs est inférieure à la somme des deux autres. En cas d'égalité entre la plus grande longueur et la somme des deux autres, le triangle est aplati.

Ex. On peut construire un triangle *ABC* avec $AB = 5$ cm, $AC = 3$ cm et $CB = 7$ cm, car on a $7 \leqslant 5 + 3$.
On ne peut pas construire un triangle *POI* avec $PO = 5$ cm, $PI = 3$ cm et $IO = 10$ cm, car on a $10 \geqslant 5 + 3$.

- Un arc de cercle de centre *O* et de rayon *r* permet de placer un point *M* tel que $OM = r$ et situé sur une droite ou un arc de cercle déjà tracé.

en forêt

Triangles en bois !

4 Lors de leur promenade, Manon et Lucas ont ramassé chacun trois bâtons.

a Les bâtons de Manon mesurent 60 cm, 70 cm et 90 cm.

Peut-elle former un triangle dont les côtés seraient ses bâtons ?

....

....

b Les bâtons de Lucas mesurent 30 cm, 70 cm et 120 cm.

Peut-il former un triangle dont les côtés seraient ses bâtons ?

....

....

5 On a un triangle *ABC*, avec *AB* = 2 cm, *BC* = 3 cm et *AC* = 2,5 cm.
À l'aide de la règle et du compas, construis le triangle *ABC*.

6 *DEF* est un triangle isocèle en *F*, avec *DE* = 2 cm et *DF* = 3 cm.
À l'aide des instruments, construis le triangle *DEF* et ses trois médianes.

Une médiane d'un triangle est une droite passant par un sommet et le milieu du côté opposé.

L'EXO RIGOLO

7 Lucas et Manon ont inventé un jeu avec leurs six bâtons de longueur 30, 60, 70, 70, 90 et 120 cm. Il faut en choisir trois au hasard et, si l'on peut construire un triangle (éventuellement aplati) avec les trois morceaux, c'est gagné.
Manon a tiré un premier bâton et dit tout de suite « j'ai gagné ! ».
Quel bâton a-t-elle tiré pour être sûre d'être gagnante ? Justifie ta réponse.

....

....

....

L'EXO COSTAUD

8 Manon et Lucas ont maintenant construit deux triangles *TRI* isocèles en *I*, de périmètre 12 cm et dont un côté mesure 5 cm. Leurs deux triangles ne sont pas semblables.

a Un côté du triangle de Manon mesure 2 cm. **Complète son triangle.**

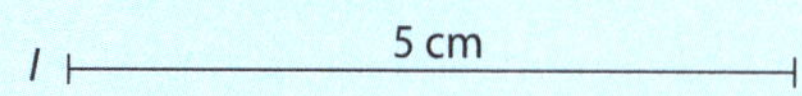

b **Calcule les dimensions du triangle de Lucas.**

C'est le côté opposé à I qui mesure 5 cm.

....

....

....

....

À la fête

RAPPEL DE COURS

Représentation graphique

- Les données statistiques peuvent être présentées sous forme de diagramme.
- Dans un **diagramme en bâtons** ou **en barres**, la taille des objets est proportionnelle aux effectifs.
- Dans un **diagramme circulaire** ou **semi-circulaire**, les mesures des angles des secteurs sont proportionnelles aux grandeurs représentées.

Fréquences

Dans une série statistique, on appelle **fréquence d'une valeur**, le quotient de l'effectif de cette valeur par l'effectif total de la série.

Ex. Dans une série de 50 valeurs, une valeur qui apparaît 18 fois a pour fréquence 18 ÷ 50, soit 0,36.

Histogrammes

- Pour des données numériques nombreuses, on effectue des **regroupements en classes**.
- La **classe** « $130 \leqslant n < 135$ » représente tous les nombres compris entre 130 (inclus) et 135 (exclu).
- La représentation graphique de données regroupées en classes est un **histogramme**.

Ex. L'histogramme ci-dessous représente les tailles des élèves dans une classe de cinquième.

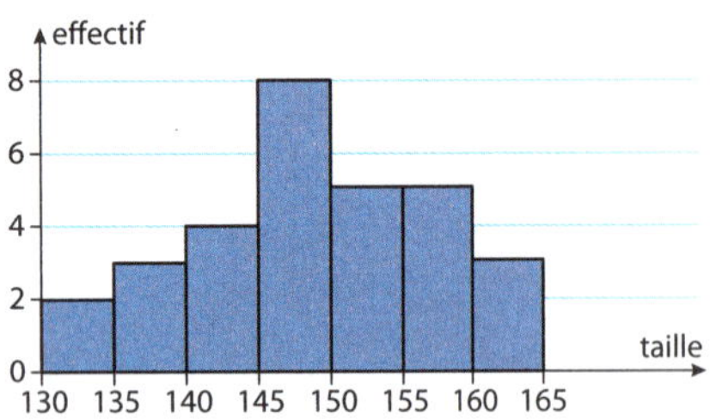

Il y a 8 élèves dans la classe que l'on peut noter $145 \leqslant t < 150$, avec t la taille.

Chacun fait ce qu'il lui plaît...

1 Manon a compté les stands de la fête foraine qui s'est installée sur la place du village, puis elle a dressé le tableau ci-contre.

nature du stand	effectif	fréquence
manège	15	
jeux	23	
restauration	10	
autres	2	

a **Calcule le nombre total de stands.**

....

....

b **Après avoir calculé les fréquences, complète le tableau.**

Donne les valeurs décimales des quotients.

c **Représente ces données à l'aide d'un diagramme en barres.**

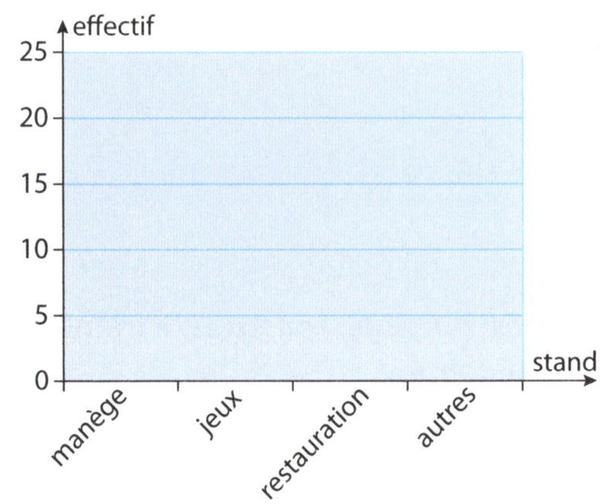

2 Dans un club de bridge, il y a 10 % de jeunes âgés de moins de 20 ans et 70 % de vétérans âgés de plus de 60 ans. Les autres membres sont seniors.

a **Calcule la fréquence des seniors.**

La somme des fréquences vaut 1.

....

....

b Le club compte 80 membres.
Calcule l'effectif de chacune des catégories.

....

....

foraine

Jeux pour tous !

3 Lucas a classé les jeux de la fête foraine en quatre catégories.

catégorie	effectif	angle
manège	5	
adresse	12	
réflexion	4	
machine à sous	2	
total	23	360°

a Il souhaite représenter cette répartition par un diagramme circulaire.

Complète la colonne des angles en arrondissant au degré près.

Les angles sont proportionnels aux effectifs.

b **Réalise cette représentation circulaire à partir des mesures d'angles trouvées dans le tableau.**

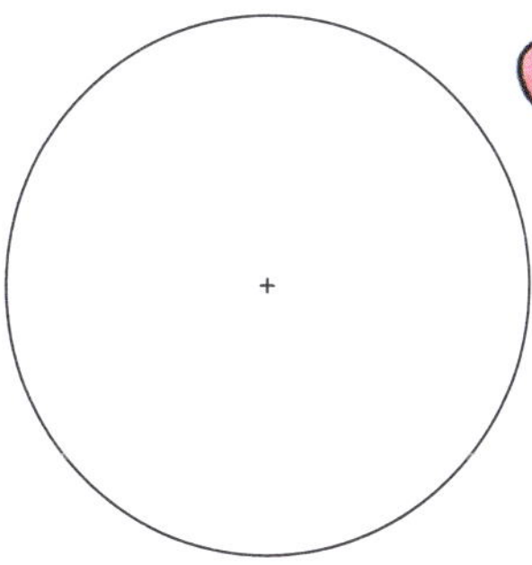

4 On a relevé les tailles des élèves d'une classe de cinquième et dressé l'histogramme donné dans la partie « Rappel de cours ».

a **Quelle est la classe de tailles de plus grand effectif ?**

....

....

b **Complète le tableau avec les classes et les effectifs.**

taille t	effectif
$130 \leqslant t < 135$	

L'EXO MÉMO

5 **Réponds par « Vrai » ou par « Faux ».** n désigne un nombre.

a 5 appartient-il à la classe $4 \leqslant n < 8$?

....

b 4 appartient-il à la classe $4 \leqslant n < 8$?

....

c 8 appartient-il à la classe $4 \leqslant n < 8$?

....

d Seuls les nombres 4 ; 5 ; 6 et 7 appartiennent à la classe $4 \leqslant n < 8$.

....

L'EXO COSTAUD

6 Un poissonnier propose deux fois plus de poissons de la mer Méditerranée que de poissons de la mer du Nord et trois fois plus de poissons de la mer du Nord que de poissons de l'océan Atlantique. Il propose autant de poissons venant de Bretagne que de la mer Méditerranée.

Détermine la fréquence, en pourcentage, de chacune des quatre origines de poissons.

....

....

....

....

....

....

....

....

....

....

A vampire's

Dear Mummy,

What a pity nights are so short in summer! But don't worry, I won't go out before twilight[1]. Tonight, I'm going to the beach with my new girlfriend. Her throat[2] will look lovely in the moonlight. Will I bite her? I'll tell you when I come back next week.

Xxx[3] Love from Edward

PS As a souvenir, I'll bring you a bottle of Scottish blood to taste...

Mrs D. Racula
6, Bloody lane
Gravesend
DA12
U.K.

1. **twilight :** *le crépuscule.* **2.** **throat :** *gorge.*
3. **XXX :** *les bises adressées au destinataire.*

Comprendre

1 **Vrai (V) ou faux (F) ? Lis la carte et entoure la bonne réponse.**

a. Edward is a normal child.	V	F
b. He's at the seaside.	V	F
c. He loves lying in the sun.	V	F
d. He is writing to his father.	V	F

2 **Réponds aux questions.**

a. What will Edward do tonight? ....

....

b. When will Edward go home? ....

....

c. What will he bring his Mum? ....

....

Mots et expressions

do some shopping *faire les courses*

Les commerçants

the baker *le boulanger*
the chemist *le pharmacien*
the fishmonger *le poissonnier*
the florist *le fleuriste*
the grocer *l'épicier*
the newsagent *le marchand de journaux*

Les commerces

the clothes shop *le magasin de vêtements*
the bookshop *la librairie*
the coffee shop *le salon de thé*

Pour les autres magasins, ajouter **'s** après le nom de métier.
Ex. the baker's (shop) *la boulangerie*

holiday

S'entraîner

3 Complète la grille avec des noms de lieux ou de magasins, puis découvre dans les cases grisées le seul endroit où Edward le vampire peut trouver une boisson à sa convenance.

You will go there to buy:

A. bread
B. everything!
C. T-shirts
D. aspirin
E. nothing, but you learn a lot!
F. magazines
G. flowers

			A						'				
		B	S					M					
C													
			D								'		
	E	S			O		L						
		F										'	
G								'					

RAPPEL DE COURS

Plusieurs possibilités pour exprimer le futur

• Avec le présent ***be*** + V-***ing***, un complément de temps indique clairement qu'il s'agit de l'avenir.

Ex. We **are** eat**ing** at the restaurant tonight.
Nous mangeons au restaurant ce soir. (de même qu'en français on peut utiliser le présent avec un sens futur)

• Avec l'expression ***be going to*** + base verbale pour exprimer une intention.

Ex. I **am going to** buy a souvenir for my parents. *Je vais / j'ai l'intention d'acheter un souvenir pour mes parents.*

• Avec l'auxiliaire modal ***will*** suivi de la base verbale, qui annonce un événement certain. ***Will*** est identique à toutes les personnes. Forme contractée : ***'ll***.

Ex. They **'ll** phone. They **won't (= will not)** write.
Ils téléphoneront, ils n'écriront pas.
Will you help me, please? Of course, I **will**!
M'aideras-tu s'il te plaît ? Bien sûr !

• Attention, le futur ne s'emploie jamais en anglais dans **les propositions de temps** après ***when***, ***as soon as*** (dès que), ***until*** (jusqu'à ce que), ni dans les conditionnelles (***if***).

Ex. I will help you **when / as soon as** you **ask** me.
Je t'aiderai quand / dès que tu me le demanderas.
If it **is** not too cold, we'll play in the water.
S'il ne fait pas trop froid, nous jouerons dans l'eau.

4 Complète les phrases au futur (emploie *will* ou *won't* selon le cas).

a. I phone my Granny every week, so I .... next week.
b. I never catch butterflies, so tomorrow ....
c. Edward's Mum is happy when he sends a postcard, so he ....

5 Complète les phrases avec le verbe entre parenthèses au futur ou au présent.

a. When I .... (be) older, I .... (have) a car and I .... (drive) to Rome. **b.** We .... (sail) to the island when the sea .... (be) calmer. **c.** His mother hopes he .... (phone) her as soon as he .... (get) to his destination.

Système nerveux et mouvements

RAPPEL DE COURS

Le message nerveux

Les organes sensoriels reçoivent constamment des informations provenant de notre environnement. L'organisme s'y adapte, notamment en réalisant des mouvements.
On distingue les **organes récepteurs**, qui reçoivent les informations, et les **organes effecteurs**, qui réalisent les mouvements.
Les messages nerveux circulent en sens unique au sein de l'organisme, *via* les nerfs.

Le rôle du cerveau

Le cerveau reçoit les **messages nerveux sensoriels** et les transforme en **messages nerveux moteurs**, c'est un **centre nerveux**. Il a donc un rôle central et très important dans l'analyse des messages.

Les nerfs

Les nerfs sont composés de très nombreuses cellules nerveuses, appelées **neurones**. Ces cellules ont une structure particulière, permettant de transmettre des messages rapidement, sur de longues distances.

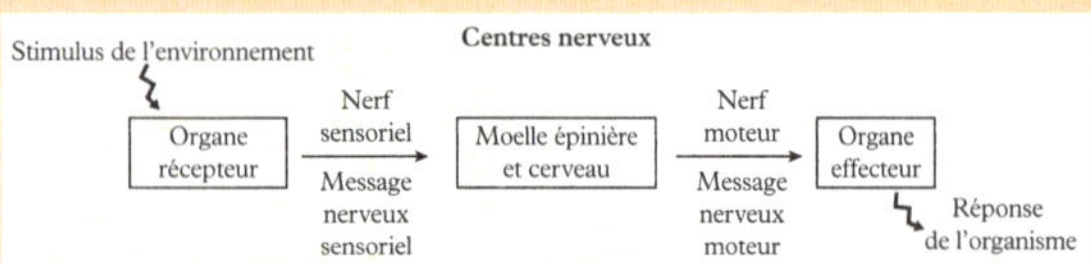

Le mécanisme de transmission nerveuse

1 **Observe l'image ci-contre et retrouve :**

a. l'information de l'environnement :

....

b. les organes récepteurs :

....

c. les organes effecteurs :

....

2 **Complète les phrases en choisissant le bon terme entre parenthèses.**

a. Les yeux sont les organes (récepteurs / effecteurs) de la vue.

b. Les nerfs sensoriels transmettent un message nerveux (sensoriel / moteur) aux (centres nerveux / organes effecteurs).

c. Les nerfs optiques qui relient les yeux au cerveau sont des nerfs (sensoriels / moteurs).

d. Le cerveau transforme les messages (sensoriels / moteurs) en messages (sensoriels / moteurs) pour les organes (récepteurs / effecteurs).

3 Voici un schéma de cellule nerveuse. Les cellules nerveuses possèdent un long prolongement cytoplasmique dans lequel circulent les messages nerveux.

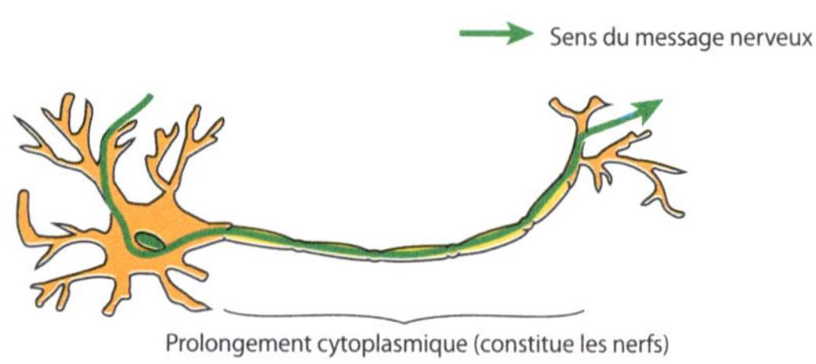

Schéma d'une cellule nerveuse

a. Comment s'appelle cette cellule nerveuse ?

....

....

b. Explique pourquoi cette structure lui permet d'assurer sa fonction, qui est de transmettre les messages sur de longues distances.

....

....

Séquence 1

FRANÇAIS (pages 6-7)

1 Seule la réponse **c** est juste.

2 Deux événements marquent la journée de Matt : d'abord **il trouve un travail pour l'été**, ensuite **il tombe amoureux**.

3 Les synonymes sont :

a. le fait d'être à l'heure : **ponctualité** (l. 9)

b. le fait d'être régulièrement présent : **assiduité** (l. 9)

c. fausses : **erronées** (l. 17)

d. enthousiasmante : **exaltante** (l. 23)

e. embauché : **engagé** (l. 33)

4 Un château de cartes (**d**) et la flamme d'une bougie (**f**) peuvent vaciller.

5 L'adjectif correspondant à « ponctualité » est « ponctuel » ; l'adjectif correspondant à « assiduité » est « assidu ».

6 **Ceux** qui ont choisi **ce** métier de détective **se** sont lancés dans un travail dangereux ; mais **ce** n'est pas **à** Matt d'entreprendre les filatures **ou** de relever les empreintes. M. Pertinax lui **a** seulement demandé de trier les dossiers **où** sont notées les enquêtes.

On rencontre **ce** le plus souvent devant un nom (*ce métier*) mais on peut aussi le trouver devant le verbe **être** (*ce n'est pas*, *ce fut*, *ce sera*).

7 Les verbes au présent de l'indicatif sont :
a. je distribuais : je distribue ; **b.** il répondra : il répond ; **c.** tu as trié : tu tries ; **d.** ils vinrent : ils viennent ; **e.** je voudrai : je veux

Pour bien écrire un verbe au présent de l'indicatif, il faut d'abord examiner son infinitif. Les verbes du 1er groupe (sauf *aller*) se terminent par **-e** ou **-es** au singulier même si le **-e** est muet : *je distribue*, *tu tries*.

MATHS (pages 8-9)

1 **a** $6{,}90 \times 5 = (6 + 0{,}90) \times 5$
$= 6 \times 5 + 0{,}90 \times 5 = 30 + 4{,}50 = \mathbf{34{,}50}$.

b $6{,}90 \times 5 = (7 - 0{,}10) \times 5$
$= 7 \times 5 - 0{,}10 \times 5 = 35 - 0{,}50 = \mathbf{34{,}50}$.

Lucas trouve bien le même résultat que sa sœur.

2 • $7 + 2 \times 5 = 7 + 10 = \mathbf{17}$.
• $45 - 6 - 2 = 39 - 2 = \mathbf{37}$.
• $4 \times 5 + 3 = 20 + 3 = \mathbf{23}$.
• $42 - 6 \times 3 + 8 = 42 - 18 + 8 = 24 + 8 = \mathbf{32}$.

3 • $(7 + 2) \times 5 = 9 \times 5 = \mathbf{45}$.
• $45 - (6 - 2) = 45 - 4 = \mathbf{41}$.
• $4 \times (5 + 3) = 4 \times 8 = \mathbf{32}$.
• $(42 - 6) \times 3 + 8 = 36 \times 3 + 8 = 108 + 8 = \mathbf{116}$.

En rajoutant des parenthèses de l'exercice 2 à l'exercice 3, on obtient des résultats différents.

4 **a** $\frac{12}{17+3} = \frac{12}{20} = \frac{4 \times 3}{4 \times 5} = \mathbf{\frac{3}{5}}$.

b $\frac{7+8}{7+23} = \frac{15}{30} = \frac{15 \times 1}{15 \times 2} = \mathbf{\frac{1}{2}}$.

5 **a** Calcul de Manon :
$6{,}90 \times 5 - \mathbf{5} \times 5 = \mathbf{34{,}50} - \mathbf{25} = \mathbf{9{,}50}$.

b Calcul de Lucas :
$(\mathbf{6{,}90} - \mathbf{5}) \times \mathbf{5} = \mathbf{1{,}90} \times 5 = \mathbf{9{,}50}$.

6 • $105{,}1 \times 7 - 5{,}1 \times 7 = (105{,}1 - 5{,}1) \times 7$
$= 100 \times 7 = \mathbf{700}$.
• $9{,}93 \times 52 + 0{,}07 \times 52 = (9{,}93 + 0{,}07) \times 52$
$= 10 \times 52 = \mathbf{520}$.
• $13 \times 47 + 13 \times 53 = 13 \times (47 + 53)$
$= 13 \times 100 = \mathbf{1\ 300}$.

Lorsqu'on factorise, le facteur commun peut être écrit devant ou derrière les parenthèses.

7 • $(100 + 3) \times 22 = 100 \times 22 + 3 \times 22 = 2\ 200 + 66$
$= \mathbf{2\ 266}$.
• $(1\ 000 - 10) \times 17 = 1\ 000 \times 17 - 10 \times 17$
$= 17\ 000 - 170 = \mathbf{16\ 830}$.

8 • $98 \times 5 = (100 - 2) \times 5 = 100 \times 5 - 2 \times 5$
$= 500 - 10 = \mathbf{490}$.
• $103 \times 12 = (100 + 3) \times 12 = 100 \times 12 + 3 \times 12$
$= 1\ 200 + 36 = \mathbf{1\ 236}$.

On peut aussi faire :
$103 \times 12 = 103 \times (10 + 2) = 103 \times 10 + 103 \times 2$
$= 1\ 030 + 206 = \mathbf{1\ 236}$.

9 **a** • **La longueur de la ficelle bleue est :**
$2 \times \pi \times r = 2 \times \pi \times 0{,}4 = \mathbf{0{,}8\pi}$.
• **La longueur de la ficelle rallongée est :**
$2 \times \pi \times (0{,}4 + 1) = 2 \times \pi \times 1{,}4 = \mathbf{2{,}8\pi}$.
• **La longueur de la ficelle verte est :**
$2{,}8\pi - 0{,}8\pi = \mathbf{2\pi}$ **(en mètres).**

b La longueur de la ficelle rouge est : $2 \times \pi \times r$.
La longueur de la ficelle rallongée est : $2 \times \pi \times (r + 1)$.
• La longueur de la ficelle noire est :
$2 \times \pi \times (r + 1) - 2 \times \pi \times r = 2 \times \pi \times (r + 1 - r)$, soit 2π.
La ficelle noire a la même longueur que la ficelle verte.

10 • $9 + 8 \times (10 - 4) \div 2 = 33$.
• $(9 + 8) \times (10 - 4 \div 2) = 136$.
• $9 + (8 \times 10 - 4) \div 2 = 47$.
• $(9 + 8) \times (10 - 4) \div 2 = 51$.

ANGLAIS (pages 10-11)

Traduction du titre et du texte d'ouverture

Avant le décollage

Amy – Regarde le panneau, Rob ! Avant de décoller, tu dois attacher ta ceinture maintenant !
Hôtesse de l'air – Tout à fait exact ! Et vous, vous ne pouvez pas garder ce sac, mademoiselle. Il est bien trop gros. Vous devez le mettre dans le compartiment au-dessus de votre tête.
Rob – Puis-je garder mes jeux vidéo ?
Hôtesse de l'air – Bien sûr ! Vous n'avez pas besoin de les ranger. Mais n'oubliez pas, vous deux ! Vous ne devez pas utiliser votre téléphone portable pendant le vol !
Rob – Ha, ha ! Elle ne peut pas appeler son petit copain !

1 a. **Faux.** "taking off" (l. 2) et "Air hostess" (l. 4)

b. **Faux.** (Il n'y est pas encore, Amy doit l'y mettre.)

c. **Vrai.** (l. 8-9)

d. **Faux.** "You mustn't use your mobile phone" (l. 11-12)

2 a. Barrer ~~boyfriend~~. Amy is with her **brother**. On le sait par déduction.

b. Barrer ~~cards~~. Rob wants to play **video games**. (l. 8)

c. Barrer ~~hat~~. Amy has got a big **bag**. (l. 5-6)

3 a. You can't **walk / drive / ride / take a coach** (plusieurs verbes sont possibles) from London to the USA! (Il y a l'océan Atlantique à traverser.)

b. You must **fly** on a plane or **sail** on a liner if you have plenty of time.

c. In Louisiana, there are lots of little roads you can **ride** on! But you must hire a bike!

4 a. You **mustn't** dive.
b. You **can** have your picnic on the beach.

c. You **can** go swimming.

d. You **mustn't** litter.

Regarde bien les panneaux : s'ils sont barrés, c'est que l'activité est interdite et il faut donc employer "mustn't" (N'oublie pas d'écrire le « t » qui ne se prononce pas.) ; si l'activité est autorisée, il faut employer "can". Les deux auxiliaires sont placés juste avant le verbe.

5 a. Don't go out without your hat! You **must** put it on!

b. Trees are fragile; you **mustn't** break branches.

c. You **mustn't** make a fire in the forest. It is dangerous!

d. Don't play your MP3 player too loud! You **must** respect the other people on the beach.

Il est obligatoire de mettre un chapeau pour se protéger du soleil et de respecter la tranquillité de ses voisins (phrases a. et d.). En revanche, les activités des phrases b. et c. sont interdites.

6 **I must** → put my sunglasses in my bag.
→ pack shorts and T-shirts.
→ get organized for my dog (or my cat).

I mustn't → forget my toothbrush.
→ leave my camera at home.

I don't have to → take my calculator. (La calculatrice est inutile, on n'en a pas besoin pendant les vacances !)

HISTOIRE (page 12)

1

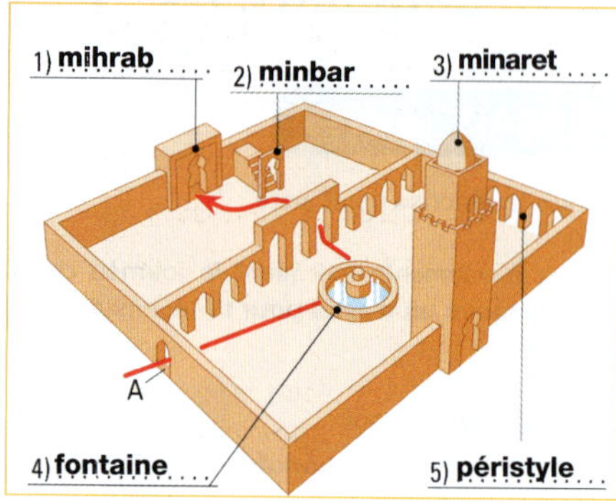

2 a. **Soie, papier, porcelaine de Chine, bois et épices des Indes, or de l'Afrique.**

b. **Bois, draps, métaux.**

c. Les musulmans ont eu des contacts avec l'**Empire chinois**, l'**Empire carolingien**, l'**Empire byzantin** (et l'**Empire du Mali**).

GÉOGRAPHIE (page 13)

1

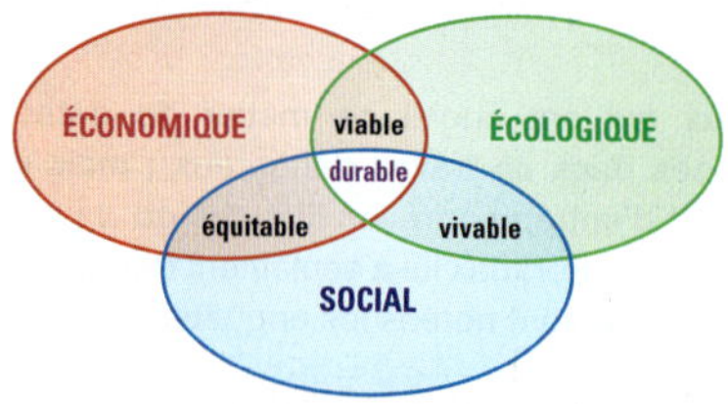

2 a. La plus grande partie de nos déchets est formée par **les emballages en plastique**.

b. **Déchets recyclables :** le verre, le papier et les cartons (non souillés), le métal, les bouteilles en plastique.

c. Les plastiques **se dégradent très lentement**, en plusieurs siècles. Les sacs en plastique **polluent les cours d'eau et les mers**, et étouffent la vie aquatique (les poissons meurent en les avalant).

d. On peut se servir de **sacs non jetables, recyclables ou en papier**.

Bilan Séquence 1 (page 14)

1 **Réponse a.** La phrase **b.** devrait s'écrire : « J'ai dû raconter à nouveau ce que j'avais dit. » et la phrase **c.** : « Heureusement ce (cela) fut une victoire ! »

2 **Réponse b.** La réponse **a.** est un imparfait.

3 **Réponse c.** « Je voie » (réponse **a.**) est un présent du subjonctif.

4 **Réponse b.** $4 \times 9 - 9 \times 2 - 2 = 36 - 18 - 2 = 16$.

5 **Réponse b.** Passer de l'expression $ab + ac$ à l'expression $a(b + c)$, c'est factoriser (voir le cours).

6 **Réponse b.** On peut factoriser l'expression $4a + 5a$ pour obtenir $(4 + 5)a$, soit $9a$. On ne peut pas factoriser les expressions $2 + 7a$ et $12 - 3a$, donc elles ne donnent pas $9a$ (priorité de la multiplication sur l'addition et la soustraction).

7 **Réponse c.** À 2 mois, on ne sait pas parler anglais.

8 **Réponse b.** L'alcool est interdit aux enfants.

9 **Réponse b.** L'hégire marque le début du calendrier musulman, en 622 après J.-C., l'année où Mahomet part vers Médine.

10 **Réponse b.** Un développement équitable de l'économie cherche à atténuer les inégalités sociales.

Séquence 2

FRANÇAIS (pages 16-17)

1 Les passages à souligner sont : « *Camille laisse échapper un soupir d'agacement et se retient avec peine d'intervenir.* » l. 16, « *Camille se contente de sourire.* » l. 23, « *Un peu trop, renchérit Camille. Si on n'a pas quitté cette cave dans la seconde, je hurle.* » l. 38.

2 Les livres qui attirent le regard d'Alex s'appellent « *Le livre dont vous êtes la victime* ».

Quand on écrit à la main, il ne faut pas oublier de souligner le titre des œuvres.
Lorsqu'on répond à une question sur un texte, il faut rédiger la réponse en reprenant les mots de la question.

3 Les deux expressions familières qui veulent dire **très cher** sont :
coûter les yeux de la tête ; coûter la peau des fesses.

4 On remplace l'expression qui contient le verbe « *planter* » l. 35 par « *laissant là ses deux clients* ».

5 **Les** étrange**s** personnage**s** les rejoi**gnent**, saisi**ssent** un exemplaire qu'**ils** contempl**ent** longuement.

Ne pas oublier d'accorder le verbe avec son sujet.

6

Infinitif	1re pers. du sing.	3e pers. du sing.	1re pers. du plur.
craindre	je **crains**	il **craint**	nous **craignons**
entendre	j'**entends**	il **entend**	nous **entendons**
éteindre	j'**éteins**	il **éteint**	nous **éteignons**
dissoudre	je **dissous**	il **dissout**	nous **dissolvons**

7

	indicatif	subjonctif
a. donner	nous **donnons**	que nous **donnions**
b. faire	vous **faites**	que vous **fassiez**
c. venir	tu **viens**	que tu **viennes**
d. avoir	il **a**	qu'il **ait**
e. croire	je **crois**	que je **croie**
f. plier	nous **plions**	que nous **pliions**

Aux deux premières personnes du pluriel, les terminaisons du présent subjonctif sont les mêmes que celles de l'imparfait de l'indicatif. Le **-i** peut venir s'ajouter au **-i** du radical : *que nous pliions*.

8 **a.** Tu **connais** (indicatif) la vérité et j'aimerais que tu me la **dises** (subjonctif).

b. Je ne pense pas qu'il **sache** (subjonctif) mon secret et je ne veux pas qu'il l'**apprenne** (subjonctif).

c. Je voudrais que tu **voies** (subjonctif) ce libraire.

Pour savoir si on doit écrire *vois* (indicatif) ou *voies* (subjonctif), on remplace le verbe par **savoir** (*sais*/*saches*).

MATHS (pages 18-19)

1 **a** « Les deux angles en V et en N sont complémentaires » signifie que **leur somme vaut 90°**.

b Comme la somme des angles d'un triangle vaut 180°, le troisième angle vaut 180° – 90°, soit 90°.
L'angle $\widehat{NTV}$ est droit.

c On trace (TN), puis la perpendiculaire à (TN) en T. On colorie en rouge la partie de cette dernière droite située en France et plus au sud que Paris.
La destination ne se trouve pas au bord de la mer.

2

numéro de l'angle	mesure de cet angle	mesure d'un angle complémentaire à cet angle
①	47°	90° – 47° = **43°**
②	38°	**52°**
③	**48°**	42°
④	**10°**	80°
⑤	**45°**	la même que celle de ⑤

Comme l'angle ⑤ et son angle complémentaire ont la même mesure, chacun mesure 90° ÷ 2, soit 45°.

3 **a** Comme les points *R*, *M* et *S* sont alignés, **les angles $\widehat{RMN}$ et $\widehat{NMS}$ sont supplémentaires.**

b On a donc : $\widehat{NMS}$ = 180° – $\widehat{RMN}$ = 180° – 69 ° = **111°.**

4 **a** On a donc : $\widehat{PLV}$ = 180° – 100 ° = **80°.**

b Le lieu de vacances *V* est placé avec les constructions en bleu sur la carte de l'exercice **1**.

5 La somme des angles dans un triangle vaut 180°, donc **le troisième angle mesure** 180° – 21° – 118°, soit **41°.**

6 **a** Dans un triangle, la somme des angles vaut 180°.
On a, dans *ISE*, $\widehat{ESI}$ = 180° – 10° – 80° = **90°**.
On a, dans *ILE*, $\widehat{ELI}$ = 180° – 20° – 80° = **80°**.

b Ayant en *E* et en *L* deux angles de 80°, **le triangle *ELI* est isocèle en *I*.**

c Le quadrilatère *BAIS* possède trois angles droits en *B*, en *A* et en *S*. ***BAIS* est un rectangle.**

Tout quadrilatère possédant trois angles droits est un rectangle.

7 On partage le pentagone en trois triangles. Dans chaque triangle, la somme des angles vaut 180°. **La somme des angles de *EFGHI* vaut** 180° × 3, soit **540°.**

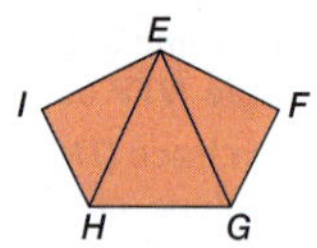

ANGLAIS (pages 20-21)

Traduction du titre et du texte d'ouverture

Faisons un gâteau à l'ananas !
C'est très facile ! Tu as besoin de :
- 750 g d'ananas écrasé et égoutté
- 350 g de sucre
- 750 g de farine
- 2 œufs
- 2 cuillères à café de bicarbonate de soude
- ½ cuillère à café de sel

Mets tous les ingrédients ensemble et mélange bien. Verse dans un moule de 20 × 30 cm qui est bien graissé. Fais cuire au four à 200°C pendant 30 minutes.
Coupe en carrés et sers. Miam ! Miam !

1 **a. Faux.** C'est un gâteau à l'ananas, pas à la banane. (titre)

b. Vrai. (l. 6)

c. Faux. Il faut un moule, pas une poêle. (l. 10)

d. Vrai. Half an hour = 30 minutes.

2 **a.** To make cookies you need 1.5 **cup** of sugar, 1 **teaspoon** of baking soda, [...]

b. Combine all the **ingredients** and mix well.

c. Bake at 200°C for 15 minutes.

3 **a. pineapple – banana – strawberries**

b. coffee – chocolate – water

c. carrot – tomato – salad

d. vinegar – pepper – cereal

4 **a.** In the recipe, there is **some** sugar and **some** flour but there isn't **any** chocolate.

b. There are **no** apples but there are **some** eggs.

Attention à "but" qui exprime un contraste entre les deux propositions ; il n'y a pas de pommes.

c. Is there **any** pineapple? Of course, there is **some.**

Il faut bien regarder si la phrase est affirmative, interrogative (présence de « ? ») ou négative (présence de "not" ou en raison du sens comme ici, dans la phrase **b.**).

d. Would you like **some**? It's excellent!

Attention ! On ne demande pas s'il y a du gâteau, on en propose.

5 **a.** There is **some** ketchup.

b. There is a carton of milk.

c. There aren't **any** flowers. = There are **no** flowers.

d. There's **some** bread.

e. There aren't **any** bananas. = There are **no** bananas.

Il y a deux possibilités pour les phrases négatives : le verbe à la forme négative + "any" ou le verbe à la forme affirmative et "no" placé devant l'objet. Le sens est le même. Il ne faut pas oublier de mettre l'article indéfini "a" si l'objet forme un tout : "a carton of milk".

6 **a. → 4.** There are four vanilla yogurts and a strawberry one.

b. → 3. In the fridge, there is no fruit juice left. Run to the supermarket!

c. → 1. I don't want any sugar in my tea, thanks.

d. → 2. Can you give me some of this delicious pudding, please?

SVT (page 22)

1 **a.** Le végétal absorbe du dioxygène : **respiration** ; Le végétal absorbe du dioxyde de carbone : **photosynthèse** ; Le végétal rejette du dioxyde de carbone : **respiration** ; Le végétal rejette du dioxygène : **photosynthèse.**

b. Ce sont **les échanges gazeux liés à la photosynthèse** qui nécessitent de la lumière.

2 Les végétaux **font la photosynthèse dans l'eau et rejettent donc du dioxygène.** La quantité augmente donc dans l'eau.

3

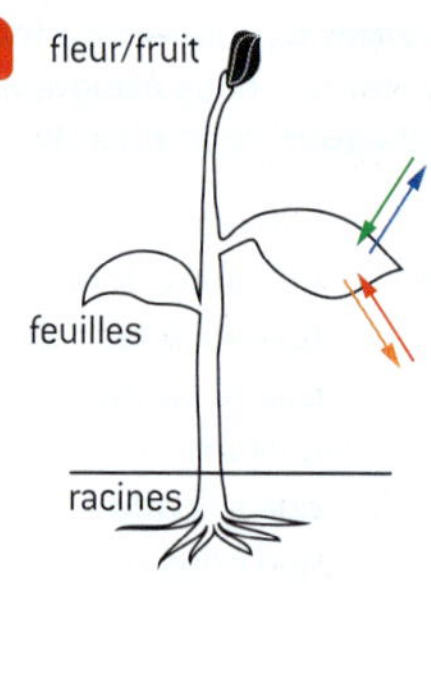

PHYSIQUE (page 23)

1 **1. b. – 2. c. – 3. d. – 4. a.**

2

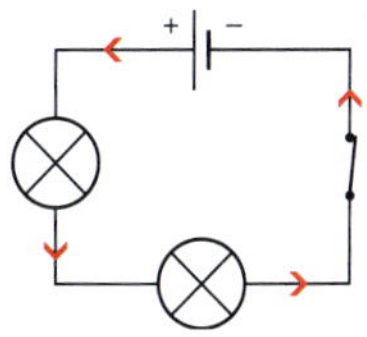

3 **a.** Une **pile**, un **interrupteur**, une **lampe**, un **matériau** et **4 fils** de connexion.

b. Il faut utiliser un **matériau conducteur**.

4 Le circuit ne peut pas fonctionner car **il ne contient pas de générateur**.

Bilan Séquence 2 (page 24)

1 **Réponse c.** Le verbe « résoudre » est un verbe en *-soudre*, le verbe « recoudre » se conjugue comme « prendre », le verbe « avouer » est un verbe en *-er.*

2 **Réponse c.** Au présent du subjonctif, le verbe *avoir* se conjugue : *que j'aie, que tu aies, qu'il ait, que nous ayons, que vous ayez, qu'ils aient*.

3 **Réponse b.** Au présent de l'indicatif, le verbe « voir » s'écrit : *je vois*.

4 **Réponse b.** La somme des angles vaut 180°, donc le troisième angle mesure 180° – 60° – 45°, soit 75°.

5 **Réponse c.** La somme des angles vaut 180°, donc le troisième angle mesure 180° – 48° – 42°, soit 90°. Ce triangle est rectangle.

6 **Réponse b.** Si on a un angle de 30° et un angle de 60°, le troisième angle mesure 180° – 30° – 60°, soit 90° : il n'est pas isocèle. Si on a un angle de 20° et un angle de 140°, le troisième angle mesure 180° – 20° – 140°, soit 20° : il est isocèle. Si on a un angle de 40° et un angle de 80°, le troisième angle mesure 180° – 40° – 80°, soit 60° : il n'est pas isocèle.

7 **Réponse b.** Attention, le verbe *avoir* ne s'emploie pas pour traduire « il y a ».

8 **Réponse c.** "some" dans une phrase affirmative. Dans la réponse **a.** « un » lait est impossible.

9 **Réponse c.** La photosynthèse permet à la plante de fabriquer sa matière organique.

10 **Réponses a. et c.** Une pile est un dipôle générateur et fournit de l'énergie électrique.

Séquence 3

FRANÇAIS (pages 26-27)

1 On peut dire que les rébus datent de l'Antiquité car on peut considérer les hiéroglyphes égyptiens comme des rébus.

2 « Au lion d'or » peut être lu « Au lit on dort », ce qui convient bien pour un hôtel.

3 C'est le mot « travail » qui vient du latin *tripalium*.

4 **Les** plus roy**aux** des rébus **sont ceux** de Frédéric II, roi de Prusse.

> Le pluriel du pronom démonstratif **celui** est le pronom **ceux**.

5 **a.** l'appe**ll**ation ; **b.** tu je**tt**es ; **c.** nous appe**l**ions ; **d.** il appe**ll**era. ; **e.** que vous je**t**iez ; **f.** ils rappe**lè**rent.

6 **a. Tout le monde** : sujet du verbe « déjeuner »

b. un bruit : sujet du verbe « retentir »

> Attention à ne pas confondre sujet inversé et COD.

c. extraterrestre : sujet du verbe « piloter »

d. qui : sujet du verbe « s'est posée »
Le pronom relatif **qui** remplace *la soucoupe volante* dont la fonction est COD du verbe *piloter*.

7 **a. celui de Frédéric II** : attribut du sujet « rébus » ; **b. très anciens** : attribut du sujet « les rébus » ; **c. un écrivain du XVIIIe siècle** : attribut du sujet « Voltaire » ; **d. habile** : attribut du sujet « tu »
Le verbe *montre* se construit avec un COD : *un rébus* est COD du verbe *montrer*.

> Les attributs du sujet sont le plus souvent introduits par le verbe **être** ou par un **verbe d'état** : *sembler*, *devenir*, *rester…*

8 **a.** narration (le verbe rapporte une action passée) ; **b.** actualité (au moment où je parle) ; **c.** vérité générale (toujours vrai) ; **d.** narration.

MATHS (pages 28-29)

1 **a** • « Le trésor *T* est à la même distance du rocher *R* et du sapin *S*. »
• Si un point est équidistant des extrémités d'un segment, alors **il est sur la médiatrice de ce segment.**
• Le point *T* appartient à **la médiatrice du segment [*RS*].**

b

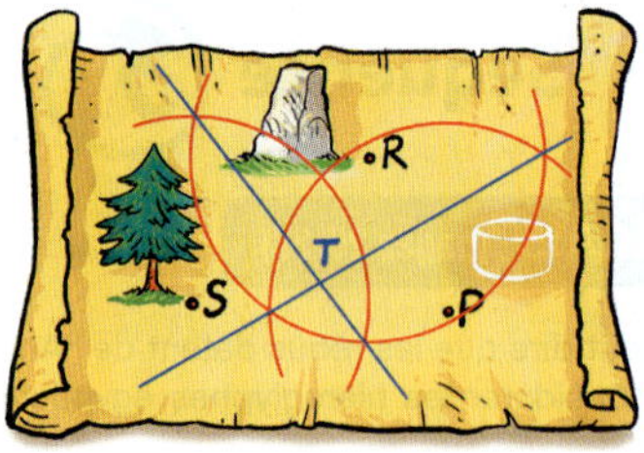

La médiatrice d'un segment peut être construite à l'aide d'un compas.

2 ① On sait que (d_1) et (d_3) sont **perpendiculaires** et que (d_2) et **(d_3)** sont perpendiculaires.
② Si deux droites sont perpendiculaires **à une même troisième droite,** alors elles sont **parallèles entre elles.**
③ On a donc **(d_1)** et **(d_2)** parallèles.

3 **a** Les boîtes étant des pavés droits, **les faces *ABCD* et *EFGH* sont des rectangles.**

b Dans un rectangle, les côtés opposés sont parallèles, donc les droites **(*EF*) et (*GH*) sont parallèles.**

c De même, **les droites (*EF*) et (*BC*) sont parallèles.**

d **Les droites (*GH*) et (*BC*) sont aussi parallèles.**

4 **a** On sait que **(*AB*) et (*DC*) sont parallèles** et que **(*AD*) est perpendiculaire à (*AB*).**

b On peut en conclure que **(*AD*) est perpendiculaire à (*DC*).**

c Le théorème à employer est :
Si deux droites sont parallèles et si une troisième droite est perpendiculaire à l'une d'elles, alors elle est **perpendiculaire** à l'autre.

5 ① On sait que *SR* = ***SU*** et ***UT*** = *RT*.
② Si un point est **équidistant des extrémités d'un segment,** alors il est sur la médiatrice de ce segment.
③ ***S*** et ***T*** appartiennent à la médiatrice de [*RU*], donc (***ST***) est la **médiatrice** de [*RU*].

6 **a**

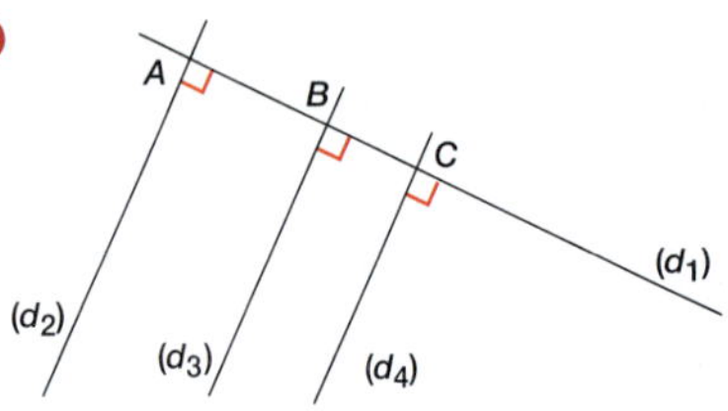

b Les droites (d_2), (d_3) et (d_4) sont perpendiculaires à (d_1). Or, si plusieurs droites sont perpendiculaires à une même autre droite, alors elles sont parallèles entre elles.
Les droites (d_2), (d_3) et (d_4) sont parallèles.

Le théorème avec deux droites perpendiculaires à une même troisième droite peut être étendu à plusieurs droites perpendiculaires à une même droite.

ANGLAIS (pages 30-31)

Traduction du titre et du texte d'ouverture

Les requins

Sais-tu que les requins sont des animaux préhistoriques ? Ils ont plus de 420 millions d'années (ils sont de 220 millions d'années plus vieux que les dinosaures !). Il y a plus de 450 espèces différentes : le plus petit mesure 14 cm de long, le requin baleine peut faire 13 m de long mais il ne mange que du plancton.
Certaines espèces sont des prédateurs ; elles tuent leurs proies avec leurs dents acérées (elles ont 3 à 5 rangées de dents !).
Les grands requins blancs sont dangereux mais ils ne mangent pas tous les jours. Est-ce qu'ils attaquent les gens ? Seulement s'ils les prennent pour un phoque ou une tortue. Ce sont habituellement des animaux timides, et ils essaient d'éviter les êtres humains.
Plonger avec des requins est une expérience extraordinaire. Ce sont des animaux tellement gracieux ! Veux-tu essayer ?

1 **a.** Sharks existed before dinosaurs. (l. 2)

b. Il faut barrer ~~All of them are dangerous~~. Pas tous, puisque le requin baleine ne mange que du plancton.

c. Some sharks don't eat meat.

d. Il faut barrer ~~They like people~~. Non, ils ont plutôt peur des hommes (l. 8-9)

2

Forty-two thousand	→ 42,000
Four hundred and twenty million	→ 420,000,000
Four hundred and twenty	→ 420
Four thousand and twenty	→ 4,020
Fourteen thousand and forty	→ 14,040
Four thousand two hundred and four	→ 4,204

3 **a.** 916 : nine hundred and sixteen

b. 370,000 : three hundred and seventy thousand

Il faut écrire "and" entre les milliers (ou les centaines) et les dizaines (ou les unités).

c. 12,000,000 : twelve million (*invariable)*

4 **a.** All sharks **don't have** the same type of teeth.

b. A baby shark **doesn't need** its mother.

c. A shark **doesn't live** up to be 50 years old.

d. The people of Palau Island **don't fish** sharks.

La négation est toujours portée par l'auxiliaire. À la 3e personne du singulier, n'oublie pas de faire passer le « s » de la fin du verbe à l'auxiliaire !

5 **a.** Do you go to Florida every summer?

b. What does your mother do on the beach?

c. Do you wear a Hawaiian shirt on holiday?

L'ordre de la question est : auxiliaire + sujet + verbe.

6 **a.** Ryan is a good scuba diver because he **practices** every Wednesday afternoon at the swimming-pool.

b. He **tries** to respect all the rules.

Attention à la modification d'orthographe de "try".

c. Does he **take** risks?

d. No, he **doesn't**.

Pas de verbe ici, juste la reprise de l'auxiliaire de la question **c.** pour une réponse courte.

e. He **knows** it can be dangerous.

HISTOIRE (page 32)

1 **a.** Il est agenouillé et tête nue. **b.** Il est assis et coiffé. **c.** Le vassal met ses mains dans celles du seigneur. **d.** Il écrit les termes du contrat. **e.** Le suzerain donne un fief et protège son vassal. Le vassal jure fidélité, il s'engage à aider son suzerain militairement, à le conseiller, à l'aider financièrement en cas de rançon ou de mariage d'un de ses enfants.

2 **1.** Le pape à Rome ; **2.** évêques ; **3.** curés ; **4.** abbés ; **5.** moines.

GÉOGRAPHIE (page 33)

1 **a.** Les deux continents les plus peuplés en 1950 étaient l'**Asie** et l'**Europe**.

b. Les deux continents les plus peuplés en 2050 seront probablement l'**Asie** et l'**Afrique**.

2 **a.** Les cinq pays les plus peuplés du monde par ordre décroissant sont : l'**Inde**, la **Chine**, les **États-Unis**, l'**Indonésie**, le **Brésil**.

b. Le continent à la croissance démographique la plus forte est l'**Afrique**.

c. L'évolution de la population de la Russie est **négative** : la population diminue.

Bilan Séquence 3 (page 34)

1 **Réponse a.** Ne confonds pas le sujet inversé et le COD.

2 **Réponse a.** « à Naples » est un complément de lieu.

3 **Réponse c.** La phrase est toujours vraie.

4 **Réponse c.** Dans une démonstration, on écrit en premier les hypothèses, ensuite, un outil qui est souvent un théorème et, à la fin, la conclusion.

5 **Réponse c.** On a $AD = BD$ et $AE = BE$, donc D et E sont équidistants des extrémités de $[AB]$. Par théorème, ils appartiennent à la la médiatrice de $[AB]$ et (DE) est la médiatrice de $[AB]$.

6 **Réponse c.** M et N sont deux points de la médiatrice d'un segment $[AB]$. Par théorème, ils sont équidistants des extrémités du segment, donc on a, en particulier, $AM = BM$. On a aussi $AN = BN$.

7 **Réponse b.**

8 **Réponse a.**

9 **Réponse c.** Charles Quint est roi d'Espagne et empereur du Saint Empire romain germanique.

10 **Réponse b.** La croissance de la population est la plus forte en Afrique.

Séquence 4

FRANÇAIS (pages 36-37)

1 **a.** Holmes : « [ses yeux] immobilisèrent leur regard, s'arrondirent, et ses lèvres s'écartèrent de stupéfaction » (l. 13).

b. Watson : « je sautai sur mes pieds ; ma main étreignit mon revolver mais ne se leva pas. » (l. 16).

c. Lestrade : « Lestrade poussa un cri de terreur et s'écroula la face contre terre » (l. 15).

2 **a.** Très pâle : livide (l. 11) **b.** paralysés : pétrifiés (l. 31).

3

Nom	Adjectif
stupéfaction	**stupéfait**
brutalité	brutal
terreur	**terrifié, terrorisé**
monstre	monstrueux
horreur	**horrible**

4 **Vision** : « fixions » (l. 7), « coup d'œil » (l. 10), « luisaient » (l. 11), « regard » (l. 13), « vu » (l. 22), « yeux » (l. 22), « jetaient de la braise » (l. 23), « vision » (l. 26).
Animalité : « un loup » (l. 12), « un chien » (l. 20), « un chien énorme » (l. 20), « sa gueule » (l. 23), « son museau » (l. 24), « ses pattes » (l. 24), « cette bête » (l. 28), « le nez sur la piste » (l. 30).

Ne confonds pas « champ lexical d'une notion » et « mot de la même famille ». Les mots de la famille (même radical) de « vision » sont : *voir*, *visible*, *visibilité*…

5 **a.** Je connais mal la lande et **ses** mystères. ; **b.** J'ai vu le chien ; **ses** yeux brillaient dans le noir. ; **c. Ces** légendes-là sont mal connues. ; **d. Ces** histoires peuvent vous intéresser.

Le déterminant démonstratif **ces** désigne quelque chose alors que le déterminant **ses** indique un lien de possession (les siens, les siennes).

6 **a. Quelle** drôle de légende !

b. Ma grand-mère me dit **qu'elle** a déjà entendu hurler le chien et **qu'elle** s'est enfuie, ne sachant **quelle** conduite adopter s'il s'approchait.

c. Cet animal, **quel** qu'il soit, ne peut être une créature surnaturelle.

Pour savoir si on doit écrire **quelle** ou **qu'elle**, il faut remplacer par « qu'il » : *elle dit qu'il / qu'elle a entendu.*

7 Les verbes au passé simple sont **cria** (l. 1), **arma** (l. 1), **résonna** (l. 4), **jetai** (l. 10), **immobilisèrent** (l. 13), **s'arrondirent** (l. 13), **s'écartèrent** (l. 14), **poussa** (l. 15), **s'écroula** (l. 16), **sautai** (l. 16), **étreignit** (l. 17), **leva** (l. 18), **créa** (l. 26), **permîmes** (l. 31).

8 **a.** tu compris ; **b.** je sautai ; **c.** nous revînmes ; **d.** ils voulurent ; **e.** je nageai.

Attention à ne pas confondre les verbes « revenir » (*je revins, nous revînmes*) et « revoir » (*je revis, nous revîmes*). La première personne des verbes du 1er groupe est en *-ai* ; ne la confonds pas avec la 3e personne du singulier : *je sautai / il sauta, je nageai / il nagea.*

MATHS (pages 38-39)

1

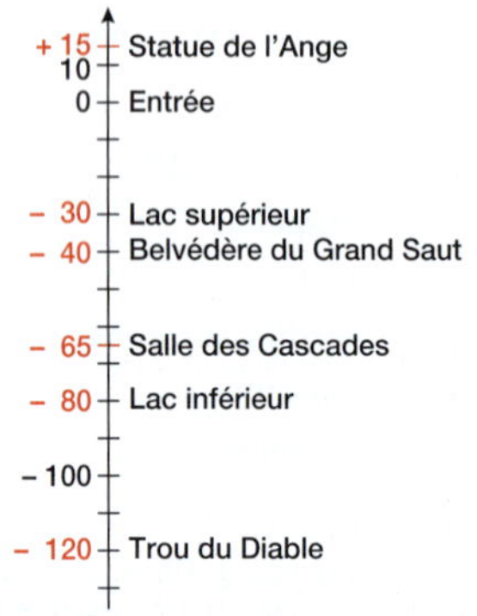

2 L'abscisse de *A* est – **3.**
Celle de *B* est – **1** et celle de *C* est **2.**

3 **a** Les entiers compris entre – 15 et – 11 sont – **14 ;** – **13** et – **12.**

b Les entiers compris entre – 2 et + 5 sont – **1 ; 0 ;** + **1 ;** + **2 ;** + **3** et + **4.**

4 Dans l'ordre décroissant, on a :
\+ **15** > **0** > – **30** > – **40** > – **65** > – **80** > – **120.**

L'ordre décroissant est du plus grand au plus petit.
Sur l'échelle de l'exercice 1, c'est du haut vers le bas.

5
- + 4 < + 7.
- + 3 > – 8.
- – 5 < + 7.
- – 4 > – 7.
- – 8 < – 6.
- – 6 < + 6.

6 **a** La distance à zéro de – 2 est **2.**

b La distance à zéro de – 23 est **23.**

c La distance à zéro du nombre + 9 est **9.**

d 5 est **la distance à zéro** du nombre négatif – 5, mais 5 est aussi la **distance à zéro** du nombre positif + **5.**

e Deux nombres **opposés** ont la même distance à zéro.

7

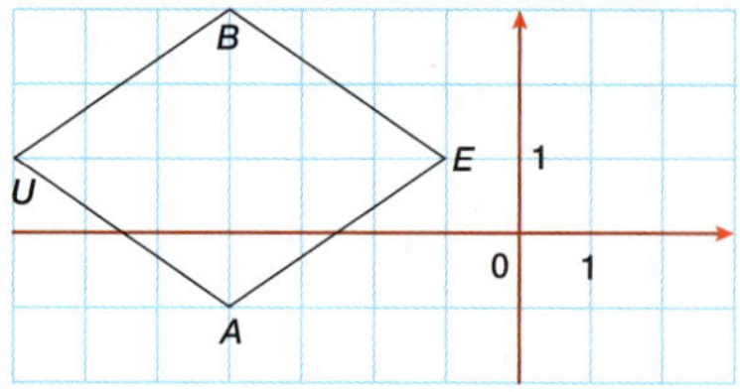

8 **a**

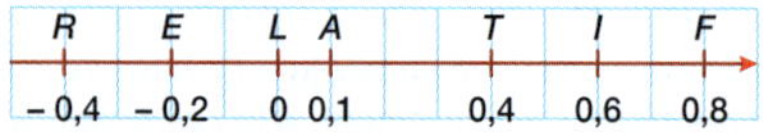

b Le mot mystère est **RELATIF.**

9 On a : *A*(**2** ; **1**) ; *B*(**2** ; – **3**) ; *D*(– **2** ; **2**) ; *E*(– **1** ; **0**) ; *F*(**0** ; – **2**).

10 À la même distance des nombres – 40 et + 50 se situe le nombre 5. Son opposé est – 5 et, à une température de – 5 °C, **l'eau est solide.**

ANGLAIS (pages 40-41)

Traduction du titre et du texte d'ouverture

Quel raseur !

Amy – Salut, Chris ! Que fais-tu ici tout seul ?
Chris – Rien.
Amy – C'est ridicule ! Je vois bien que tu es très occupé !
Chris – D'accord, j'envoie des textos à des amis !
Amy – Oh ! Et qu'est-ce que tu leur dis ?
Chris – Que nous nous amusons bien ici au camp de vacances.
Amy – Je les connais tes amis ?
Chris – Vraiment, Amy ! Que tu es curieuse ! Laisse-moi tranquille, occupe-toi de tes affaires !
Amy – Pfff ! J'essaie seulement de m'intéresser ! Eh bien, je vais retrouver les autres à la piscine. Au revoir, monsieur le raseur !

1 **a.** Is Chris watching television? **No, he isn't.** (l. 7-8)

b. Are the teenagers enjoying themselves at the camp? **Yes, they are.** (l. 11-12)

c. Is Chris texting his friends? **Yes, he is.** (l. 7-8)

Pour une réponse courte , il ne faut reprendre que l'auxiliaire qui est au début de la question.

2 **a.** Sue's home is **next to** the bank.

b. There's a bank **opposite** the cinema. Un seul mot en anglais pour dire « en face de ».

c. There's a cinema **between** the post office and Bob's home.

d. **In** this town, there is a school **with** a gymnasium.

3 **a.** I **am** (*ou* **I'm**, *forme contractée*) working.

b. My parents **are** doing some shopping.

c. **Are** you doing anything interesting?

d. The sailing instructor **is not** (ou **isn't**) giving a lesson because there's too much wind.

Accorde bien l'auxiliaire avec le sujet et vérifie le sens de la phrase pour t'assurer qu'il ne faut pas une forme négative comme dans la phrase **d.**.

4 **a.** I'm **sitting**. (*avec deux* t)

b. She's **writing**. (*le* e *final a disparu*)

c. We're **swimming**. (*avec deux* m)

d. They're **running**. (*avec deux* n)

5 **a.** She is **reading**. (*ou* **She's** reading.)

b. She is **running**. (*ou* **She's** running.)

c. We are **playing** cards. (*ou* **We're** playing cards.)

6 **a.** présent.

b. futur.

c. présent.

Si on peut regarder ou écouter, c'est que la scène se déroule en ce moment.

SVT (page 42)

1 **a. bouche – œsophage – estomac – intestin grêle – gros intestin – rectum.**

2 **a. la digestion** ; **la mastication**. **b. aliments** ; **mécanique**. **c. Certains organes** ; **nutriments**. **intestinale** ; **sang**.

3 Le foie ne peut pas avoir été « trop rempli d'aliments » car **le foie ne fait pas partie du tube digestif mais du système digestif** : les aliments ne passent pas par lui lors de la digestion.

4 **a. b.**

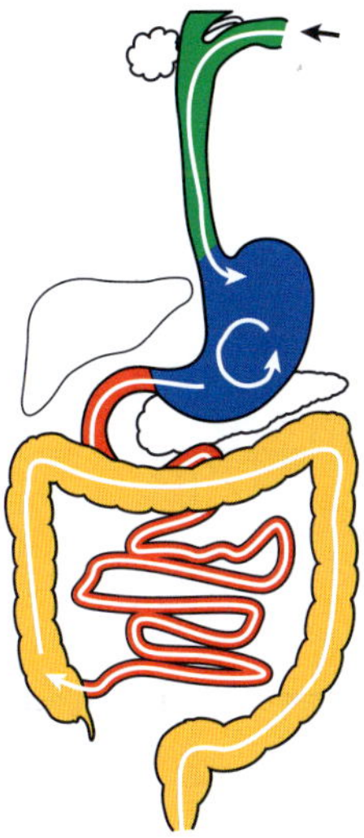

PHYSIQUE (page 43)

1 **a. b.**

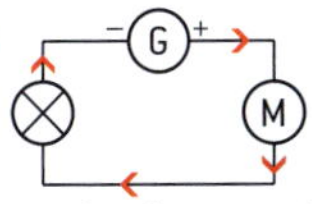

c. C'est un circuit avec des dipôles montés en série. **L'ordre des dipôles n'a pas d'influence sur son fonctionnement.**

2 **a.**

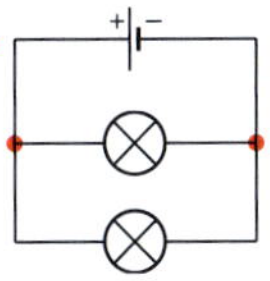

b. Ce circuit contient plusieurs boucles : il est **monté en dérivation**.

c. Si l'on dévisse une lampe, **l'autre va continuer de briller**.

3 **a.**

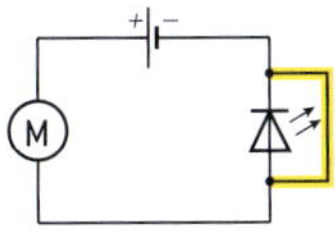

b. La DEL est en court-circuit : elle ne fonctionne plus. Le moteur fonctionne davantage : il risque de griller.

Bilan Séquence 4 (page 44)

1 **Réponse c.** Le deuxième « qu'elle » peut être remplacé par « qu'il », le premier non ; tous les deux s'accordent avec « participation ».

2 **Réponse c.** Le verbe **a.** est au passé simple mais à la 3e personne du singulier *(il demanda)*, le verbe **b.** est à l'imparfait de l'indicatif.

3 **Réponse c.** Le verbe **a.** est incorrect (seuls les verbes du 1er groupe ont un passé simple en *-a*), le verbe **b.** est à l'imparfait de l'indicatif.

4 **Réponse c.** Chaque graduation correspond à 2 unités, donc l'abscisse du point B est 2×2, soit 4.

5 **Réponse b.** En partant du point d'abscisse -6 et en avançant de 2 unités dans le sens positif, on arrive au point d'abscisse -4 : cela correspond à $-6 + 2 = -4$.

6 **Réponse b.** Les coordonnées du point M sont : $(-1 ; 2)$, car le point M est situé à une unité à gauche de l'axe des ordonnées et à 2 unités au-dessus de l'axe des abscisses.

7 **Réponse c.** Le sujet "children" est le pluriel irrégulier de "child".

8 **Réponse b.** Présent *be* + V-*ing*, le "y" final de "carry" ne bouge pas.

9 **Réponse b.** Les sucs digestifs permettent de transformer les aliments en nutriments.

10 **Réponse a.** Dans un circuit en série, les dipôles sont sur la même boucle.

Séquence 5

FRANÇAIS (pages 46-47)

1 Les « réalités matérielles » sont les poussières aspirées par l'aspirateur ; comme elles disparaissent au passage de l'appareil, la narratrice pense qu'elles n'existent plus, d'où le terme « inexistence ».

Il ne faut pas oublier de reprendre les mots de la question quand on rédige une réponse.

2 « Il devait être un peu déçu » (dernière ligne du texte) : cette phrase exprime la déception du père de la narratrice lorsqu'il apprend que le troisième mot prononcé par sa fille est « aspirateur ».

3

Le comparé : l'aspirateur	Le comparant : un animal
tuyau, tube	cou
fil électrique	queue
bruit	**une plainte régulière et ininterrompue**
roulettes	**pattes**
aspirateur	animal à long cou

4 **a.** commença : amorça (l. 4), se mit à (l. 6) ; **b.** une navette : un va-et-vient (l. 7) ; **c.** observait : examinait (l. 15) ; **d.** un prodige : un miracle (l. 17) **e.** stupéfaite : interdite (l. 23) **f.** désappointé : déçu (l. 29).

5 **a.** Parfois, **les** corps avanç**aient** sur **leurs** pattes.

b. **Ils** dev**aient** être un peu déç**us**.

c. **Nous** suiv**îmes** sa tête et pos**âmes** **notre** joue sur le tapis.

Veille à ne pas changer le temps des verbes ; il s'agit seulement de modifier l'accord.

6 **a.** ma : déterminant possessif ; **b.** dans : préposition ; **c.** salon : nom commun ; **d.** avec : préposition ; **e.** très : adverbe ; **f.** long : adjectif.

Pour trouver la classe grammaticale (la nature) d'un mot, il faut d'abord voir s'il fait partie d'une catégorie de mots variables ou d'une catégorie de mots invariables. On peut ensuite procéder par élimination : ce n'est pas un verbe, ce n'est pas un nom…

7 **a.** Je **passais** (*imparfait : action secondaire*) l'aspirateur quand il me **sembla** (*passé simple : action principale*) entendre une plainte.

b. Chaque été **j'allais** (*imparfait : habitude*) chez mes grands-parents mais, cette année-là, je **partis** (*passé simple : action principale*) en Angleterre.

c. On **sonna** à la porte, je m'**arrachai** à mon livre et **allai** ouvrir. (*Trois verbes au passé simple pour exprimer des actions qui s'enchaînent.*)

Attention à la terminaison (**ai**) de la 1re personne du singulier du passé simple qu'il faut distinguer de l'imparfait (**ais**).

MATHS (pages 48-49)

1

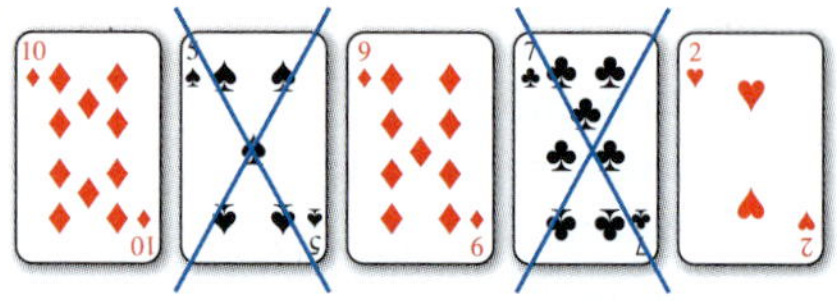

2

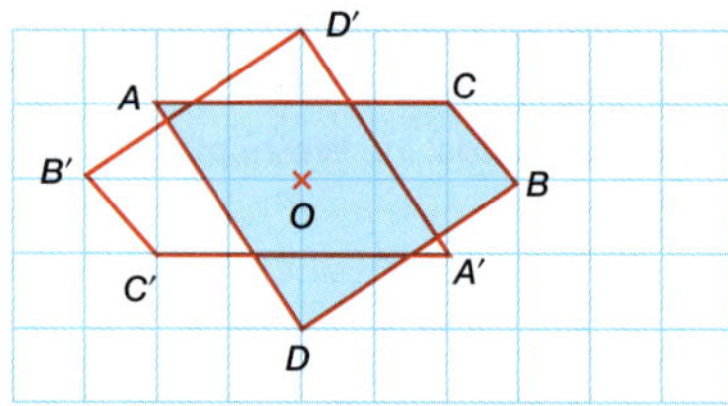

3

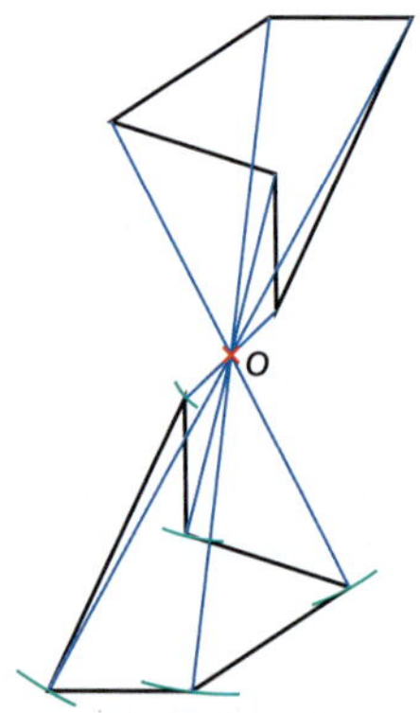

Pour construire le symétrique d'un point *A* par rapport à un point *O*, on trace la demi-droite [*AO*) et un arc de cercle de centre *O* et de rayon *AO* qui coupe [*AO*) en un point autre que *A* ; ce point est le symétrique.

4 **a** et **b**

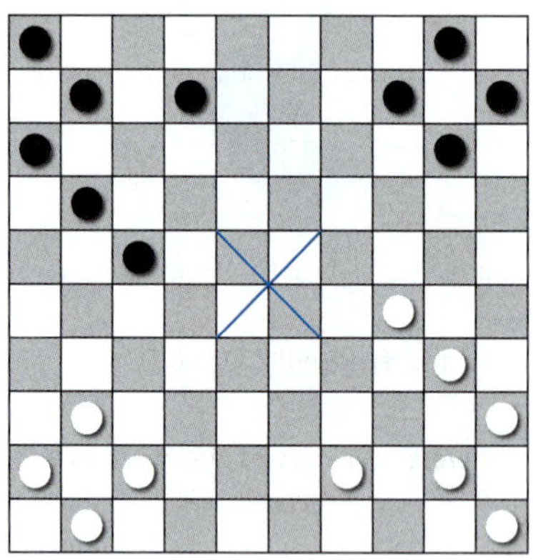

5

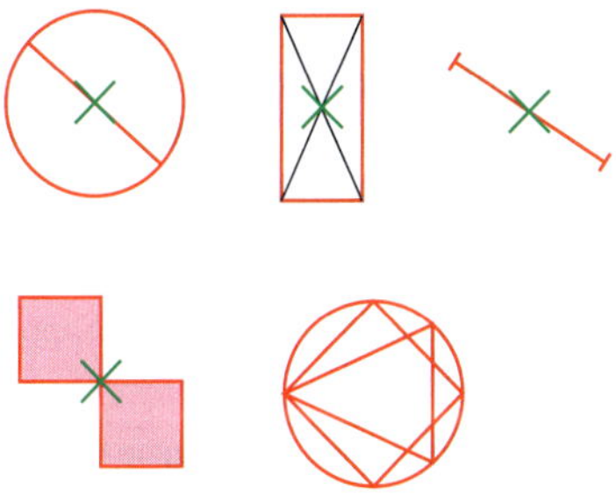

6 • Le symétrique de *A* par rapport à *D* est **G**.

• Le symétrique de **C** par rapport à *D* est *H*.

• Le symétrique de [*AC*] par rapport à *D* est **[*GH*]**.

• Le symétrique de ***D*** par rapport à ***C*** est *E*.

7

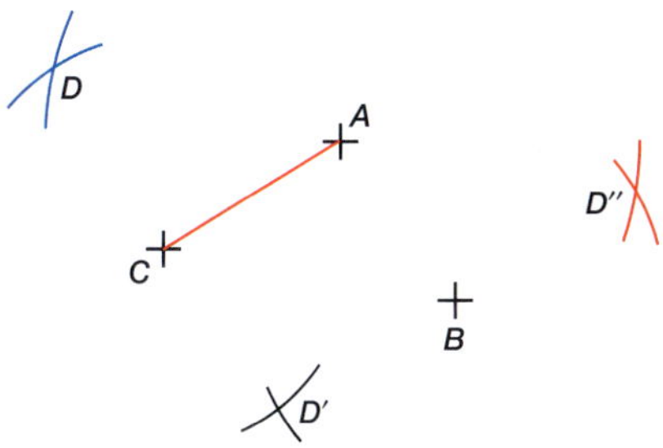

Un quadrilatère avec un centre de symétrie est un parallélogramme. On peut donc utiliser la méthode de construction du quatrième sommet d'un parallélogramme.

ANGLAIS (pages 50-51)

Traduction du titre et du texte d'ouverture

Une visite à l'aquarium

Rob – Si on allait voir un spectacle en arrivant ?
Sue – J'aimerais voir le spectacle des lions de mer. Et après, pourquoi ne pas regarder les loutres ?
Ted – Je préférerais faire la promenade en bateau.
Rob – Mais alors nous ne pouvons pas voir les phoques s'entraîner. J'aimerais mieux faire ça.
Sue – C'est trop compliqué. Si nous déjeunions et allions aux spectacles de l'après-midi ?
Rob – Oui, faisons ça. J'ai faim !
Ted – Ne parle pas de nourriture ! J'ai tellement faim que je pourrais manger un phoque…

1 a. **Faux.** Le titre exact est *A visit to the aquarium*.

b. **Vrai.** (l. 3)

c. **Faux.** C'est la réplique de Ted. (l. 6)

d. **Vrai** (l. 9 à 12)

2 a. Is there a shark show? **No, there isn't (a shark show).** Il n'y a pas de requin dans le texte ou sur le programme.

b. What time is the seal training? Deux réponses possibles : **It is at 11.30 a.m.** ou **It is at half past eleven.** Il s'agit de l'horaire de l'entraînement des phoques sur le programme.

c. Who is hungry? Deux réponses possibles : **Rob, Ted (and Sue) are hungry.** ou **They are all hungry.** Ils veulent tous manger. Rob et Ted précisent qu'ils ont faim.

3 a. 6 h 10 : **ten past six (a.m.)**

b. 18 h 10 : **ten past six (p.m.)**

c. 14 h 30 : **half past two**

d. 3 h 15 : **quarter past three**

e. 12 h 45 : **quarter to one**

Pour écrire l'heure, il faut bien penser à mettre les minutes avant les heures.
Tout comme en français, on ne précise pas toujours le moment de la journée (**a.m.** ou **p.m.**). En général, le contexte fait que l'on sait de quel moment de la journée on parle (en français il arrive que l'on dise « il est 5 h » pour « il est 17 h »).

4 a. **What about going to the aquarium?**

b. **I'd rather play on the computer.**

c. **Why not go and eat an ice-cream?**

5 a. **Let's** go to the Adventure park! La phrase se termine par un **!**

b. **Shall we** play football? La phrase se termine par un **?** "Shall we" est suivi de la base verbale.

c. **What about** watching a cartoon? "What about" est suivi de la base verbale + *ing*.

d. **Let's** play video games! La phrase se termine par un **!**.

Les suggestions ne posent aucun problème à condition d'apprendre leur construction.

6 a. Julia refuses to buy her ticket. **Buy your ticket!**

b. John is giving sweets to the penguins. **Don't give sweets to the penguins!**

c. Julia refuses to stand in line. **Stand in line!**

d. John is pushing the other tourists. **Don't push the other tourists!**

Dans cet exercice 6, il fallait voir quelle action chacun faisait ou refusait de faire, puis décider si on l'encourageait ou l'interdisait. La construction de l'impératif est très facile (base verbale ou *don't* + base verbale).

HISTOIRE (page 52)

1 a. C'est le moment de l'**onction sacrée (1)**: le roi est agenouillé et a les mains jointes. Les évêques se tiennent à gauche ; les Grands (les nobles) sont à droite.

b. **Manquent les éperons**, le **manteau** et la **main de justice**.

2 a. François Ier : **32 ans** ; Henri IV : **21 ans** ; Louis XIV : **72 ans**, dont 54 ans de règne personnel.

b. Grâce à la durée de leurs règnes les rois **peuvent faire œuvre durable.**
Exemples au choix : sous **François Ier** s'épanouit la Renaissance (construction des châteaux de la Loire) ; le règne le plus court dure tout de même 21 ans : c'est celui d'**Henri IV** qui restaure le **pouvoir royal**, rétablit la paix civile et la prospérité du royaume. Sous Louis XIV, c'est l'**apogée de la monarchie absolue**, avec la construction de Versailles.

c. Le château de Versailles. La beauté de ce château célèbre la puissance du roi. Il symbolise le règne de Louis XIV car, à partir de 1682, il est le centre du pouvoir.

GÉOGRAPHIE (page 53)

1 Les deux régions du monde où la pauvreté est massive sont l'**Asie du Sud** et l'**Afrique subsaharienne**.

2 **a.** L'estimation du nombre total de personnes sous-alimentées en Afrique est de **282 millions.**

b. Le pourcentage de population sous-alimentée est compris entre **5 et 15 % en Inde**, entre **5 et 15 % en Chine**, et de moins de **5 % au Brésil**.

Bilan Séquence 5 (page 54)

1 **Réponse b.** « sans » est une préposition, ainsi que : *à, dans, par, pour, en, vers, avec, de, sous, chez, malgré, sur…*

2 **Réponse b.** Quand il est placé devant un nom *(le cahier)*, « le » est un déterminant. Dans « Je le regarde », il est placé devant un verbe ; il remplace le nom : c'est un pronom.

3 **Réponse b.** L'adverbe « soudain » indique que les deux actions coordonnées par « et » sont limitées dans le temps ; les deux verbes sont donc au passé simple.

4 **Réponse a.** Un triangle isocèle n'a pas de centre de symétrie. Le centre de symétrie d'un cercle est le centre du cercle et celui d'un segment est son milieu.

5 **Réponse c.** Le symétrique d'une demi-droite [*AI*) par rapport à un point *O* ne peut être qu'une demi-droite et non un segment (réponse **a.**) ou une droite (réponse **b.**).

6 **Réponse a.** Le centre de symétrie de cette figure est le point *I*.

7 **Réponse b.** On donne les minutes + *to* + heure suivante (5 h 40 = six heures moins vingt).

8 **Réponse a.** Une des façons de proposer.
b. s'écrirait "Let's play" et **c.** "I'd rather play".

9 **Réponse b.** La guerre de Cent Ans se termine sous Charles VII.

10 **Réponse b.** La sous-nutrition chronique concerne 850 millions de personnes dans le monde.

Séquence 6

FRANÇAIS (pages 56-57)

1 Les premiers dessins mystérieux sont apparus dans des champs du sud de l'Angleterre.

2 Dans un premier temps, on imagine que les dessins pourraient être des messages codés envoyés par des extraterrestres ou bien des traces d'atterrissage de soucoupes volantes.

3 David Chorley et Doug Bower, deux farceurs anglais, sont les premiers auteurs des mystérieux dessins.

4 **a.** **extra**terr**estre** ; **b.** **in**croy**able** ; **c.** **at**terr**issage** ; **d.** apoli**tique** ; **e.** **anti**mite ; **f.** farc**eur** ; **g.** plaisant**erie** ; **h.** **in**vis**ible** ; **i.** **sou**coupe.

5 **Asocial, analphabète, illettré, irréfléchi** commencent par un préfixe privatif.

Le préfixe privatif (ou négatif) permet de créer l'**antonyme** (contraire) d'un mot : *visible* et *invisible* sont deux antonymes.

6 **a.** Nous pouvons nous interrog**er** sur les dessins soi-disant laiss**és** par des extraterrestres.

b. Ces dessins ont été trac**és** par deux farceurs.

c. Il faut se méfi**er** des explications trop rapidement donn**ées**.

N'oublie pas d'accorder le participe passé avec le mot auquel il se rapporte.

7 Les verbes à la voix passive sont soulignés, les deux compléments d'agent sont en gras.

a. Le blé <u>a été couché</u> sur le sol.

b. Les extraterrestres ont débarqué.

c. La figure <u>avait été tracée</u> **par des inconnus** il y a longtemps.

d. Les blés <u>étaient écrasés</u> à cet endroit.

e. Le fermier a moissonné son champ.

f. Le message <u>a été envoyé</u> **par un vaisseau spatial.**

Le complément d'agent est le plus souvent introduit par la préposition « par » et il effectue l'action.

8 **a.** Il est trompé : présent de l'indicatif

b. Il sera tracé : futur de l'indicatif

c. Il a été pris : passé composé de l'indicatif

d. Il était connu : imparfait de l'indicatif

Pour identifier le temps d'une forme passive, il suffit de regarder le temps de l'auxiliaire.

9 **a.** célèbre tableau : sujet du verbe « peindre ».

« Ce célèbre tableau » est un groupe nominal avec la fonction de sujet.

b. par Léonard de Vinci : complément d'agent du verbe « peindre »

c. l' : COD du verbe « admirer »

MATHS (pages 58-59)

1 **a** • Il faut calculer + **14** – (– **63).**
• + 14 – (– 63) = + 14 + 63 = 77.
Auguste est mort à 77 ans.

b 54 – 64 = – 10 : **l'empereur Claude est né en** – **10 av. J.-C.**

2

abscisse du point de départ	déplacement	abscisse du point d'arrivée	calcul
– 2	+ 5	+ 3	– 2 + 5 = + 3
– 3	+ 4	**+ 1**	**– 3 + 4 = + 1**
+ 4	– 6	**– 2**	+ 4 – 6 = – 2
– 5	+ 2	**– 3**	**– 5 + 2 = – 3**
– 1	– 2	**– 3**	**– 1 – 2 = – 3**
+ 3	+ 4	**+ 7**	**+ 3 + 4 = + 7**
+ 4	**– 5**	**– 1**	+ 4 – 5 = – 1

3 • A = – 4 + 5 : règle n° ④ et A = + **1.**
• B = – 6 – 4 : règle n° ② et B = – **10.**
• C = + 3 – 7 : règle n° ③ et C = – **4.**
• D = 3 + 9 : règle n° ① et D = + **12.**
• E = – 14 – 20 : règle n° ② et E = – **34.**

Les résultats positifs peuvent être écrits sans le signe « + ». On a ainsi A = 1 et D = 12.

4 **a** On a : – 63 + 53 = – 10.
La construction a débuté en – 10 (av. J.-C.).

b On a : – 10 + 17 = 7.
La construction s'est achevée en + 7 (ap. J.-C.).

5 • A = 5 + (– 6) = – **1.**
• B = – 3 – (– 7) = – 3 + 7 = + **4.**
• C = 4 – (+ 6) = 4 – 6 = – **2.**
• D = – (– 7,5) – (+ 4,5) = 7,5 – 4,5 = + **3.**

Les résultats positifs peuvent être écrits sans le signe « + ». On a ainsi B = 4 et D = 3.

6 • E = 23 – (32 – 14) = 23 – 18 = **5.**
• F = (– 9 + 4) + (11 – 6) = – 5 + 5 = **0.**
• G = (– 13 + 11) – (5 – 7) = – 2 – (– 2) = – 2 + 2 = **0.**
• H = – 2 + (– 4 + (– 8)) = – 2 + (– 4 – 8) = – 2 + (– 12)
= – 2 – 12 = – **14.**

7 On a : + 11 – 17 = – 6.
La température au sommet est – 6 °C.

8 I = – (32,4 – 17,6) + (– 21,3 + 12,2)
= – 14,8 + (– 9,1) = –14,8 – 9,1 = – **23,9.**
J = – 4,9 – (11 – 8,2) + (7,3 – 22,5)
= – 4,9 – 2,8 + (– 15,2) = – 7,7 – 15,2 = – **22,9.**

9 On a : – 1 000 + 1 100 – 1 300 + 1 200
= + 100 – 100 = 0.
Le libraire n'a ni gagné ni perdu d'argent.

Dans une succession de sommes et de différences, on peut regrouper les termes comme on le souhaite.

10

8	– 1	– 10	**6**	**– 3**
5	– 4	**12**	**– 2**	– 11
2	**– 12**	**4**	– 5	11
– 6	**10**	1	– 8	3
– 9	7	– 7	9	**0**

ANGLAIS (pages 60-61)

Traduction du titre et du texte d'ouverture

Un roi épouvantable !

Jim et Meg visitent le musée du Louvre. Ils s'arrêtent devant un portrait. Il s'agit d'une aquarelle.
Jim – Qui est cette dame ?
Meg – Laisse-moi regarder… C'est Anne de Clèves.
Jim – Je l'aime bien ! Qui a peint ce portrait ?
Meg – C'est Holbein. C'était un peintre très célèbre. Le roi Henri VIII a pensé qu'Anne était belle sur le tableau, aussi il a décidé de l'épouser.
Jim – Oui, je m'en souviens maintenant. Il n'a pas aimé le visage de la vraie princesse donc il a divorcé très rapidement. Mais elle a eu beaucoup de chance tu sais, parce qu'il a eu six épouses, et deux d'entres elles ont été exécutées. Les pauvres reines !
Meg – Je l'ai appris à l'école : divorcée, décapitée, morte, divorcée, décapitée, survivante… Quel roi épouvantable !

1 **a.** The lady in the portrait is called **Anne of Cleves.** (l. 2)

b. The portrait was painted by **Holbein.** (l. 4)

c. King **Henry VIII** married Anne. (l. 4 à 6)

d. Henry VIII had **six** wives. (l. 9)

2 **a.** This picture is a <u>drawing.</u>
painting
ou **watercolour**

b. It shows a <u>landscape</u> of a princess.
a portrait

c. The <u>photographer</u>, Holbein, is very famous.
painter

d. The <u>mosaic</u> is in the Louvre Museum.
painting
ou **watercolour**

3 a. <u>Did</u> you go to the museum yesterday? Yes, **I did.**

b. <u>Did</u> your friends go with you? No, **they didn't**.

c. <u>Did</u> you enjoy it? Yes, **I did.**

Faire des réponses courtes commençant par "Yes" ou "No" ne présente aucune difficulté : l'auxiliaire à utiliser est déjà dans la question.

4 a. Henry VIII **was** born in 1491. Prétérit du verbe *be*.

b. He **lived** in England. Prétérit régulier, terminaison en *-ed*.

c. He **died** in 1547. Prétérit régulier, terminaison en *-ed*.

5 a. **What** (qu'est-ce que) **did you know?** (the story)

b. **When** (quand) **did you read a book about him?** (last year)

c. **Who** (qui) **was a great king but not a very nice man?** (he)

d. **Where** (où) **did he live?** (in England)

Il fallait penser à déplacer le prétérit sur l'auxiliaire "did" et à utiliser la base verbale. Dans la phrase c., "was" est le prétérit de "be".

6 a. He died **five centuries ago.** De 1547 à notre époque = cinq siècles.

b. I watched *The Tudors* **a year ago.** L'an dernier = il y a un an.

c. I saw his portrait **two months ago.** En mai = il y a deux mois (dans l'exercice du moins).

Il fallait surtout penser à mettre "ago" en dernier. N'oublie pas que l'on ne l'utilise qu'avec le prétérit.

SVT (page 62)

1 a. **pauvre** ; **riche**. b. **riche** ; **pauvre**. c. **riche** ; **pauvre.**

2 a. et b.

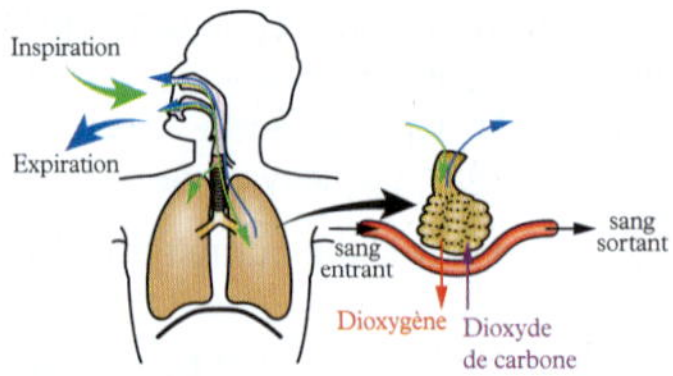

c. Le **sang entrant** est pauvre en dioxygène et riche en dioxyde de carbone. Le **sang sortant** est riche en dioxygène et pauvre en dioxyde de carbone.

d. Ce sang va jusqu'au cœur où il sera projeté vers l'ensemble des organes pour les approvisionner en dioxygène.

CHIMIE (page 63)

1 Le glaçon est solide. Il a un volume propre et une forme propre. Il ne va pas prendre la forme du verre.

Après la fusion, l'eau est liquide. Elle a un volume propre mais pas de forme propre. Elle va prendre la forme du verre.

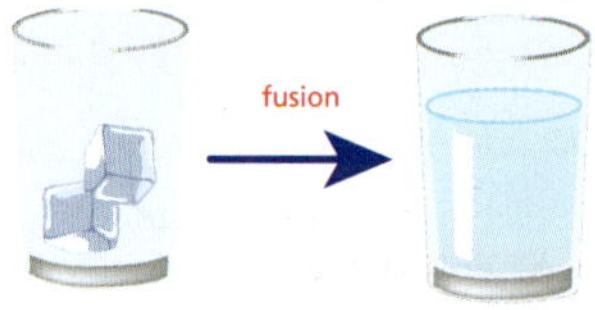

2 a. solidification ; b. liquéfaction.

3 a. L'eau passe de l'état liquide à l'état solide : c'est une solidification.

b. La masse ne varie pas lors du changement d'état d'un corps pur. La masse de glaçons sera donc de 250 g.

c. Lors de la solidification, le volume varie. Dans le cas de la solidification de l'eau, le volume augmente.

4 a. Le graphique montre un palier de température. La température reste constante lors de ce changement d'état. Il s'agit donc d'un corps pur.

b. La température de solidification de cette substance est de – 5 °C.

Bilan Séquence 6 (page 64)

1 **Réponse c.** « à ton frère » est COI du verbe « ressembler » *(ressembler à qui ?)* et « tout de suite » est un complément circonstanciel de temps.

2 **Réponse a.** Le verbe est au passé composé passif et l'action est effectuée par le complément d'agent « par les voisins ».

3 **Réponse c.** Le verbe est à la voix passive (passé composé passif) et le complément d'agent effectue l'action : c'est le farceur qui a tracé les dessins.

4 **Réponse b.** Pour – 7 + 3, le signe du résultat est « – », car c'est celui devant la plus grande distance à zéro et on soustrait la plus petite distance à zéro (ici, 3) de la plus grande (ici, 7). On obtient – 4.

5 **Réponse b.** On utilise les règles :
$-(+a) = +(-a) = -a$
et $-(-a) = +a$.
On a : $-(+4) + (-2) - (-5) = -4 - 2 + 5$.

6 **Réponse b.** La somme de – 5 et de + 3 est $-5 + (+3)$, soit $-5 + 3$. Le signe du résultat est « – », car c'est celui devant la plus grande distance à zéro et on soustrait la plus petite distance à zéro (ici, 3) de la plus grande (ici, 5). On obtient – 2.

7 **Réponse c.** Prétérit. Forme interrogative : *did* + sujet + base verbale.

8 **Réponse c.** Prétérit irrégulier de "have". La réponse **b.** serait illogique *(elle était un chien)*.

9 **Réponse b.** Le cœur est un organe creux.

10 **Réponse b.** Lors de la vaporisation d'un corps pur la température ne varie pas.

Séquence 7

FRANÇAIS (pages 66-67)

1 Harold Bulman est un journaliste spécialisé dans les affaires concernant l'armée et l'espionnage.

2 Les phrases interrogatives et de forme exclamative expriment la surprise et le désarroi du personnage qui ne comprend pas ce qui lui arrive.

3 Au début, Bulman est troublé parce qu'il a perdu ce qui définit son identité : ses cartes de crédit, sa voiture, son téléphone.
À la fin, le journaliste est troublé parce qu'il vient d'apprendre qu'on le considère comme mort, ce qui explique ses problèmes du début avec sa carte de transport ou son téléphone mobile.

4 **a.** **4.** un roi : régicide ; **b.** **5.** son père : parricide ; **c.** **2.** sa mère : matricide ; **d.** **3.** son frère : fratricide ; **e.** **1.** un peuple : génocide.

5 Smith et Smith, journaliste**s** indépendant**s** spécialis**és** dans les affaires concernant l'armée et l'espionnage, **ont** été retrouv**és** mort**s** hier dans **leur** domicile londonien.

Le participe passé employé avec l'auxiliaire « être », notamment à la voix passive (« ont été retrouvés »), s'accorde avec le sujet.

6 **a.** On l'avait dépouillé : plus-que-parfait de l'indicatif

b. Il est parti : passé composé de l'indicatif

c. Elle est suivie : présent de l'indicatif (voix passive : on ne regarde que le temps de l'auxiliaire)

d. Elle fut sortie : passé antérieur de l'indicatif

Il faut bien distinguer un verbe à la voix passive d'un verbe (*partir*, *sortir*) qui se conjugue avec l'auxiliaire « être » à la voix active.

7 **a.** Je me souviendrai <u>de cette étrange affaire</u>.

b. J'ai participé <u>à l'enquête</u> avec intérêt.

c. Le journaliste poignardé ressemble <u>à un de leurs amis</u>.

d. Ils <u>lui</u> ont envoyé un message.

e. Je vais <u>leur</u> demander s'ils ont eu des nouvelles.

Certains verbes, comme « envoyer » ou « demander », peuvent être complétés à la fois par un COD et un COI.

MATHS (pages 68-69)

1 **a** Comme on a 17 > 16, on a aussi $\frac{17}{5} > \frac{16}{5}$, donc **c'est Manon qui a parcouru la plus grande distance.**

b • Les distances parcourues sont :

– pour Lucas, $13 \times \frac{4}{5} = \frac{13 \times 4}{5} = \mathbf{\frac{52}{5}}$,

– et pour Enzo, $9 \times \frac{6}{5} = \frac{9 \times 6}{5} = \mathbf{\frac{54}{5}}$.

• Comme 54 > 52, **c'est Enzo qui est allé le plus loin.**

Pour comparer des fractions de même dénominateur, il suffit de comparer les numérateurs.

2 • $\frac{26}{12} = \frac{2 \times 13}{2 \times 6} = \mathbf{\frac{13}{6}}$. • $\frac{27}{18} = \frac{9 \times 3}{9 \times 2} = \mathbf{\frac{3}{2}}$.

• $\frac{15}{21} = \frac{3 \times 5}{3 \times 7} = \mathbf{\frac{5}{7}}$. • $\frac{35}{10} = \frac{5 \times 7}{5 \times 2} = \mathbf{\frac{7}{2}}$.

• $\frac{50}{80} = \frac{5 \times 10}{8 \times 10} = \mathbf{\frac{5}{8}}$. • $\frac{18}{42} = \frac{6 \times 3}{6 \times 7} = \mathbf{\frac{3}{7}}$.

3 • $\frac{9}{13} > \frac{7}{13}$, car $9 > 7$.

• $\frac{7}{8} > \frac{13}{16}$, car $\frac{7}{8} = \frac{7 \times 2}{8 \times 2} = \frac{14}{16}$ et $14 > 13$.

On pouvait aussi calculer les valeurs décimales des fractions pour les comparer.

• $\frac{5}{11} < \frac{7}{13}$, car $\frac{5}{11} = 0{,}45$ et $\frac{7}{13} = 0{,}54$.

4 **a** $\mathbf{\frac{27}{5}}$ **représente la longueur de la part en vert et** $\mathbf{\frac{14}{3}}$ **représente sa largeur.**

b $\frac{27}{5} \times \frac{14}{3} = \frac{3 \times 9 \times 14}{5 \times 3} = \frac{126}{5}$.

L'aire de la part en vert est $\mathbf{\frac{126}{5}}$ **cm².**

On décompose avec des nombres plus petits et on simplifie avant d'effectuer les produits.

5 **a** $\frac{3}{8} \times \frac{7}{4} = \frac{3 \times 7}{8 \times 4} = \mathbf{\frac{21}{32}}$.

b $\frac{11}{4} \times \frac{3}{5} = \frac{11 \times 3}{4 \times 5} = \mathbf{\frac{33}{20}}$.

c $\frac{21}{20} \times \frac{5}{7} = \frac{3 \times 7 \times 5}{4 \times 5 \times 7} = \mathbf{\frac{3}{4}}$.

On décompose en produit de petits nombres afin de simplifier avant d'effectuer les produits.

d $\frac{15}{42} \times \frac{2}{5} = \frac{3 \times 5 \times 2}{7 \times 2 \times 3 \times 5} = \mathbf{\frac{1}{7}}$.

Quand on peut simplifier tous les facteurs au numérateur, alors on rajoute un facteur 1 pour donner le résultat.

e $\frac{44}{15} \times \frac{27}{32} \times \frac{4}{21} = \frac{4 \times 11 \times 3 \times 3 \times 3 \times 4}{3 \times 5 \times 4 \times 4 \times 2 \times 3 \times 7} = \frac{11 \times 3}{5 \times 2 \times 7} = \mathbf{\frac{33}{70}}$.

6 **a** **La moitié du tiers d'un gâteau de 600 g, c'est :**
$\frac{1}{2} \times \frac{1}{3} \times 600 = \frac{2 \times 3 \times 100}{2 \times 3}$, soit **100 g**.

b **Les deux tiers des trois quarts d'un paquet de 50 bonbons sont :** $\frac{2}{3} \times \frac{3}{4} \times 50 = \frac{2 \times 3 \times 2 \times 25}{3 \times 2 \times 2}$, soit **25 bonbons.**

7 $\frac{2}{11} \times \frac{7}{2} \times \frac{5}{3} \times \frac{17}{13} \times \frac{11}{17} \times \frac{13}{5} \times \frac{3}{7} = \mathbf{1}$.

Tous les facteurs se simplifiant, le produit des numérateurs est égal au produit des dénominateurs et le quotient vaut 1.

8

	$\mathbf{\frac{225}{64}}$		
	$\mathbf{\frac{35}{32}}$	$\mathbf{\frac{45}{14}}$	
$\frac{7}{12}$	$\mathbf{\frac{15}{8}}$	$\mathbf{\frac{12}{7}}$	
$\mathbf{\frac{2}{3}}$	$\frac{7}{8}$	$\frac{15}{7}$	$\frac{4}{5}$

MATHS (pages 70-71)

1 **a** • **Les points ① et ⑦ sont symétriques par rapport à *O*, ainsi que les points ④ et ⑩.**
• On en déduit que **les droites (①-④) et (⑦-⑩) sont parallèles.**

Deux droites symétriques par rapport à un point sont parallèles.

b **Les segments [①-④] et [⑦-⑩] sont symétriques par rapport à *O*, ainsi que les segments [④-⑤] et [⑩-⑪].**

Deux segments symétriques ont la même longueur.

2 ① Les segments ***[AB]*** et ***[CD]*** sont symétriques par rapport à *O*.
② Si deux segments sont **symétriques,** alors ils ont la même longueur.
③ On a donc ***CD*** = ***AB***, soit ***CD*** = **2 cm.**

3 **a** • **L'aire du carré est** $1{,}5 \times 1{,}5$, soit **2,25 dm².**
• **L'aire du quart de disque est** $\frac{1}{4} \times \pi \times 1{,}5 \times 1{,}5$, soit **1,77 dm²** à 0,01 dm² près.
• **L'aire du triangle *ABC* est** $\frac{AB \times AC}{2} = \frac{2 \times 1{,}5}{2}$, soit **1,5 dm².**

L'aire d'un carré de côté *a* est $a \times a$.
L'aire d'un disque de rayon *r* est $\pi \times r \times r$.
L'aire d'un triangle de base *b* et de hauteur *h* est $\frac{b \times h}{2}$.

b On a $2 \times (2{,}25 - 1{,}77 + 1{,}5) = 3{,}96$.
L'aire totale du cerf-volant est de 3,96 dm².

On soustrait l'aire du quart de disque à celle du carré, puis on ajoute l'aire du triangle *ABC* pour obtenir l'aire de la partie bleue. On multiplie par deux, car le cerf-volant est symétrique par rapport à (*d*) et deux figures symétriques ont la même aire.

4 ① Les **angles** $\widehat{x'O'y'}$ **et** $\widehat{xOy}$ sont symétriques par rapport à ***I***.
② Si deux **angles sont symétriques,** alors ils ont la même **mesure.**
③ On a donc $\widehat{x'O'y'} = \widehat{xOy}$, soit $\widehat{x'O'y'} = \mathbf{25°}$.

5 *I* est un point de (*AB*), donc les points *I*, *A* et *B* sont alignés.
J, *C* et *D* sont leurs symétriques par rapport à *O*.
Si des points sont alignés, alors leurs symétriques sont alignés.
Les points *J*, *C* et *D* sont alignés, donc ***J* est sur (*CD*).**

6 **a** $A = 11 \times 11 = \mathbf{121}$.
$B = 111 \times 111 = \mathbf{12\,321}$.
$C = 1\,111 \times 1\,111 = \mathbf{1\,234\,321}$.
$D = 11\,111 \times 11\,111 = \mathbf{123\,454\,321}$.
$E = 111\,111 \times 111\,111$
$= \mathbf{12\,345\,654\,321}$.
Ces nombres sont bien des palindromes.

b On peut continuer ainsi trois fois.
$1\,111\,111 \times 1\,111\,111 = \mathbf{1\,234\,567\,654\,321}$.
$11\,111\,111 \times 11\,111\,111 = \mathbf{123\,456\,787\,654\,321}$.
$111\,111\,111 \times 111\,111\,111$
$= \mathbf{12\,345\,678\,987\,654\,321}$.

ANGLAIS (pages 72-73)

Traduction du titre et du texte d'ouverture

Une super sortie !
Nathan, Dorian et leur petite sœur sont dans un parc d'attractions. C'est une super sortie.
Nathan – Adventureland, nous voilà !
Marylee – C'est vrai ! Qu'allons-nous faire d'abord ? Les tasses-toupies d'Aliette ?
Nathan – Tu veux rire ! C'est pour les bébés ! Nous voulons quelque chose de plus passionnant ! Commençons par les Pirates de la Barbade. J'adore la chute d'eau.
Dorian – Oh, non ! La Rivière oubliée est plus drôle et plus rapide aussi ! On sera peut-être mouillés...
Nathan – OK ! Et ensuite, la Tour de l'Apocalypse : tu ne peux pas faire une attraction plus effrayante ! Cette attraction est vraiment dingue !
Une heure plus tard...
Marylee – Ouf ! Là maintenant, il me faut quelque chose de plus calme ! Que diriez-vous de l'Île des fées ? Il n'y a rien de plus beau que la vue de la campagne depuis cette attraction !
Dorian – Allez !!! Le Château hanté est bien mieux que ton Île des fées ! Ça, ça sera drôle ! Allons-y !
Marylee – Oh ! là, là ! Vous êtes trop hardis pour moi ! Je vais vous attendre...

1 **a.** Il faut barrer ~~more interesting~~. Aliette's spinning teacups are **quieter** than Pirates of the Barbados. (l. 4-6)

b. Il faut barrer ~~slower~~. The Forgotten River is **faster** than Pirates of the Barbados. (l. 7-8)

c. Il faut barrer ~~romantic~~. Nathan and Dorian are **daring** boys. (l. 21)

2 **a.** Marylee is not **as courageous** as the boys.

En plus du sens, c'est la seule proposition qui aille avec "as the boys".

b. For Dorian, the Haunted Castle is **better** than the Fairy Island.

c. Marylee is **younger** than the boys. C'est leur petite sœur.

3 **a.** Lauren didn't speak with anybody at the party; she's too **shy**.

b. Still in bed at 11 o'clock! What a **lazy** boy!

c. You can never criticize Kate, she's very **touchy**.

4 **a.** RB is **more ferocious** than BB. (adjectif long)

b. BB is **uglier** than RB. (adjectif court + modification orthographique)

c. RB is **worse** than BB. (adjectif irrégulier)

Quand tu construis une phrase, n'oublie pas le verbe ni la préposition qui introduit l'élément de comparaison (ici, "than").

5 **a.** A rhino is **not as heavy as** an elephant.

Il ne faut pas oublier de remettre un "y" à la fin de l'adjectif.

b. Long John Silver was **not as bad as** Captain Kidd.

c. English is **not as difficult as** Chinese.

6 **a.** This exercise is very easy! **These** exercise**s** **are** very easy!

b. Whose pen is this? It's mine. Whose pen**s** **are these**? **They're** mine.

c. Look at that bird in the tree. Look at **those** birds in the tree(s).

Il ne faut pas oublier d'accorder le verbe avec le sujet maintenant au pluriel dans les phrases a. et b. Les adjectifs sont invariables en anglais ("easy" dans la phrase a.) ainsi que les pronoms possessifs ("mine" dans la phrase b.)

HISTOIRE (page 74)

1 1) Bartolomeu Dias – 2) Christophe Colomb – 3) Vasco de Gama – 4) Magellan et Elcano.

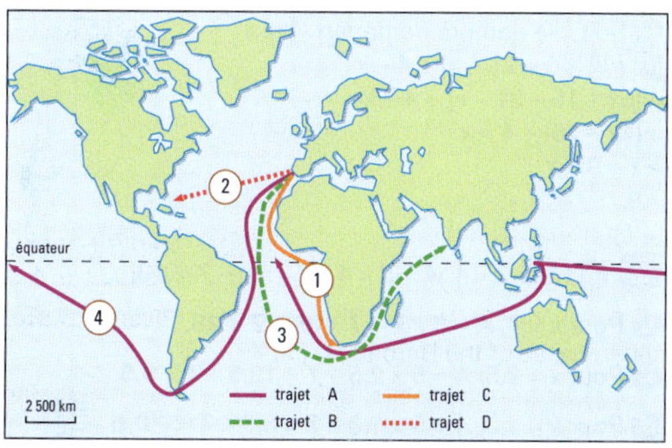

b. L'expédition de Magellan et Elcano fait le tour de la Terre, ce qui est la preuve de sa rotondité.

c. C'est Vasco de Gama, qui a fait le voyage aller-retour des Indes et qui en a rapporté des épices.

2 **a.** Le roi de France se sent encerclé par les territoires de Charles Quint (Espagne et Saint Empire). Par son alliance avec Soliman, il prend le Saint Empire en tenaille.

b. Charles Quint trouve scandaleux qu'un roi « très chrétien » s'allie à un prince musulman contre lui. Au contraire, Charles Quint voudrait diriger une nouvelle croisade contre Soliman.

GÉOGRAPHIE (page 75)

1 **a.**

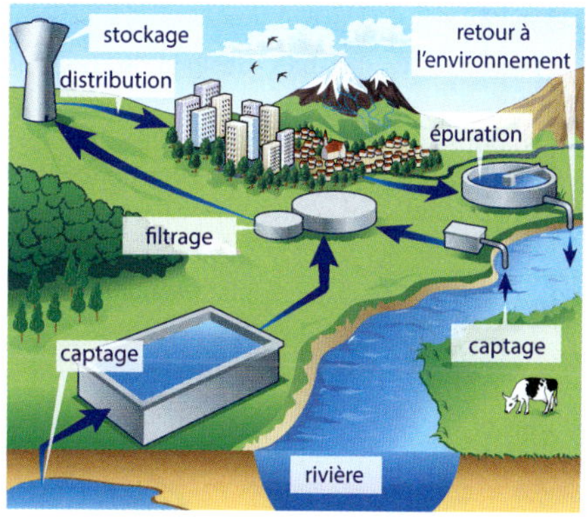

2 **a.** De 1940 à 2020, la consommation mondiale d'eau a été multipliée par **4,7**.

b. Le secteur économique qui consomme le plus d'eau est **l'agriculture**. L'augmentation de sa consommation est liée à l'augmentation des terres cultivées et à l'essor de l'**irrigation**.

c. L'augmentation de la consommation **domestique** et **urbaine** est liée à la croissance de la population et des besoins dans les villes.

Bilan Séquence 7 (page 76)

1 **Réponse b.** Le verbe « donner » admet deux compléments d'objet de construction différente : *donner* quoi ? (« un billet d'entrée » : COD du verbe « donner ») et *donner* à qui ? (« à Paul » : COI du verbe « donner »).

2 **Réponse a.** Au futur antérieur, l'auxiliaire est au futur. Le verbe **b.** est au conditionnel passé, le verbe **c.** au conditionnel présent.

3 **Réponse c.** La fraction est égale à $\frac{3}{7}$ est $\frac{15}{35}$, car on a $\frac{15}{35} = \frac{5 \times 3}{5 \times 7} = \frac{3}{7}$. Les deux autres fractions $\frac{23}{27}$ et $\frac{43}{100}$ ne peuvent pas être simplifiées.

4 **Réponse b.** $\frac{3}{5} \times \frac{25}{12} = \frac{3 \times 5 \times 5}{5 \times 3 \times 4} = \frac{5}{4}$.
Pour multiplier des fractions, on multiplie les numérateurs entre eux et on multiplie les dénominateurs entre eux. N'oublie pas de simplifier.

5 **Réponse c.** Une symétrie conserve les longueurs. Les cercles (*C´*) et (*C*) ont le même rayon 4 cm. Un diamètre de (*C´*) mesure 2 × 4 cm, soit 8 cm.

6 **Réponse a.** La figure *F* et son symétrique *F´* ont la même aire, car une symétrie conserve les aires. L'aire de *F* est la moitié de l'aire totale, soit 7 cm^2 ÷ 2, c'est-à-dire 3,5 cm^2.

7 **Réponse a.** Le complément d'un comparatif de supériorité est introduit par "than".

8 **Réponse b.** Comparatif irrégulier ("best" est le superlatif).

9 **Réponse b.** Le ban désigne le pouvoir du seigneur.

10 **Réponses b. et c.** L'accès à l'eau potable est généralisé dans les pays riches et très contrasté dans les pays du Sud.

Séquence 8

FRANÇAIS (pages 78-79)

	mot d'origine	sens à l'origine
a. chemise :	qamis	tunique
b. jupe :	giubba	robe d'homme
c. chiffre :	sifr	vide
d. hasard :	zahr en-nard	dé à jouer
e. assassin :	hashashi	fumeur de haschisch

2 Les chiffres arabes viennent d'un livre indien qui a été ensuite traduit en arabe.

3 Le zéro n'existe pas dans le système des chiffres romains.

4 a. **4.** parking : anglais ; b. **3.** bougie : arabe ; c. **5.** ravioli : italien ; d. **6.** judo : japonais ; e. **2.** hypothèse : grec ; f. **1.** rébus : latin.

La grammaire française et une grande partie du lexique sont issus du latin mais les emprunts à d'autres langues sont nombreux.

5 a. 300 : trois cents → 3 × 100
b. 96 : quatre-vingt-seize → **vingt** est suivi par un nombre
c. 880 : huit cent quatre-vingts → 4 × 20
d. 2020 : deux mille vingt → **vingt** n'est pas multiplié

Soit on met un trait d'union entre les mots qui servent à écrire un nombre inférieur à cent ; soit on en met un entre tous les mots qui composent le nombre (nouvelle orthographe).

6 a. « issue » s'accorde avec « partie » ; b. « apparue » s'accorde avec « barre »

7 a. **Une** grande partie **du** vocabulaire de **nos** garde-robes vient de **l'**arabe.

b. Il a écrit **un** livre pour promouvoir **cette** façon de penser.

c. **La** barre de fraction est apparue **au** Maghreb.

d. Quand je demande **du** café, j'emploie **un** mot arabe.
phrase a – **une** : article indéfini ; **du** : article défini contracté ; **nos** : déterminant possessif ; **l'** : article défini élidé
phrase b – **un** : article indéfini ; **cette** : déterminant démonstratif
phrase c – **la** : article défini ; **au** : article défini contracté
phrase d – **du** : article partitif (un peu de café) ; **un** : article indéfini

Pour faire la différence entre « du » article partitif (*du café*) et « du » article défini contracté, il faut le remplacer par « un peu de ». Si cela a un sens, il s'agit d'un article partitif.

MATHS (pages 80-81)

1 **a** Prenons un exemple.
- Choisis un nombre : **11.**
- Ajoute 3 à ce nombre : 11 + 3 = **14.**
- Multiplie la somme par 5 : 14 × 5 = **70.**
- Ajoute 21 au produit : 70 + 21 = **91.**
- Soustrais le nombre de départ : 91 – 11 = **80.**
- Divise le résultat par 4 : 80 ÷ 4 = **20.**
- Soustrais le nombre de départ : 20 – 11 = **9.**

b Soit x le nombre de départ. On a :
$[(x + 3) \times 5 + 21 - x] \div 4 - x$
$= [5x + 15 + 21 - x] \div 4 - x$
$= [4x + 36] \div 4 - x$
$= x + 9 - x$
$= 9.$

2 **a** Pour $x = 4$, $A = 5 \times 4 - 7 = 20 - 7 =$ **13.**

b Pour $x = 7$, $A = 5 \times 7 - 7 = 35 - 7 =$ **28.**

c Pour $x = 2{,}5$, $A = 5 \times 2{,}5 - 7 = 12{,}5 - 7 =$ **5,5.**

d Pour $x = 1{,}3$, $A = 5 \times 1{,}3 - 7 = 6{,}5 - 7 =$ **– 0,5.**

3 **a** $5 \times a =$ ***5a*.**

b $7 \times b - 3 =$ **$7b - 3$.**

c $a \times b =$ ***ab*.**

d $1 \times a =$ ***a*.**

e $4 \times (2 + x) =$ **$4(2 + x)$.**

f $2 \times 5 \times (x + 2) =$ **$2 \times 5(x + 2)$.**

4 **a** Si le nombre choisi est 7, on calcule :
$(7 \times 3 + 30) \times 3 + 7$ et on obtient **160**.

b • Soit x le nombre choisi. On calcule :
$(x \times 3 + 30) \times 3 + x$, soit $9x + 90 + x$.
On obtient $10x + 90$.
• Si le résultat est 240, on veut avoir :
$10x + 90 = 240$, soit $10x = 240 - 90$.
On a $10\,x = 150$,
d'où $x = 150 \div 10$.
Le nombre de départ était 15.

5 **On regroupe :**
A $= 5(x + 3) = 5x + 15$ **et *F*** $= 5x + 15$;
B $= 3(x - 5) = 3x - 15$ **et *D*** $= 3x - 15$;
C $= (5 - x) \times 3 = 15 - 3x$ **et *E*** $= 15 - 3x$.

Passer de $a(b + c)$ à $ab + ac$, c'est développer.

6 Le périmètre du triangle est $3x + 5 - x + 2$, soit $2x + 7$.
Le périmètre du rectangle est $2{,}5 + x + 1 + 2{,}5 + x + 1$, soit $2x + 7$.
Les deux figures ont le même périmètre.

Le périmètre d'une figure est la somme des longueurs des différents côtés.

7 **a** Pour $x = 4$, $A = 7 \times 4 + 2 = 30$.
Pour $x = 4$, $B = 9 \times 4 = 36$.
Les expressions *A* et *B* ne sont pas égales.

b Pour $x = 0$, $A = 11 \times 0 - 5 \times 0 = 0$.
Pour $x = 0$, $B = 6$.
Les expressions *A* et *B* ne sont pas égales.

c Pour $x = 7$, $A = 7 \times 7 = 49$.
Pour $x = 7$, $B = 2 \times 7 = 14$.
Les expressions *A* et *B* ne sont pas égales.

S'il existe une valeur de l'inconnue pour lesquelles deux expressions ne prennent par la même valeur, alors les expressions ne sont pas égales.

8 **a** On termine par une multiplication par 2, donc le résultat est pair et **il ne peut pas être 2 137**.

b Soit a et b les deux nombres.
On calcule :
$[(a + 2) \times 50 - b] \times 2$,
soit $[50\,a + 100 - b] \times 2$,
ou encore $100\,a + 200 - 2\,b$.
Or, on a $3\,468 = 3\,400 + 200 - 132$
$= 34 \times 100 + 200 - 2 \times 66$
On a aussi :
$3\,468 = 3\,300 + 200 - 32$
$= 33 \times 100 + 200 - 2 \times 16$
Les deux nombres inconnus sont 34 et 66 ou 33 et 16.

MATHS (pages 82-83)

1 **a** Il prend avec la corde la longueur AB, attache une extrémité en D et trace un arc de cercle. Il prend avec la corde la longueur AD, attache une extrémité en B et trace un second arc de cercle qui coupe le premier en un point C. Puis, avec la planche, il trace $[DC]$ et $[CB]$.

b

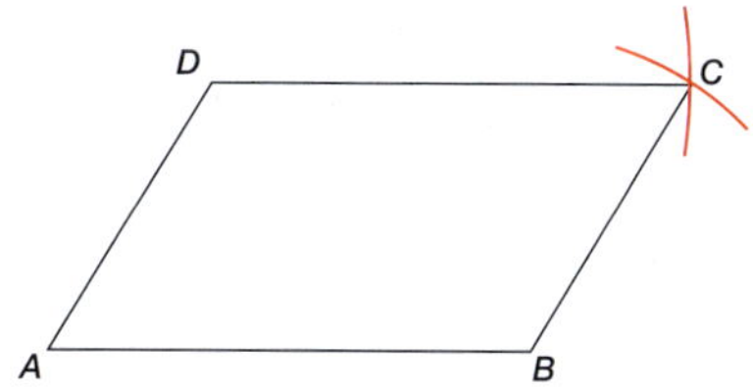

Un arc de cercle de centre O et de rayon r est constitué de points qui sont tous à une distance r de O.

2

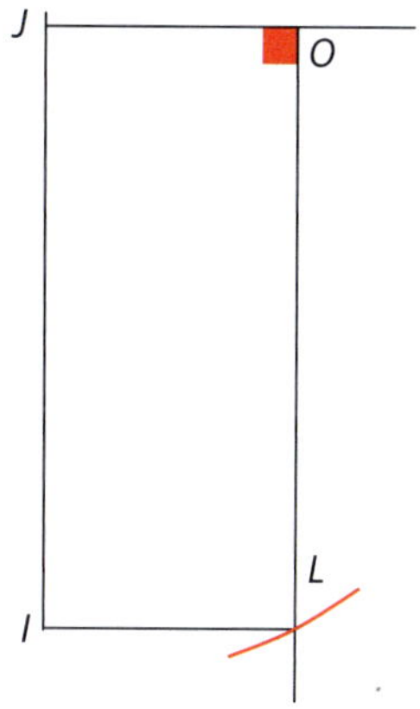

3 **a** F est le milieu des diagonales $[AD]$ et $[BC]$.
Si un quadrilatère a des diagonales de même milieu, alors c'est un parallélogramme.
***ABDC* est toujours un parallélogramme.**

b Par définition du parallélogramme, **les droites (*AB*) et (*DC*) sont donc parallèles.**

c • **Le symétrique par rapport à *F* du point *P*** qui appartient à (AB) **est sur (*DC*)**, la droite symétrique de (AB) par rapport à F.
• **Le symétrique du point *P* par rapport à *F* est *M*.**

4 **a** **La forme géometrique est un parallélogramme dans tous les cas.**

C'est un parallélogramme, car les diagonales ont le même milieu.

b Si les deux tiges sont de même longueur, alors c'est **un rectangle.**

Un parallélogramme avec des diagonales de même longueur est un rectangle.

5 **a**

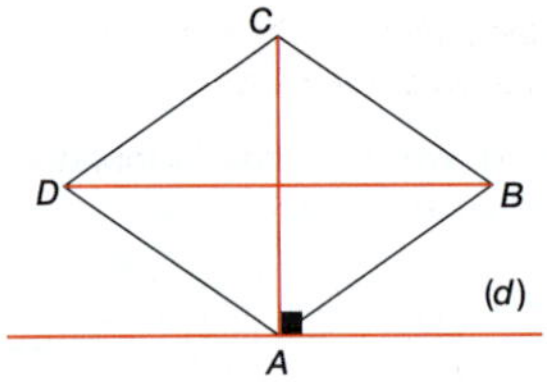

b *ABCD* est un losange.
Si **un quadrilatère est un losange,** alors **ses diagonales sont perpendiculaires.**
Donc **(*AC*)** et (*BD*) sont perpendiculaires.
De plus, **(*d*) est perpendiculaire à (*AC*).**
Si deux droites sont perpendiculaires à une même troisième droite, alors elles sont parallèles entre elles.
Les droites (*d*) et (*BD*) sont parallèles.

ANGLAIS (pages 84-85)

Traduction du titre et du texte d'ouverture

C'est mon rouge à lèvres !

Gill, sa petite sœur Emma et leur cousin Mike sont à la plage. Gill est étonnée. Emma a apporté un énorme sac. Elle l'ouvre.

Gill – Qu'est ce que c'est que ça ! L'écharpe de maman ! Et voilà le polar de mamie… Oh Emma, tu as pris l'appareil photo de nos parents. Et à qui est cette trousse ? Elle est à papa. Et ici nous avons… Emma, c'est mon rouge à lèvres. C'est le MIEN ! Tu n'as pas honte !

Emma – J'en veux aussi. Pourquoi est-ce que ça ne peut pas être notre rouge à lèvres ?

Mike – Hi, hi. Ne fais pas d'histoires Gill ! *(Il regarde dans le sac.)*. Un téléphone ? Quoi ? Tu as pris mon téléphone portable ! Vilaine petite fille…

1 **a.** Emma has got **a big bag**. (introduction)

b. It's **Dad's pencil case**. (l. 3-4)

c. Emma **wants to imitate her big sister**. (l. 6-7)

2 **a.** Roger is Gill and Emma's **uncle**.

b. Mike is Jacky's **nephew**.

c. Gill and Emma are Daniel and Ruth's **grandchildren**.

d. Morris is Jacky's **husband**.

3 **a.** Gill has got a new lipstick, it's **her** lipstick. (rouge à lèvres de Gill)

b. Jacky and Morris are not happy because Emma has got **their** camera. (appareil photo de Jacky et Morris)

c. Dad can't write a letter. Where's **his** pencil case? (trousse de papa)

d. "Give us this camera, Emma. It's **our** camera." (parents dans le texte, représentés par "us")

Pour ne pas se tromper il faut prendre le temps de chercher **qui** possède **quoi**, et ne pas oublier que l'adjectif possessif s'accorde avec le possesseur.

4 **a.** It's my DVD. It's **mine**. (le mien)

b. Mr and Mrs Jones have got a dog. It's **theirs**. (le leur / celui des Jones)

c. These are Gill's sneakers. They're **hers**. (les siens, ceux de Gill)

Comme pour les adjectifs possessifs, il faut chercher **qui** possède **quoi** en n'oubliant pas d'accorder le pronom possessif avec le possesseur.

5 **a.** Whose scarf have you got? **Mum's**. (nom singulier + *'s*)

b. Whose car is this? **Mr Jones's**. (nom singulier terminé par un *-s* + *'s*)

c. Whose camera is in the bag? **The cousins'**. (nom pluriel terminé par un *-s* + ')

Tu remarques que dans les réponses, tu peux t'arrêter après le cas possessif, sans recopier le reste de la phrase.

6 **a.** They are **Morris's children**. (les enfants de Morris)

b. Morris is **the Smiths' son**. (le fils des Smiths)

c. It is **Grandma's thriller**. (le polar de mamie)

Pour ne pas se tromper, il faut toujours se souvenir qu'en anglais l'ordre des mots est le contraire du français : possesseur/cas possessif/possédé.

SVT (page 86)

1 **a.** Vrai. **b.** Faux. **c.** Vrai. **d.** Vrai.

2 **a.** Les producteurs en vert : algue dans l'étang, arbre et massif au bord de l'étang ; Les consommateurs en bleu : poisson et oiseau ; Le milieu physique en jaune : terre et eau.

b. 1. Transfert de matière de consommateur à consommateur ; 2. Transfert d'énergie ; 3. Transfert de matière de producteur à consommateur.

c. Les décomposeurs dans cet écosystème sont au fond de l'étang, dans la vase.

CHIMIE (page 87)

1 **a.** Les solides solubles dans l'eau sont **le sucre (2)** et **le sel (4)**.

b. L'eau forme un mélange hétérogène avec les solides insolubles dans l'eau. **Le sable (1)** et **la terre (3)** forment donc avec l'eau des **mélanges hétérogènes**.

2 Les liquides miscibles avec l'eau sont **l'alcool a)** et **la grenadine c)**.

3 **a.** Le soluté est le **sucre**. Le **solvant** est l'**eau**.

b. La masse se conserve lors de la dissolution. La **masse de la solution** est donc égale à la masse du soluté (sucre : 10 g) + la masse du solvant (eau : 150 g) = **160 g**.

4 **a.** La solubilité du sel dans l'eau est de 365 g/L. Dans 0,5 L d'eau, on peut dissoudre 365/2 = **182,5 g de sel**.

b. **Le sel ne se dissout plus**. La solution est **saturée**.

Bilan Séquence 8 (page 88)

1 **Réponse c.** *Cent* est multiplié mais suivi par un nombre, il ne prend donc pas de **-s** ; *vingt* est multiplié et non suivi par un nombre, il prend donc un *-s* et on peut placer un trait d'union entre tous les mots.

2 **Réponse c.** On peut remplacer *du* par « un peu de » (*Je voudrais un peu de miel*), c'est donc un article partitif.

3 **Réponse b.** Comme il faut multiplier la différence par 7, la soustraction doit être mise entre parenthèses pour être effectuée avant la multiplication.

4 **Réponse c.** $4x + 3 + 2x - 7$ est égal à $6x - 4$. On compte, d'une part, les termes en x ($4x + 2x = 6x$) et, d'autre part, les termes sans x ($3 - 7 = -4$).

5 **Réponse a.** Si un quadrilatère a ses diagonales de même milieu, alors c'est un parallélogramme. Ce parallélogramme a aussi des diagonales de même longueur, donc c'est un rectangle.

6 **Réponse b.** *IJKL* est un losange, donc les diagonales (*IK*) et (*JL*) sont perpendiculaires. Les diagonales n'ont pas forcément la même longueur ; on a, en général, $IK \neq JL$. [*IL*] et [*JK*] sont deux côtés opposés, donc ils n'ont pas le même milieu.

7 **Réponse c.** Pronom possessif qui remplace "John". Le possesseur masculin est "his".

8 **Réponse c.** Adjectif possessif qui remplace "Jack and Gill". 3e personne du pluriel = *their*.

9 **Réponse c.** Les interactions au sein d'un écosystème ont lieu entre les organismes vivants et entre les organismes vivants et le milieu.

10 **Réponse b.** Lors de la dissolution d'un solide dans l'eau, la masse de la solution obtenue est égale à la masse de ses constituants.

Séquence 9

FRANÇAIS (pages 90-91)

1 **a.** La narratrice est roulée dans ses draps. n° 5
b. La narratrice prend le train. n° 1
c. La porte est enfoncée. n° 2
d. La narratrice tombe par terre. n° 3
e. Les Zappeurs montrent une page du calepin. n° 4

2 Parmi les Zappeurs qui entrent dans sa chambre, la narratrice en reconnaît deux : « *le garçon aux oreilles tatouées et l'Homme-Écran, son compère.* » (l. 5)

3 L'emballage désigne le drap dans lequel les kidnappeurs enveloppent la narratrice.

4 « Ficelèrent », « un vulgaire paquet » prolongent la comparaison (l. 24-25).

5 Les lignes 1 à 12 contiennent quatre phrases simples : Je fus arrachée de mon lit. On tira les draps. Je roulai par terre. Deux mains fermes me relevèrent.

6 La dernière phrase du texte contient deux propositions : [Après tout, j'avais] [ce que je désirais].

7 **a.** éteindre : éteinte, éteint ; **b.** surprendre : surprise, surpris ; **c.** partir : partie, parti ; **d.** traduire : traduite, traduit

> Pour connaître la dernière lettre d'un participe passé, il faut le mettre au féminin : *éteint / éteinte*.

8 **a.** Nous avons **acheté** des livres **infectés**.
b. Avez-vous **lu** ces livres ?
c. Ils sont **arrivés** sans prévenir.
d. Elle a **trouvé** un antidote.

> Employé avec l'auxiliaire « avoir », le participe passé ne s'accorde jamais avec le sujet ; il ne s'accorde pas non plus avec le COD si celui-ci est placé après le verbe. Il s'accorde avec le COD si celui-ci est placé devant.

9 **a.** Je voudrais invente**r** un antidote pour sauve**r** les livres qui sont détrui**ts** par le virus.

b. Les livres de science-fiction que j'ai apprécié**s** (accord avec le COD « que » mis pour « les livres ») traitaient de problèmes que j'ai connu**s** (accord avec le COD « que » mis pour « problèmes ») à mon époque.

c. Cette histoire est imaginé**e** par un écrivain qui veut nous faire aime**r** les livres.

> Employé avec l'auxiliaire « être », le participe passé s'accorde avec le sujet : *elle est imaginée*.

10 « fus arrachée » (l. 1) est au passé simple de l'indicatif passif.

> Pour trouver le temps d'un verbe à la voix passive, il suffit de ne considérer que son auxiliaire : « fus » est au passé simple ; « fus arrachée » est donc au passé simple passif.

MATHS (pages 92-93)

1 **a** On a : $\mathbf{4x + 0{,}80 = 3{,}60}$.
b On a : $4 \times 0{,}7 + 0{,}8 = 2{,}8 + 0{,}8 = 3{,}6$.
0,7 est solution de l'équation.
c **Un pain au chocolat coûte 0,70 euro.**

> Attention : bien donner le prix avec deux décimales.

2 **a** x est le nombre qui, ajouté à 23, donne 52 :
$\mathbf{x + 23 = 52}$.
b La somme de 5,7 et de x vaut 13,2 :
$\mathbf{5{,}7 + x = 13{,}2}$.

c x est le nombre qui, soustrait de 37, donne 14 :
37 – x = 14.

d La différence entre 23,7 et x vaut 8,9 :
23,7 – x = 8,9.

3 **a** On a $5 \times 9 = 45$, donc **5 est solution** de $x \times 9 = 45$.

b On a $5 - 8 = -3$, donc **5 est solution** de $x - 8 = -3$.

c On a $12 + 5 = 17$, donc **5 n'est pas solution** de $12 + x = 18$.

d On a $11 - 5 = 6$, donc **5 n'est pas solution** de $11 - x = 5$.

4 Soit x le prix d'un stylo.

a Le prix d'une carte postale est **x + 2.**

b On a : $3 \times 1 + 3(1 + 2) = 3 + 3 \times 3 = 3 + 9 = 12$.
1 est solution de l'équation $3x + 3(x + 2) = 12$.
Un stylo coûte 1 euro et une carte postale coûte 3 euros.

5 **a** $x + 13 = 36$
↘ L'opération est « ajouter 13 ».
L'opération contraire est « **soustraire 13** ».
On fait $x = 36 - $ **13**,
soit $x =$ **23**.
La solution est **23**.

b $3x - 5 = 13$
↘ L'opération est « **soustraire 5** ».
L'opération contraire est « ajouter 5 ».
On fait $3x =$ **13 + 5**,
soit $3x =$ **18**.
↘ **L'opération est « multiplier par 3 ».**
L'opération contraire est « diviser par 3 ».
On fait $x =$ **18 ÷ 3.**
La solution est 6.

6 **a** $23 + x = 45$ s'écrit aussi $x = 45 - 23$;
on a donc $x = 22$. **La solution est 22.**

b $16{,}5 + x = 13{,}7$ s'écrit aussi $x = 13{,}7 - 16{,}5$;
on a donc $x = -2{,}8$. **La solution est – 2,8.**

c $x + 14{,}3 = 22$ s'écrit aussi $x = 22 - 14{,}3$;
on a donc $x = 7{,}7$. **La solution est 7,7.**

7 **a** $32 - x = 15$ s'écrit aussi $x = 32 - 15$;
on a donc $x = 17$. **La solution est 17.**

b $6{,}3 - x = 1{,}8$ s'écrit aussi $x = 6{,}3 - 1{,}8$;
on a donc $x = 4{,}5$. **La solution est 4,5.**

c $14{,}3 - x = -3$ s'écrit aussi $x = 14{,}3 - (-3)$;
on a donc $x = 17{,}3$. **La solution est 17,3.**

8 Si la boîte vide fait 20 g, le pâté pèse 20 g + 230 g, soit 250 g.
La boîte pleine pèse 20 g + 250 g, soit 270 g.
La boîte vide pèse bien 20 g.

MATHS (pages 94-95)

1 **a** Comme il y a trois types d'écritures, il y a **trois issues** à cette expérience.

b Il y a 14 + 32 + 54 lignes en tout, soit 100, dont 14 lignes en hiéroglyphes.
La probabilité de choisir au hasard une ligne en hiéroglyphes est 14/100, soit **0,14**.

2 **a** Il y a 1 carton avec un chiffre impair, donc **1 issue** réalisant l'événement.

b Il y a 3 cartons avec des voyelles, donc **3 issues** réalisant l'événement.

c Il y a 4 cartons avec des voyelles (2 cartons avec la lettre O), donc **4 issues** réalisant l'événement.

3 Parmi les trois modèles de reproduction, deux modèles ont un prix multiple de 3 (9 € et 15 €).
La probabilité que le prix d'un modèle choisi au hasard soit un multiple de 3 est $\frac{2}{3}$.

4 **a** Les différents choix sont : CV – CF – CB – CG – VF – VB – VG – FB - FG – BG.

b Il y a 10 choix pour Manon et une seule possibilité parmi les 10 pour Lucas d'avoir choisi comme sa sœur.
La probabilité est 1/10, soit **0,1**.

c Il n'y a que 3 choix sans fraise et sans banane. La probabilité que Lucas n'ait aucun parfum commun avec sa sœur est 3/10, soit **0,3**.

d « Avoir au moins un parfum commun » est l'événement contraire de « ne pas en avoir ». Sa probabilité est 1 – 0,3, soit **0,7**.

5 Les résultats de cette expérience aléatoire sont : **bleu – blanc – rouge**.

6 **a**

	rollers gris à 87 €	rollers noirs à 99 €
casque à 45 €	**132 €**	**144 €**
casque à 22 €	**109 €**	**121 €**
casque à 29 €	**116 €**	**128 €**

b Il y a 4 cas où le total est inférieur à 130 € parmi 6 possibles.
La probabilité pour que l'ensemble lui coûte moins de 130 € est $\frac{4}{6}$, soit $\frac{2}{3}$.

ANGLAIS (pages 96-97)

Traduction du titre et du texte d'ouverture

Au voleur !

Le week-end dernier, Tom et ses parents sont allés camper dans le parc national de Yosemite. Le soir, le ciel était si beau qu'ils ont décidé d'observer les étoiles.

Pendant qu'ils regardaient les étoiles, Tom s'est endormi alors ils sont tous allés se coucher. Ils dormaient quand une grosse forme a commencé à se déplacer autour de la tente. Tom s'est réveillé et a regardé dehors. Il a vu un ours. Que faisait l'ours ? Il mangeait leur petit déjeuner ! Tom a hurlé « au voleur ! ». L'ours s'est enfui. Les ours aussi aiment les céréales au miel !

1 a. **Faux.** (l. 6)

b. **Vrai.** (l. 10)

c. **Faux.** (l. 10 à 12)

2 a. Where did Tom go last week? Deux réponses possibles : **He went to the Yosemite Park.** ou **He went camping in the Yosemite National Park.**

b. Who fell asleep first, Tom or his parents? Deux réponses possibles : **Tom did.** ou **Tom fell asleep first.**

Dans cette phrase tu avais la possibilité de faire une réponse courte (sujet + auxiliaire) ou une réponse longue.

c. What do bears like? Deux réponses possibles : **They like cereal with honey.** ou **They like honey.**

3 a. Tom **looks** a lot **like** his father. *Tom ressemble beaucoup à son père.*

b. What are you doing? I am **looking for** my keys. *Que fais-tu ? Je cherche mes clés.*

c. **Look out**! There's a car! *Attention ! Voilà une voiture !*

d. Your new phone **looks** very modern! *Ton nouveau téléphone a l'air très moderne !*

4 a. That bear is eating honey. That bear **was eating** honey.

b. These bears are looking at the tourists. These bears **were looking** at the tourists.

c. Is Tom camping in the Yosemite Park? **Was** Tom **camping** in the Yosemite Park?

Pour effectuer ce changement, il suffisait de conjuguer l'auxiliaire "be" au prétérit, sans toucher au reste de la phrase.

5 a. **What were you doing** when the bear arrived? *I was sleeping.*

b. **What did you see** when you woke up? *I saw the bear.*

c. **What was it doing?** *It was eating my breakfast.*

d. **What did you do?** *I yelled.*

Pour choisir entre les deux formes de prétérit dans la question, tu pouvais t'aider des réponses. Le même temps est utilisé dans les questions et les réponses. Les phrases b. et d. sont une révision du prétérit simple (forme interrogative : *did* + base verbale).

6 When Mum **opened** the door, everybody **was** at home: Jimmy **was watching** TV, Marion **was reading** a magazine, Dad **was cooking** dinner. "Hello everybody!", Mum **said**.

Deux actions courtes (elle a ouvert la porte, elle a dit bonjour). Les autres actions étaient en train de se dérouler. N'oublie pas qu'il s'agit de la même différence qu'entre le passé simple ou composé et l'imparfait.

HISTOIRE (page 98)

1 a. – Voyage 1 – Voyage 2 – Voyage 3.

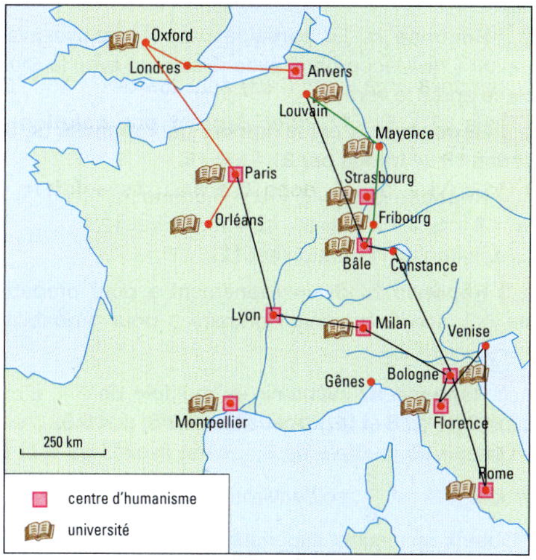

b. Érasme est passé par **11 universités** (14 si l'on compte deux passages à Paris, Bâle et Louvain).

c. Il faisait ces voyages pour **rencontrer les grands intellectuels** de son temps (universités, centres d'humanisme) et enseigner.

2

	catholiques	protestants
Comment gagne-t-on son salut ?	par la foi et par les œuvres	par **la foi**
Bible en latin ou dans la langue du pays ?	**en latin**	**dans la langue du pays**
Peut-on prier les saints et la Vierge ?	**oui**	**non**
Doit-on obéir au pape ?	**oui**	**non**
A-t-on besoin d'un clergé ?	**oui**	**non (sauf les anglicans)**

GÉOGRAPHIE (page 99)

1 a. Les modes de déplacement recommandés sont : le bus, la marche à pied, le vélo, le covoiturage et le train/le tram.

b. Ils sont recommandés afin d'économiser les ressources énergétiques et de diminuer la pollution de l'air.

2 Réponses **a.** et **b.**

3 Réponses **a.**, **b.** et **c.**

Bilan Séquence 9 (page 100)

1 **Réponse c.**

2 **Réponse b.** Le participe passé employé avec « avoir » ne s'accorde ni avec le sujet ni avec le COD placé après le verbe.

3 **Réponse c.** x est le nombre qui retranché de 31 donne 18 se traduit par $31 - x = 18$.

4 **Réponse b.** $5x - 7 = 4x + 5$ donne :
$5x - 7 - 4x + 7 = 4x + 5 - 4x + 7$, soit $x = 12$.
La solution de l'équation est 12.

5 **Réponse b.** Si un événement a pour probabilité 0,2, son événement contraire a pour probabilité 1 – 0,2, soit 0,8.

6 **Réponse a.** « Obtenir un multiple de 2 », c'est avoir 2 ; 4 ou 6 et la probabilité est 3/6, soit 0,5.
« Obtenir un multiple de 3 », c'est avoir 3 ou 6 et la probabilité est $\frac{2}{6}$, soit environ 0,33.
« Obtenir un résultat supérieur à 5 », c'est avoir 6 et la probabilité est $\frac{1}{6}$, soit environ 0,17.

7 **Réponse c.** Elle ressemble à sa mère. Les phrases **a.** "She looks away..." *(Elle détourne les yeux.)* et **b.** "She looks out..." *(Elle fait attention.)* ne peuvent pas être suivis directement de "her mum".

8 **Réponse c.** Prétérit *be* + V-*ing*. 2e personne du singulier ou du pluriel. *Qu'est-ce que tu étais/vous étiez en train de regarder ?*

9 **Réponse a.** Érasme est un penseur humaniste.

10 **Réponse b.** Face au réchauffement climatique de la planète, les modes de vie sont à adapter.

Séquence 10

FRANÇAIS (pages 102-103)

1 On souligne : « Puis-je me permettre de vous débarrasser de vos manteaux, Mr et Mrs Mason ? » (l. 12) et « Puis-je vous accompagner jusqu'à la salle à manger, Mrs Mason ? » (l. 29)

2 « L' » désigne Dudley.

3 **a. 3.** monocorde : uniforme ; **b. 5.** maniéré : exagérément raffiné ; **c. 1.** distingué : raffiné ; **d. 2.** avenant : agréable ; **e. 4.** narquois : moqueur

Deux synonymes sont deux mots de sens voisins ; ils sont de même nature (ici, des adjectifs).

4 **a.** revoir : révision ; **b.** recevoir : réception ; **c.** approuver : approbation

5 **a.** J'irai **leur** ouvrir la porte et je **leur** montrerai le chemin. Je les débarrasserai de **leurs** manteaux.

b. Pour moi, **leur** façon de parler est trop maniérée.

c. Mais je ne vais pas oser le **leur** dire !

Placé devant un verbe, « leur » est un pronom personnel invariable.

6 **a.** Je les **conduirais** au salon. (présent du conditionnel)

b. Je **prendrai** un verre avec toi. (futur)

c. Je **ferais** bien de revoir le programme. (présent du conditionnel)

d. Je **devrai** être à **mon poste** à huit heures. (futur)

À la première personne du singulier il faut bien distinguer le futur de l'indicatif (-ai) et le présent du conditionnel (-ais).

7

	Futur de l'indicatif	Présent du conditionnel	Imparfait de l'indicatif
ouvrir	**j'ouvrirai**	**j'ouvrirais**	**j'ouvrais**
plier	**je plierai**	**je plierais**	**je pliais**
essuyer	**j'essuierai**	**j'essuierais**	**j'essuyais**
savoir	**je saurai**	**je saurais**	**je savais**

Le présent du conditionnel a le même radical que le futur (l'infinitif du verbe) et les mêmes terminaisons que l'imparfait de l'indicatif. Il est important de bien distinguer ces trois temps.

MATHS (pages 104-105)

1 **a**

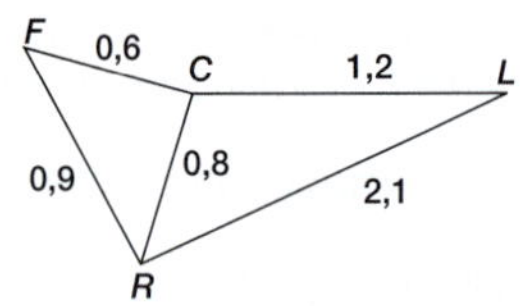

b On a $LR = 2{,}1$ et $RC + CL = 0{,}8 + 1{,}2 = 2$.
Dans le triangle RCL, on a donc $LR \geqslant RC + CL$, **ce qui est impossible d'après l'inégalité triangulaire.**

2 Comme M est sur $[NP]$, on a :
$NP = NM + MP = 3$ cm + 5 cm = **8 cm.**

3 On a : $AB = 5$ et $BC + CA = 4 + 3 = 7$.
Dans le triangle ABC, le plus grand côté est $[AB]$ avec $AB \leqslant BC + CA$, **donc le triangle *ABC* existe.**

4 **a** Le plus grand bâton fait 90 cm et on a :
$90 \leqslant 60 + 70$, donc **Manon peut faire un triangle avec ses trois bâtons.**

b Le plus grand bâton fait 120 cm et on a $120 \geqslant 30 + 70$, donc **Pierre ne peut pas faire un triangle avec ses trois bâtons.**

5

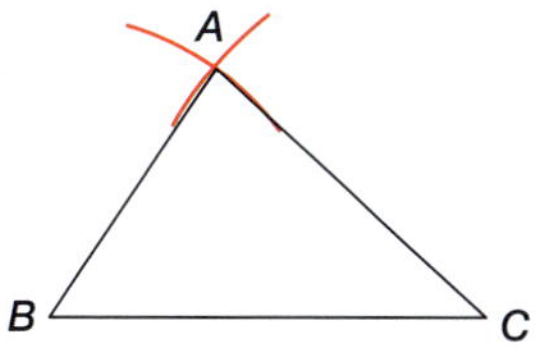

Pour tracer un triangle dont on connaît les longueurs des côtés, on commence par tracer l'un des côtés, puis on trace deux arcs de cercle dont les centres sont les extrémités du premier côté et les rayons les longueurs des deux autres côtés. Ces arcs de cercle se coupent en un point qui est le troisième sommet.

6

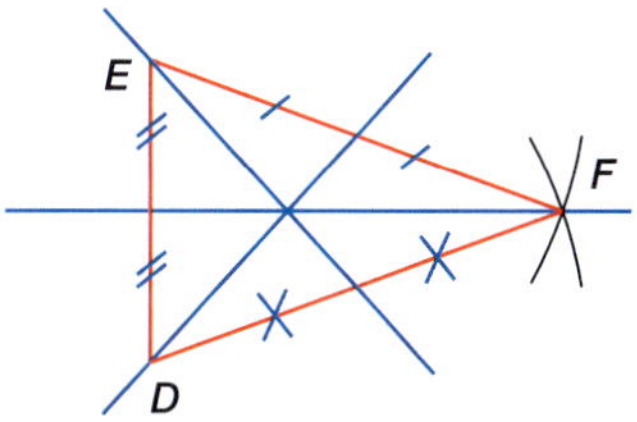

7 Manon a pris le bâton de 90 cm et elle gagne, car on a : $90 \leqslant 30 + 60$; $90 \leqslant 70 + 70$; $90 \leqslant 30 + 70$; $90 \leqslant 60 + 70$; $120 \leqslant 30 + 90$; $120 \leqslant 60 + 90$ et $120 \leqslant 90 + 70$.

8 **a** On a $IT = IR = 5$ et $TR = 2$ cm. On complète la figure en suivant la méthode donnée dans le corrigé de l'exercice **5**.

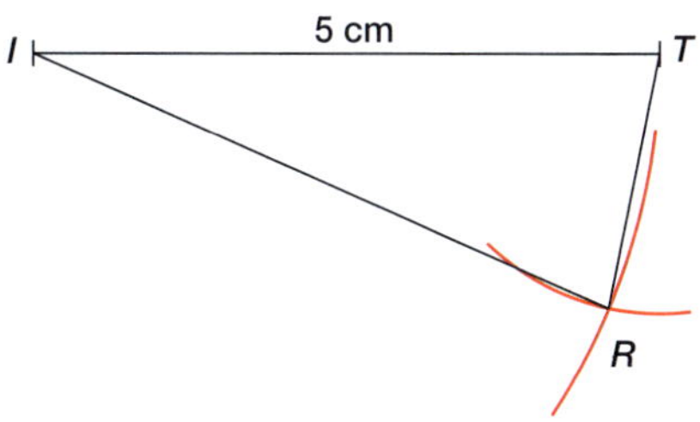

b On a donc $\boldsymbol{TR} = $ **5 cm** et $IT + IR = 12$ cm $- 5$ cm $= 7$ cm, avec $IT = IR$.
Ainsi, on a $\boldsymbol{IT} = \boldsymbol{IR} = 7$ cm $\div 2 =$ **3,5 cm.**

MATHS (pages 106-107)

1 **a** $15 + 23 + 10 + 2 = 50$: **il y a 50 stands en tout.**

b On a : $15 \div 50 = 0{,}3$; $23 \div 50 = 0{,}46$; $10 \div 50 = 0{,}20$ et $2 \div 50 = 0{,}04$.

nature du stand	effectif	fréquence
manège	15	**0,30**
jeux	23	**0,46**
restauration	10	**0,20**
autres	2	**0,04**

Une fréquence est le quotient de l'effectif par l'effectif total. La somme des fréquences doit faire 1.

c

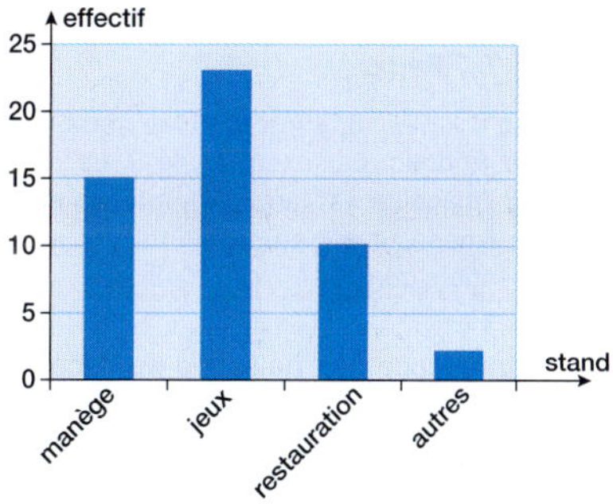

2 **a** $100 - 10 - 70 = 20$: **il y a 20 % de seniors.**

b On a : $10 \div 100 \times 80 = 8$; **il y a 8 jeunes.**
On a : $20 \div 100 \times 80 = 16$; **il y a 16 seniors.**
On a : $70 \div 100 \times 80 = 56$; **il y a 56 vétérans.**

L'effectif d'une grandeur est égal au produit de la fréquence de cette grandeur par l'effectif total.

3 **a**

catégorie	effectif	angle
manège	5	**78°**
adresse	12	**188°**
réflexion	4	**63°**
machine à sous	2	**31°**
total	23	360°

b

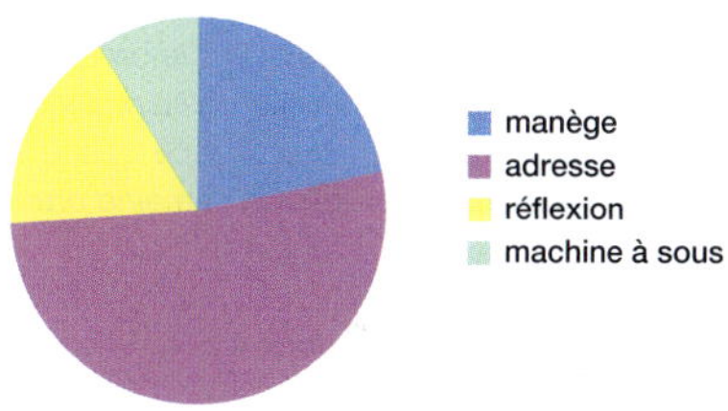

4 **a** **La classe de plus grand effectif est : $145 \leqslant t < 150$, avec un effectif de 8.**

b

taille t	effectif
$130 \leqslant t < 135$	**2**
$135 \leqslant t < 140$	**3**
$140 \leqslant t < 145$	**4**
$145 \leqslant t < 150$	**8**
$150 \leqslant t < 155$	**5**
$155 \leqslant t < 160$	**5**
$160 \leqslant t < 165$	**3**

5 **a** 5 appartient-il à la classe $4 \leqslant n < 8$? **Vrai.**

b 4 appartient-il à la classe $4 \leqslant n < 8$? **Vrai.**

c 8 appartient-il à la classe $4 \leqslant n < 8$? **Faux.**

d Seuls les nombres 4, 5, 6 et 7 appartiennent à la classe $4 \leqslant n < 8$? **Faux.**

Dans la classe $4 \leqslant n < 8$, il y a tous les nombres compris entre 4 et 8, donc, par exemple, le 5. Le nombre 4 est inclus, car l'inégalité est large (⩽), mais le nombre 8 est exclu, car l'inégalité est stricte (<). Il y a aussi des nombres non entiers comme 4,7 ou 7,543 25.

6 Soit x la fréquence des poissons de l'océan Atlantique.
Pour la mer du Nord, la fréquence est $3x$ et pour la mer Méditerranée (ainsi que la Bretagne), c'est $6x$.
On a $6x + 3x + x + 6x = 1$, soit $16x = 1$,
ou encore $x = 1 \div 16$, soit $x = 0{,}062\ 5$.
On obtient donc :
– mer Méditerranée : 0,375 ;
– mer du Nord : 0,187 5 ;
– océan Atlantique : 0,062 5 ;
– Bretagne : 0,375.

ANGLAIS (pages 108-109)

Traduction du titre et du texte d'ouverture

Les vacances d'un vampire

Chère maman,
Quel dommage que les nuits soient si courtes en été ! Mais ne t'inquiète pas, je ne sortirai pas avant le crépuscule. Ce soir, je vais à la plage avec ma nouvelle petite amie. Sa gorge aura l'air délicieuse au clair de lune. Est-ce que je la mordrai ? Je te le dirai quand je rentrerai la semaine prochaine.
Je t'embrasse,
Edward
PS : Comme souvenir, je te rapporterai une bouteille de sang écossais pour que tu y goûtes...

1 a. **Faux.** Il n'est pas normal, c'est un vampire.

b. **Vrai.** Il va à la plage. (l. 5)

c. **Faux.** Il ne peut pas sortir avant la nuit. (l. 3-4)

d. **Faux.** Il écrit à sa mère. (Dear Mummy, Mrs D. Racula dans l'adresse)

2 a. **He will go to the beach with his girlfriend.** (l. 5-6)

b. **He will go home next week.** (l. 8-9)

c. **He will bring her a bottle of Scottish blood.** (l. 12)

L'auxiliaire "will" est suivi de la base verbale.

3 A **baker's** ; B **supermarket** ; C **clothes shop** ; D **chemist's** ; E **school** ; F **newsagent's** ; G **florist's.**

Le nom du lieu dans les cases grisées : butcher.

4 a. I phone my Granny every week, so I **will phone my Granny / her** next week.

Tu peux aussi employer la forme contractée **I'll.**

b. I never catch butterflies, so tomorrow **I won't catch butterflies / any**.

Puisqu'on ne le fait jamais, on ne le fera pas non plus demain : "will not" = "won't".

c. Edward's Mum is happy when he sends a postcard, so he **will send his mother / her a postcard tomorrow** (or **next Monday**, **next**...).

5 a. When I **am** older, I **will have** / I**'ll have** a car and I **will drive** / I**'ll drive** to Rome.

b. We **will sail** / we**'ll sail** to the island when the sea **is** calmer.

c. His mother hopes he **will phone** / he**'ll phone** her as soon as he **gets** to his destination.

Repère bien la subordonnée de temps : c'est celle qui commence par "when" ou "as soon as". Dans cette subordonnée tu n'as pas le droit d'employer le futur, le présent est obligatoire. Elle peut se trouver au début ou à la fin de la phrase, cela ne change rien.

SVT (page 110)

1 a. **objet qui arrive vers le visage**. b. **les yeux**. c. **les bras**.

2 a. **récepteurs**. b. **sensoriel** ; **centres nerveux**. c. **sensoriels**. d. **sensoriels** ; **moteurs** ; **effecteurs**.

3 a. Cette cellule nerveuse s'appelle un **neurone**.

b. Le **long prolongement cytoplasmique** qui caractérise la structure du neurone **lui permet de transmettre les messages nerveux**, *via* les nerfs, sur de très longues distances.

PHYSIQUE (page 111)

1

source primaire	objet diffusant
flamme d'une bougie	**livre**
Soleil	**Terre**
écran de télé allumé	**Lune**
étoile	**yeux d'un chat**
luciole	**écran de cinéma**
	gilet fluorescent

2 a. Il faut que l'objet diffusant soit **éclairé** et que la **lumière** qu'il diffuse **parvienne jusqu'aux yeux de l'observateur**.

b. **A** et **D** : le chien **ne peut pas voir la balle** car la lumière ne parvient pas jusqu'à ses yeux.
B : Le chien **ne peut pas voir la balle** car elle n'est pas éclairée.
C : Le chien **peut voir la balle** car la balle est éclairée. La lumière qu'elle diffuse peut parvenir jusqu'à ses yeux.

3 **a.** La lumière se propage dans **l'air** et en **ligne droite**.

b.

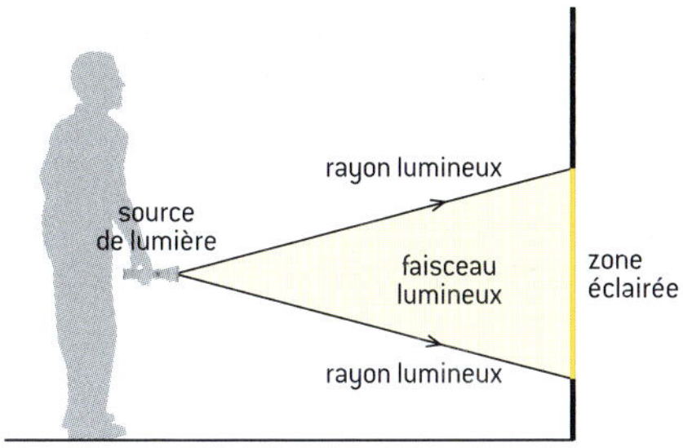

Bilan Séquence 10 (page 112)

1 **Réponse a.**

2 **Réponse b.** En mettant à la 3e personne *(il viendrait)*, on voit qu'il s'agit d'un conditionnel.

3 **Réponse a.** On a $11 < 3 + 9$, donc on peut construire un triangle de côtés 3 ; 9 et 11. On peut construire un triangle si le plus grand côté est inférieur à la somme des deux autres côtés.

4 **Réponse c.** On a $IP = IR + RP$, donc R est sur $[IP]$.

5 **Réponse b.** Le nombre 9 figure 3 fois parmi les 12 nombres : sa fréquence est $3 \div 12$, soit 0,25.

6 **Réponse b.** 20 % de 120 valent $0{,}2 \times 120$, soit 24.

7 **Réponse b.** C'est un présent *be* + V-*ing*, à sens futur qui répond à l'idée de plans, de projets.

8 **Réponse a.** "won't" = "will not" (futur).

9 **Réponse a.** Un nerf contient de nombreuses cellules nerveuses.

10 **Réponses a. et b.** La lumière se propage dans l'air et dans l'eau, et en ligne droite dans un milieu homogène.

Sources lumineuses
Propagation de la lumière

1 **Classe les sources lumineuses dans le tableau ci-dessous.**

livre – flamme d'une bougie – Soleil – Terre – Lune – yeux d'un chat – écran de télé allumé – étoile – écran de cinéma – gilet fluorescent – luciole

Source primaire	Objet diffusant
....	....
....	....
....	....

2 **Observe chacune de ces situations.**

a. Quelles sont les conditions permettant de voir un objet diffusant ?

....

b. Pour chaque situation, indique si le chien peut voir sa balle.

....

3 On éclaire un mur avec une lampe torche.

a. Dans quel milieu la lumière se propage-t-elle ? Décris son trajet entre la lampe et le mur.

....

b. Modélise le trajet de la lumière sur le schéma en annotant ton schéma.

RAPPEL DE COURS

Les sources de lumière

Une **source primaire** produit la lumière qu'elle émet. Par exemple : le Soleil, les étoiles, une lampe, un laser, la flamme d'une bougie...

Un **objet diffusant** (ou source secondaire) ne produit pas sa propre lumière. Il **diffuse** une partie de la lumière qu'il reçoit. Par exemple : les planètes, la Lune, un écran, un livre, un crayon...

Conditions de visibilité d'un objet

Pour qu'un objet soit visible, il faut qu'il soit **éclairé par une source de lumière** (source primaire ou objet diffusant) et que la lumière qu'il diffuse parvienne jusqu'aux yeux de l'observateur **sans rencontrer d'obstacles opaques**.

La lampe éclaire le livre. Le livre diffuse une partie de la lumière vers les yeux de l'observateur. Le livre est visible.

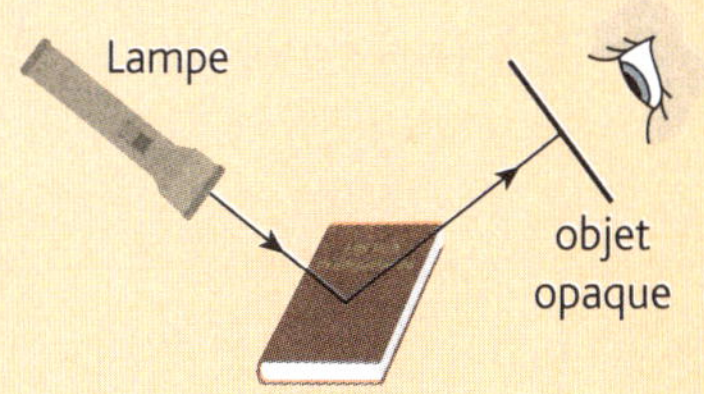

Propagation de la lumière

Dans un **milieu transparent et homogène** (comme l'air, l'eau, le vide, le verre...), **la lumière se propage en ligne droite**.

Dans le vide ou dans l'air, la vitesse (célérité) de la lumière est environ égale à **300 000 km/s**.

Modélisation de la lumière

Pour représenter la lumière, on utilise le **modèle du rayon lumineux**. Il est représenté par une demi-droite fléchée qui indique le sens de propagation de la lumière.

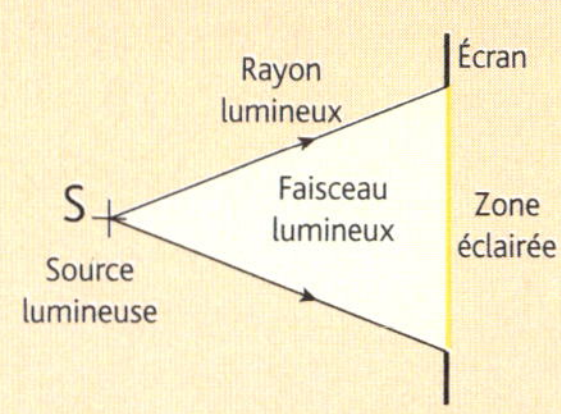

Un ensemble de rayons lumineux est appelé **faisceau lumineux**.

BILAN de la séquence 10

Pour chaque question, coche la (ou les) bonne(s) réponse(s).
Ensuite, reporte-toi aux corrigés du livret détachable (page 27) et inscris ton score sur 10.

Français

1 La forme correcte au futur est :

a. Nous tutoierons le moniteur. ☐
b. Nous tutoyerons le moniteur. ☐
c. Nous tutoirons le moniteur. ☐

2 La phrase correcte est :

a. Si tu m'invitais, je viendrai ! ☐
b. Si tu m'invitais, je viendrais ! ☐
c. Si tu m'invite, je viendrais ! ☐

Maths

3 Dans quel cas peut-on construire le triangle *RST* ?

a. $RS = 3$ cm ; $ST = 9$ cm et $RT = 11$ cm ☐
b. $RS = 4$ cm ; $ST = 11$ cm et $RT = 16$ cm ☐
c. $RS = 1$ dm ; $ST = 2$ cm et $RT = 2{,}5$ cm ☐

4 *I*, *P* et *R* sont trois points, avec $IP = 10$ cm, $IR = 8$ cm et $PR = 2$ cm. On peut affirmer que :

a. *I* est sur [*PR*] ☐
b. *P* est sur [*IR*] ☐
c. *R* est sur[*IP*] ☐

5 Quelle est la fréquence du nombre 9 dans la série suivante : 9 – 8 – 10 – 12 – 12 – 11 – 9 – 8 – 10 – 12 – 9 – 8 ?

a. 0,2 ☐
b. 0,25 ☐
c. 3 ☐

6 Dans un club comptant 120 adhérents, il y a 20 % de vétérans. Le nombre de vétérans est :

a. 20 ☐
b. 24 ☐
c. 44 ☐

Anglais

7 What are your plans for tonight?

a. I always go to the cinema. ☐
b. I am going to the cinema. ☐
c. I went to the cinema. ☐

8 La phrase "I'll watch cartoons" à la forme négative est :

a. I won't watch cartoons. ☐
b. I want watch cartoons. ☐
c. I went watch cartoons. ☐

SVT

9 Un nerf :

a. contient de nombreuses cellules nerveuses. ☐
b. est une cellule nerveuse. ☐
c. est un centre nerveux. ☐

Physique

10 La lumière se propage :

a. dans l'air et dans l'eau. ☐
b. en ligne droite dans un milieu homogène. ☐
c. à la vitesse de 3 000 km/h. ☐

Total .... / 10

Imprimé en mars 2024 en Italie par Elcograf - Dépôt légal : Mai 2024 - Édition n° 01 - 35/1203/7